陕西师范大学一流学科建设经费资助出版

科技金融体制机制改革创新研究

毕超　著

KEJI JINRONG TIZHI
JIZHI GAIGE CHUANGXIN YANJIU

中国财经出版传媒集团
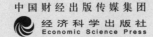
经济科学出版社
Economic Science Press

图书在版编目（CIP）数据

科技金融体制机制改革创新研究／毕超著．—北京：
经济科学出版社，2021.10
ISBN 978 - 7 - 5218 - 2919 - 8

Ⅰ.①科… Ⅱ.①毕… Ⅲ.①科学技术-金融体制-
经科体制改革-研究-中国 Ⅵ.①F832.1

中国版本图书馆 CIP 数据核字（2021）第 196526 号

责任编辑：李 军 谭志军
责任校对：王京宁
责任印制：范 艳 张佳裕

科技金融体制机制改革创新研究
毕 超 著
经济科学出版社出版、发行 新华书店经销
社址：北京市海淀区阜成路甲 28 号 邮编：100142
总编部电话：010 - 88191217 发行部电话：010 - 88191522
网址：www.esp.com.cn
电子邮箱：esp@ esp.com.cn
天猫网店：经济科学出版社旗舰店
网址：http://jjkxcbs.tmall.com
北京季蜂印刷有限公司印装
710×1000 16 开 12.5 印张 210000 字
2021 年 11 月第 1 版 2021 年 11 月第 1 次印刷
ISBN 978 - 7 - 5218 - 2919 - 8 定价：58.00 元
（图书出现印装问题，本社负责调换。电话：010 - 88191510）
（版权所有 侵权必究 打击盗版 举报热线：010 - 88191661
QQ：2242791300 营销中心电话：010 - 88191537
电子邮箱：dbts@ esp.com.cn）

前　言

　　推动科技和金融的有效结合，是充分发挥金融在科技资源配置中的支撑作用，落实创新驱动发展国家战略的关键基础工作。改革开放 40 余年，科技和金融的结合始终是我国科技实践、理论与政策界的重点主题之一。自 1985 年国家出台《中共中央关于科学技术体制改革的决定》，明确提出设立创业投资、开办科技贷款以来，各级政府部门开始努力探索，不断发挥金融在优化配置科技创新资源中的重要作用，为科技创新活动与科技产业发展营造良好的投融资环境，基本形成了多元化、多层次、多维度的科技金融服务体系，并取得了显著成效。但总体而言，我国科技金融领域仍面临"三多三少"的发展困境，即"政策多、机构多、产品多"和"联动少、针对性产品少、成交量少"，科技金融服务体系全而不强。上述问题的根源最终都指向科技金融体制机制的制约：一方面，科技金融创新活动经常遭遇体制"天花板"；另一方面，科技金融市场缺乏高效率的运行机制，导致现有科技金融组织机构与产品服务功能难以充分发挥。因此，推动科技金融体制机制改革创新，就成为进一步激发我国科技金融活力的关键。但科技金融体制机制具体包括哪些内容？这些体制机制如何影响科技金融发展？又该如何把握不同体制机制的改革创新方向？对上述问题的科学分析与回答，无疑是进一步促进我国科技金融创新发展的基础。

　　陕西省作为我国典型的科技创新资源大省，在科技和金融结合实践方面较早进行了探索，特别是其下辖的西安高新区在科技金融改革创新方面走在全国前列。作为我国首批设立的国家级高新区，西安高新区长期以来在科技金融实践方面进行了较为全面和前沿的试点试验，这使得陕西省科技金融发展中所面临的问题，既具有一定的代表性，又具有一定的超前性。以陕西省为例对我国科技金融体制机制改革创新问题进行研究，有助于兼顾研究的典型性和前瞻性，更好地指导全国其他地区科技金融体制机制改革创新工作。为此，本书第一系统梳理了科技金融服务体系及其构成要素，结合陕西省科技金融市场发展实际，明确了科技金融体制机制的具体表现形式；第二，依据市场设计理论，构建了分析科技金融

1

体制机制作用机理的理论框架；第三，在总结陕西省科技金融发展特征与面临的问题基础上，剖析了科技金融体制机制对陕西省科技金融市场发展的具体影响；第四，运用陕西省地市级新三板挂牌科技企业数据，实证分析了科技金融机制对科技企业融资能力的影响，同时以新三板设立为例，实证分析了科技金融体制改革对科技金融市场绩效的影响；第五，总结了国内外发达国家和地区在科技金融发展中的体制机制改革经验启示；第六，结合陕西省科技金融市场发展机遇，提出了科技金融体制机制改革创新的具体路径和对策建议。

研究结果表明：科技金融体制机制不完善是制约陕西省科技金融发展的深层原因。其中，政府管理体制、机构组织体制、要素聚集机制、政策联动机制以及公私协同机制不完善，导致陕西省科技金融市场交易厚度不足；机构组织体制、机构协作机制和产品创新机制不完善，致使陕西省科技金融市场交易拥堵；业务监管体制、供需匹配机制与机构协作机制不完善导致陕西省科技金融市场交易安全性和便利性较差。交易厚度不足、交易拥堵以及交易缺乏安全性和便利性，进一步导致陕西省科技金融市场出现交易活跃度较高、产品服务有效性较差和服务体系联动性较弱的问题。基于上述分析，建议将是否有利于增强交易厚度、降低交易拥堵和促进交易安全便利作为标准，推动加快科技金融体制机制改革创新。同时结合国内外科技金融体制机制改革创新的经验启示，建议在省级层面加强科技金融体制改革，在市级和区级层面侧重科技金融机制创新；同时在以西安高新区为代表的科技企业聚集区加快创新步伐，并及时总结成熟经验向省内其他地区推广。在科技金融体制方面，突出发挥科技金融专营机构以及直接融资渠道的作用；在科技金融机制创新方面，加快产品创新机制、供需匹配机制、机构协作机制建设，进一步完善政策联动机制、要素聚集机制和公私协同机制，切实增强科技金融市场交易厚度，消除交易拥堵，提升交易安全便利性。

本书的创新性主要体现在两个方面：一方面，选题视角创新，以往关于科技金融的研究大多关注于科技金融体系的完善，但科技金融体系逐步完善之后，如何进一步增强科技金融体系的服务功能，则有赖于相关的体制机制改革创新，相应地在理论层面，就迫切需要从体制机制视角对陕西科技金融问题展开研究；另一方面，理论视角创新，以往关于科技金融问题的研究普遍缺乏理论基础，导致难以评判所提对策建议的可靠性。"稳定匹配与市场设计理论"作为 2012 年诺贝尔经济学奖获奖理论，为研究体制机制如何影响科技金融市场运行，以及该如何设计更好的体制机制，提供了合适的理论分析框架。

目　录

第1章 绪　论

1.1 研究背景和意义

1.1.1 实践背景

科技金融是我国科技和金融领域的一项长期重点工作。自1985年《中共中央关于科学技术体制改革的决定》提出设立创业投资、开办科技贷款以来，我国科技金融实践已走过近40年的发展历程。科技型企业通常由于轻资产、高风险、规模小等原因导致融资困难，严重阻碍了企业的健康发展，制约了创新驱动发展国家战略的落实。科技金融的发展对缓解科技企业融资难，提高科技型企业竞争力和创新能力，提升国家科技创新竞争力具有重要的作用和意义。在此背景下，科技金融问题长期受到重点关注，我国科技和金融界进行了长期的创新探索，并取得了显著成效。

在科技金融政策方面，由点到面不断探索创新，逐步形成了较为完善的科技金融政策体系。1985年10月，中国人民银行、国务院科技领导小组办公室发布《中国人民银行国务院科技领导小组办公室关于积极开展科技信贷的联合通知》①，首次以政策文件的形式推动金融支持科学技术事业的发展；1999年11月，科技部会同国家计委、国家经贸委、财政部、中国人民银行、国家税务总局、证监会等部门制定《关于建立风险投资机制的若干意见》，成为推动我国风险投资事业发展的里程碑；2006年，《国家中长期科学和技术发展规划纲要（2006—2020年）》及其配套政策正式颁布，其中直接涉及科技金融的政策多达11项，涵盖银行信贷、多层次资本市场、科技保险、科技担保、创业投资等，科技金融实践活跃，进入全面发展阶段；2010年4月，科技部邀请财政部、中国人民银行、国家税务总局、银监会、证监会、保监会召开科技金融合作座谈会，

---

① 中国人民银行国务院科技领导小组办公室关于积极开展科技信贷的联合通知 [J]. 中华人民共和国国务院公报，1985（32）：1097.

确立和形成了科技金融工作机制。2011 年，科技部、财政部、中国人民银行、国资委、国家税务总局、银监会、证监会、保监会等部门联合制定《关于促进科技和金融结合加快实施自主创新战略的若干意见》，初步完成科技金融顶层设计（朱星华，2018）。自此，我国科技金融政策内容不断充实，政策举措不断创新，政策体系不断完善。

特别是党的十八大以来，科技金融在推动科技创新，支撑科技产业健康快速发展中的作用愈加突出。2015 年，中共中央办公厅、国务院办公厅印发的《深化科技体制改革实施方案》提出，"要大力发展创业投资，建立多层次资本市场支持创新机制，构建多元化融资渠道，支持符合创新特点的结构性、复合性金融产品开发，完善科技和金融结合机制，形成各类金融工具协同支持创新发展的良好局面"。

在国内东部沿海经济发达地区及内陆省会城市创新高地，政府对科技金融的重视程度日益提高。以上海市为例，当地政府对张江高科技产业园区内的科技企业提供了大量的优惠政策支持，而且政府还依托产权交易中心构建了企业信用评价体系，为企业提供股权、投融资配套服务，推动科技资源与金融资本的有效对接和整合。此外，北京、深圳、杭州、西安、成都、武汉等地的科技金融水平也不断提高，且政府在技术、资金以及政策方面给予了极大的优惠，促使当地科技金融实力加强。第一批国家科技和金融结合试点地区累计出台各项科技金融政策 350 多项，设立了总量近 40 亿元的专项基金。时至今日，已经形成了由国家、省（自治区、直辖市）、市、区（县）四级行政管理部门制定实施的，内容涵盖直接融资与间接融资服务，覆盖科技型企业全生命周期的阶梯式的，包括贷款贴息、担保补贴、保费补贴、上市补助、引导基金、投资基金等不同财政支持形式的科技金融政策体系。①

在科技金融产品服务方面，针对科技企业融资瓶颈，逐步形成了覆盖科技型企业全生命周期的产品服务体系。总体而言，在科技财政支持下，我国科技金融领域针对萌芽期的科技型企业，依托风险投资机构，形成了以天使基金、创业风险投资为主体的科技风险资本融资支持产品服务体系；针对成长期的科技型企业，依托信贷机构，形成了以科技信贷为主体的融资支持产品服务体系；针对成熟期的科技型企业，依托资本市场直接融资平台，形成了以债券、股权融资等科

---

① 董碧娟，首批 16 个促进科技和金融结合试点地区工作成效显著［EB/OL］. http：//www.gov.cn/zhuanti/2016 - 01/04/content_5046075. htm

技资本市场为主体的融资支持产品服务体系。同时科技保险、科技担保、科技小贷、投贷联动、信用贷款等科技金融产品服务不断涌现，进一步强化了上述多元化科技金融支持体系效力。

在政策引导和财政支持的共同作用下，符合科技型中小企业成长规律和特点的新型科技金融产品和服务模式不断涌现。在科技金融服务模式方面，上海、江苏建立了科技金融信息服务平台，汇聚了数千家科技型中小企业信息和各类投融资信息；天津、武汉、成都等开发了科技型中小微企业数据库；北京、上海、江苏、浙江、陕西创新开展科技企业信用体系建设、科技金融专员服务和科技金融服务热线等；中关村科技园区实施瞪羚计划，将信用评价、政府资助和企业融资相结合；天津、武汉、江苏与当地中国人民银行分行共建科技企业贷款统计制度。

在具体产品设计方面，投贷结合、银保（险）结合等交叉融合性金融产品快速发展。2016年4月，银监会、科技部、中国人民银行启动科技企业投贷联动试点。通过联合开展调研，科技部与深交所探索推动创业板改革，拟为具有自主知识产权、高增长潜力但当前盈利指标不佳的科技创新企业开辟IPO"绿色通道"。银行创新开展的订单融资、应收账款融资、知识产权质押贷款等信贷业务的规模不断扩大。首台（套）重大技术装备保险补偿机制试点、专利实施保险、贷款保证保险等适应科技创新的保险产品和服务相继推出。国家科技成果转化引导基金已设立14只创业投资子基金，总规模达247亿元，通过项目投入带动社会资本投资直接放大比例约为1∶15；国家新兴产业创业投资引导基金总规模达1526亿元，共参股313只创投基金，累计支持2938家科技企业。

在科技金融机构组织方面，以体制机制创新为突破口，逐步形成了适应科技金融产品服务创新的政府职能机构与业务组织体系。一方面，适应科技金融工作的政府职能机构不断设立。1992年，在国家科委、中国科协的倡导和中国人民银行的支持下，在北京成立了中国科技金融促进会，积极推动建设有利于我国科技成果转化的金融环境。2011年，科技部会同财政部、中国人民银行、国务院国资委、国家税务总局、银监会、证监会、保监会等部门建立了科技金融联合工作机制，并分别于2011年和2016年分两批在全国开展了促进科技和金融结合试点工作，先后确定中关村自主创新示范区、天津、上海、深圳、成都高新区、武汉、郑州、厦门等25个城市（区域）作为试点，试点地区普遍成立了由政府主要领导牵头，科技、财税、金融办以及"一行三局（中国人民银行地方支行、中国证监会地方监管局、中国银监会地方监管局和中国保监会地方监管局）"等部门共同参与的试点工作协调推进机制。如天津市科委、陕西省科技厅等专门设立科技金融处；国家开发银行在北京、上海、武汉分支机构中专门设置了科技金融处。

此外，适应科技金融服务需求的新型金融组织机构和平台不断创立。科技部先后与国家开发银行、中国进出口银行、中国工商银行、中国银行、中国建设银行、中国邮政储蓄银行、深圳证券交易所、中国人保财险等金融机构建立合作关系，完善政策环境，做实工作机制。如中国人保财险苏州科技支公司获得了保监会颁发的经营许可证，全国首家科技保险支公司在苏州落地；江苏认定12家单位为首批省级科技金融服务中心；天津认定13家机构为第一批科技金融服务对接平台；四川高新技术产业金融服务中心在全省建立了11个分中心，将科技金融服务由省会城市向地市县延伸。① 此外，据不完全统计，全国设立各类金融机构先后设立了"科技支行""科技小贷公司""科技担保公司""科技金融平台""科技金融服务中心"等科技金融专营机构千余家。

总体而言，我国科技金融政策体系不断完善，科技金融产品服务不断涌现，科技金融机构组织不断创新，科技金融服务绩效不断提升，科技和金融的结合日益紧密，科技金融良性互动机制逐步建立，有力地支撑了我国科技创新与科技产业的快速发展。但在现实中，科技型企业融资仍面临困难，科技金融产品服务创新仍面临障碍，产品服务效能的发挥仍受到制约。如在财政科技金融支持方面，政府的投入方式大部分仍以直接补贴为主，效率有待提升，引导企业加大研发投入的杠杆效应有待进一步放大，直接投入等财政政策尚未与税收优惠、政府采购等政策形成协同。财政引导金融资本和民间资本不够，财政金融资金未形成市场化运作，某些体制机制障碍限制了民间资本顺畅进入科技创新领域。上述问题的核心则在于，科技金融体制机制急需进一步建立健全，需要以体制机制改革创新推动科技金融实践不断向前。

1.1.2 理论背景

伴随着科技金融实践活动的开展，相应的科技金融理论研究也逐步展开，但陆燕春、朋振江（2013）的研究发现，直到2010年之后，我国关于科技金融的

---

① 中国经济网 首批16个促进科技和金融结合试点地区工作成效显著_媒体解读_中国政府网（www. gov. cn）

理论研究才进入热潮，主要是从科技金融的界定、科技金融体系的构成要素、科技金融政策及其效果、科技金融具体模式和科技金融效率测度五个方面展开研究。其中，关于科技金融的界定和科技金融体系的构成要素，现有研究文献已基本达成共识（赵文昌，2009），关于科技金融政策的研究则主要侧重于对已有政策运行效果的评价（张明喜，2013）。当前的研究热点主要集中于科技金融的具体模式方面，包括两类，一类是对实践中的科技金融服务模式进行经验总结，如吴翌琳和谷彬（2013）研究了中关村科技金融改革创新的经验启示，贾康等（2015）研究了成都高新区和浙江省的科技金融创新模式，杨晓丽等（2015）研究了苏州科技金融服务模式的经验启示；另一类是根据实践需求提出全新的科技金融模式，如文竹等（2012）提出了基于 Triz 理论的科技金融模式创新对策，胡新丽、吴开松（2014）研究了武汉光谷的科技金融模式选择问题，廖传惠等（2015）研究了互联网"集合贷款"模式构建问题，龙小燕（2015）研究了金融机构如何与政府合作创新科技金融服务模式的问题等。

与国内的有关研究相比，国外关于科技金融的研究更集中于何种金融资源更有助于科技创新。典型的如佛罗里达和肯尼（Florida and Kenney，1988）指出，创业风险投资具有类似网络接口的功能，通过创业风险资本能够将各个企业连接成一个网络，从而将风险分散化，体现出创业风险投资外溢的社会效益。奥肯（Auken，2002）研究发现，相对于其他融资方式，社区资本和民间借贷更方便科技型中小科技企业，并整理了一套极具操作性的措施。也有部分文献从实证的角度对金融的影响作用进行研究，如贝切蒂（Becchetti，1995）根据英国和日本企业的发展经验，发现大型科技企业要比中小科技型企业融资的约束更小，从而更容易获得充分的金融支持；扎拉（Zara，1996）实证分析发现，金融资源获得的难易程度以及融资成本的高低是影响科技创新能力最重要的因素。

随着实践中科技金融体制机制问题的日益突出，学术界也开始关注科技金融体制机制问题，目前主要是从以下几个方面展开体制机制有关的研究。一是研究政府在科技和金融结合过程中的作用机制和相应的完善途径。如对于制度安排（周昌发，2011）、财政资金增信（毛有佳、毛道维，2012）、政府增信（李乐、毛道维，2012）、财政配套支持（张明喜，2015）等方面展开的研究。二是研究科技和金融的具体结合机制及相应的完善途径。如从科技金融市场运行机制（胡援成、吴江涛，2012）、支持框架（廖果平、王卫星，2014）等方面展开研究。三是将科技金融作为一个有机整体，研究科技金融网络内部不同要素间的作用机制。如从复杂巨系统维度（马丽仪、杨宜，2013）、科技金融生态系统（张华，2016）等角度展开研究。四是研究科技金融某一特定细分领域的体制机制问题。目前主要有两类研究，一类是研究科技金融人才培养机制问题（刘培欣、唐五湘，2014；庄玉梅等，2016）；另一类是研究互联网金融背景下，科技金融结合的具体机制（李运河，2014）。

虽然有学者质疑上述科技金融理论研究大多滞后于科技金融发展实践（陆燕春、朋振江，2013），但由于我国科技企业发展地区差异巨较大，上述研究对我国科技金融服务体系的日趋完善无疑仍有巨大促进作用。只是也应注意到，科技金融服务链的建立，是一个从模块到逐步整合的过程（郑南磊，2014），相应的理论研究在前期可能过多关注具体的科技金融服务模式、科技金融组织创新，但当科技金融服务体系初步形成以后，则应进一步关注体制机制改革创新对科技金融绩效的制约问题（吴敬琏，2002；李永杰等，2008）。

已有文献尽管对科技金融体制机制问题展开了研究，但仍然面临如下几个问题：一是有关科技金融体制机制研究缺乏系统性。现有文献大多是就科技金融运行中涉及的一个或多个体制机制展开研究，而很少从科技金融运行系统全局系统方面全面地梳理有关科技金融体制机制问题。二是有关科技金融体制机制研究缺乏理论性。现有文献虽然指出了科技金融体制机制方面的问题，但很少从理论角度深入分析有关体制机制影响科技金融运行的机理，从而导致相关建议缺乏科学性。三是有关科技金融体制机制研究缺乏实证支持。可能是由于数据原因，现有涉及科技金融体制机制研究的文献多为一般性理论解释，而很少有关于科技金融体制机制影响科技金融市场绩效的实证分析。

1.1.3 以陕西省为例的背景

陕西是处于全国前列的科技大省，科教资源优势突出。现有各类科研机构1171 家、高等院校 115 所、国家级重点学科 126 个；有国家两院院士 65 人、科技活动人员 27.5 万人。此外，还拥有军工企事业单位 139 家，航空、航天等六大军工行业在陕均有布局，形成了门类齐全的学科体系、人才体系、科研基础设施体系和优势特色产业技术创新体系。然而长期以来，充裕的科技资源与陕西的经济地位却极不相称，科技资源优势并未有效转化为产业竞争和经济发展优势，而其背后的重要原因之一就是金融对科技创新活动与科技产业发展的支持不足。

为充分发挥金融在科技创新与科技产业发展中的积极作用，陕西省在科技和金融结合实践方面较早进行了探索。2008 年西安高新区获批成为全国科技保险试点地区之一，2011 年陕西省获批成为全国首批科技和金融结合试点地区之一；2015 年西安高新区获批建设国家自主创新示范区，其中科技金融是八项主要试点试验任务之一；2016 年西安高新区获批成为全国首批开展投贷联动业务试点的地区之一。在上述试点试验示范政策支持下，陕西省及省内有关地区在科技金融领域积极开展先行先试，大胆探索突破，在科技金融实践方面取得了显著成效，走在了全国前列。

在科技金融制度方面，在 2012 年 5 月颁布的《陕西省科技进步条例》，明确规定了鼓励金融机构开展知识产权质押等科技金融业务，从法律角度确保了科技金融工作开展；在科技金融专营机构方面，于 2012 年由长安银行在西安高新区设立了首家"科技支行"，专营科技金融业务，同时由陕西出台了全国首个"科技支行监督管理办法"；在科技金融行政管理机构方面，于 2014 年在省科技厅增设了科技金融处，专门负责推动全省科技金融工作；在科技金融产品服务方面，相继推出了科技保险、科技贷款、科技担保、科技小贷、科技上市补助等创新型科技金融产品服务。特别是其下辖的西安高新区，作为我国首批设立的国家级高新区，长期以来在科技金融实践方面进行了较为全面和前沿的试点试验。相继推出了全国首场"中小科技企业路演"、与平安银行合作推出全国首个"互联网纯信用贷款产品——橙 E 税金贷"、建成西部首个"科技企业信用金融服务平台"，突出体现了近年来陕西科技金融实践所取得的显著成效。

实际上自 2011 年 12 月获批成为全国首批科技和金融结合试点地区以来，陕西已初步形成多元化、多层次、多维度的科技金融服务体系。但总体来看，陕西科技金融领域仍面临"三多三少"的发展困境，即"政策多、机构多、产品多"和"联动少、针对性产品少、成交量少"，科技金融服务体系"全而不强"。例如科技支行业务仍与一般支行无太大差别，橙 E 税金贷的审批仍与传统金融业务相似，经过十多年发展，科技保险参保企业仅有几百家，占全省科技企业数量的比例不足10%；此外，信用金融平台的作用发挥也严重受制于信用信息征集难题。

系统梳理陕西科技金融实践可以发现，上述问题的根源最终均指向体制机制的制约：一方面，科技金融创新活动经常遭遇体制"天花板"；另一方面，很多已开发的科技金融产品服务由于缺乏良好的市场运行机制而难以推广。2016 年 5 月，中共中央、国务院印发《国家创新驱动发展战略纲要》，提出"以体制机制改革激发创新活力"的战略思想，无疑为陕西下一步科技金融创新发展指明了方向，特别是陕西作为国家"创新型省份"试点地区、西安又是国家"全面创新改革试验区",西安高新区也获批成为全国第 9 个国家自主创新示范区,这都为陕西科技金融体制机制改革提供了难得的战略机遇。这使得陕西科技金融发展中所面临的问题,既具有一定的代表性,又具有一定的超前性。以陕西为例对我国科技金融体制机制改革创新问题进行研究,有助于兼顾研究的典型性和前瞻性,更好地指导全国其他地区科技金融体制机制改革创新工作。

1.1.4 研究意义

现阶段科技金融工作在科技创新工作全局中的地位愈加重要,而探索如何推动科技金融体制机制改革创新,则对于进一步充分发挥科技金融在科技创新中的作用具有重要意义,主要体现在以下几个方面。

首先,新兴科技企业的特点决定了必须进行科技金融体制机制改革创新。科技型企业普遍具有研发投入高、收益率高但不确定性也高、发展潜力大但回报期长等特点,特别是以现阶段以人工智能、互联网、大数据、文化创意、软件信息服务等为代表的科技创新企业,兼具轻资产、抵押物不足等特点,决定了科技创新企业单纯依靠银行信贷融资具有先天困难。创业投资、贷款风险补偿以及多层次资本市场等科技金融手段,可以为科技创新企业融资提供更广泛和有效的方式,对其早期发展至关重要。但是需要对现行科技金融体制机制进行改革创新,以更好地适应当前新兴科技创新企业的现实特征。

其次,新一轮的技术革命所带来的经济社会发展变革,急需对当前的科技金融体制机制进行改革创新。当前,我国正处于信息技术革命全面渗透和深度应用的新阶段,催生了大量新技术、新产品、新产业、新业态和新模式。与传统经济发展不同,以知识和技术密集为特征的现代经济,对社会资本、金融资本等多元化资本服务的要求越来越高。我国全社会研发投入由 2012 年 1.02 万亿元增长到 2019 年的 2.17 万亿元,年均增长 11.4%。同期,国家财政科技支出由 5600 亿元增长到 1.07 万亿元,年均增长 9%。与此同时,我国金融资产保持高速增长态势,2019 年底,全国金融业总资产达到 318 万亿元,因此,以科技金融为代表的多元化科技投入和创新资源配置是未来科技投入的主要方式。① 而要充分发挥金融对科技创新活动的支持作用,无疑还需进一步对现行科技金融体制机制进行改革创新,以切实推动金融资本和民间资本等社会资本转变为创新资本,形成多

---

① 科技部:2019 年全社会研发投入达 2.17 万亿元创新指数位居世界第 14 位 [EB/OL]. http://society. people. com. cn/n1/2020/0519/c1008 - 31715099. html;2019 年财政科技支出突破万亿,政策环境持续向好 [EB/OL]. https://m. gmw. cn/baijia/2020 - 08/27/1301501501. html.

元化科技投入体系和创新资源配置。

再次，新时期金融运行机制改革呼唤科技金融体制机制的改革创新。随着金融创新和金融市场加快发展，数量型调控面临的挑战增大，对引导和稳定预期的要求更高，科技金融等定向调节措施在结构引导中将发挥更加积极的作用。多元化科技投入和创新资源配置是顺应创新链条完善现代投融资体系的必然结果，根据创新链条各环节的不同特征，明确财政科技投入与社会资本的各自功能划分，将有限的财政科技投入优先保证战略性关键核心技术的研发与攻关，才能确保财政科技投入的效率。以科技金融为代表的多元化科技投入和创新资源配置，也是在当前我国中央财政科技计划管理改革取得决定性进展的条件下，在科技创新领域培育和释放转型升级新动能的关键举措。而这些重要举措的有效实施，均有赖于科技金融体制进一步改革创新。

最后，科技金融体系服务功能的增强有赖于相关的体制机制改革创新。从理论维度来看，以往关于科技金融的研究多关注于科技金融体系的完善，但科技金融市场体系初步形成之后，如何进一步增强科技金融体系的服务功能，则有赖于相关的体制机制改革创新，从而迫切需要从体制机制视角对科技金融问题展开研究。以陕西省为例，系统梳理科技金融市场的产品供给与服务需求现状以及供需匹配中存在的问题，有助于深入认识科技金融市场中的有关体制机制制约，以及这些体制机制问题如何制约了科技金融市场的有效运行，并进而为提升科技金融市场运行效率，从体制机制角度提出科学系统、富有针对性、可操作的政策建议。

党的十九大提出，创新是引领发展的第一动力，是建设现代化经济体系的战略支撑。科技金融作为科技创新领域的制度性安排，不仅有利于动员社会资本围绕国家科技创新重大决策部署加大科技创新投入，加快形成多元化、多层次、多渠道科技投入体系，打开科技创新投入的"蓝海"；还有利于形成各方协同监管，大幅度提高科技创新投入绩效；更有利于重大研发成果迅速转化落地，有效提高金融业对实体经济发展、科技创新的支持力度，加快培育和发展新动能。因而总体而言，通过探索科技金融体制机制改革创新，更好地推进科技金融实践，无疑有助于进一步发挥金融对于科技创新活动与科技产业发展的支持作用，更好地推动国家创新驱动发展战略的贯彻落实。

1.2 研究思路与内容

在上述背景下，本书将着重研究陕西科技金融体制机制改革创新问题，尝试系统剖析陕西科技金融机构管理体制、业务监管体制，以及要素聚集机制、政策联动机制、机构协作机制、产品创新机制、供需匹配机制和公私协同机制等方面的体制机制对科技金融服务功能的制约，结合国家创新驱动发展战略和陕西科技资源优势的现实，明确陕西科技金融服务体系的强化方向，以及相应的体制机制改革创新的主攻方向，并提出有利于增强科技金融体系服务功能的体制机制改革创新具体建议。

全书将按照"提出问题—梳理研究现状—构建理论分析框架—剖析科技金融发展现状及问题—分析有关体制机制对陕西省科技金融发展的制约—提出陕西省科技金融体制机制优化路径与对策"的研究思路，逐步展开研究。为此，第一，对有关文献进行系统梳理，一方面挖掘现有研究对的启发，另一方面体现在理论层面的边际贡献；第二，从理论分析框架角度，以市场设立理论为指导，剖析有关体制机制如何影响科技金融市场运行效率；第三，总结梳理陕西科技金融市场运行现状，特别是总结凝练其发展中面临的突出问题；第四，在前述理论框架指导下，深入剖析科技金融体制机制对陕西科技金融发展的制约；第五，运用全省新三板挂牌企业数据，实证分析科技金融机制对科技金融市场绩效的影响，以及科技金融体制改革对科技金融市场运行效率的影响；第六，结合前述理论与实证分析，并参考国内外地区科技金融体制机制建设经验，提出陕西科技金融体制机制改革创新路径选择与具体对策建议。

1.3 研究方法与技术路线

1.3.1 研究方法

文献调研。系统梳理相关文献，总结科技金融发展中所涉及的各类体制机制问题，特别是创新性的机制设计建议，为全面考查陕西科技金融体制机制改革创新问题奠定基础。

问卷调查。分别针对政府部门、科技企业、金融机构、中介机构设计关于科技金融问题的问卷，借助实地调查和访谈的形式，客观全面地掌握科技金融供需双方以及利益相关方的诉求和偏好差异，为进一步体制机制改革创新提供方向性的素材。

案例分析。针对面临的具体体制机制问题，采用实际案例展开分析，深入剖析特定体制机制对科技金融供给能力的约束，在设计出新的体制机制之后，也要以案例的形式与有关利益方充分沟通交流并获得其认可。

1.3.2 技术路线

图 1 - 1 是本书技术路线图。

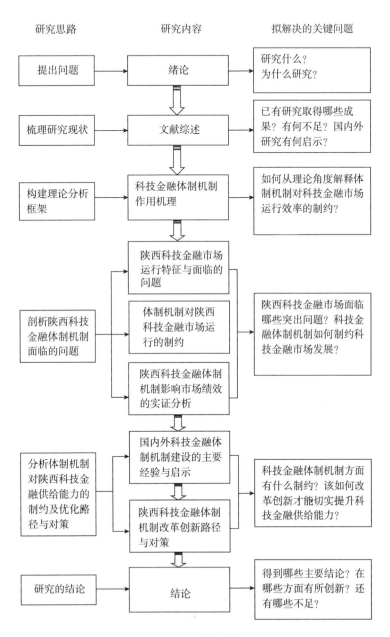

图 1 - 1 技术路线

1.4 研究创新之处

关于科技金融问题的研究，在研究视角方面多关注于科技金融机构、产品服务创新，而对科技金融体制机制问题研究相对较少；在理论基础方面多关注于科技金融具体组织机构、产品服务模式等问题研究，而相对较少探讨相关问题的科技金融理论基础，为此，本书尝试以科技金融体制机制问题为切入点，以市场设计理论为理论分析基础展开研究，其创新点主要体现在以下两个方面。

一方面是选题视角创新。以往关于科技金融的研究多关注于科技金融体系的完善，但科技金融体系逐步完善之后，如何进一步增强科技金融体系的服务功能，则有赖于相关的体制机制改革创新，相应地在理论层面，就迫切需要从体制机制视角对陕西科技金融问题展开研究。

另一方面是理论视角创新。以往关于科技金融问题的研究普遍缺乏理论基础，导致难以评判所提对策建议的可靠性。"稳定匹配与市场设计理论"作为2012年诺贝尔经济学奖获奖理论，为研究体制机制如何影响科技金融市场运行，以及该如何设计更好的体制机制，提供了合适的理论分析框架。

第 2 章　文献综述

科技和金融的结合是改革开放 40 多年来我国科技界工作的一个重点主题，迄今我国科技金融实践已走过近 40 年的发展历程，科技金融的相应理论研究也伴随着科技金融实践活动逐步展开，但陆燕春、朋振江（2013）的研究发现，直到 2010 年之后，我国关于科技金融的理论研究才进入热潮。相关研究主要是从科技金融的内涵与外延界定、科技金融结合模式、科技金融对科技创新的影响、科技金融政策及其效果和科技金融体制机制问题五个方面展开。

2.1　科技金融的内涵与外延界定

2.1.1　科技金融内涵界定

尽管科技金融实践活动在我国起步较早，但是相关的理论研究起步则相对较晚，对于科技金融的内涵界定问题，不同视角下的理解差异也较大，主要有以下三种观点。

第一种观点着重从现象角度对科技金融进行阐释。代表性的如赵昌文等（2009），他们是较早对科技金融做出解释的学者，提出"科技金融是促进科技开发、成果转化和高新技术产业发展的一系列金融工具、金融制度、金融政策与金融服务的系统性、创新性安排，是由向科学与技术创新活动提供金融资源的政府、企业、市场、社会中介机构等各种主体及其在科技创新融资过程中的行为活动共同组成的一个体系，是国家科技创新体系和金融体系的重要组成部分"。此后，科技金融的理论研究逐步展开。李心丹、兰根（2013）在《科技金融理论与实践》一书中对科技金融的内涵、特征加以总结，与上述内涵界定类似，但除此之外，他们还特别强调了政府在科技金融中的作用，认为科技金融是以政府相关政策为指导，以科技金融服务平台为依托，为科技型企业在整个生命周期过程中提供高效的金融资源配置、产品设计及金融服务安排，以推动科技型企业金融需求的内生化、技术革新为目标，从而促进产业链的升级。

第二种观点从本质层面对科技金融内涵进行界定。代表性的如房汉廷（2010，2015）的观点，他认为科技金融是科学知识和技术发明被企业家转化为商业活动的融资行为的总和，但不是简单的企业融资行为，而是"一种创新活动"。其创新性体现在以下两个方面：一方面，科技金融实质是科技的资本化过程，即科学技术被金融资本孵化为一种财富创造工具的过程；另一方面，科技金融实质是金融资本科技化过程，即金融资本的有机构成提高的过程，同质化的金融资本通过科学技术的异质化配置，获得高附加回报的过程。因此，科技金融不仅仅是一个金融活动现象，或者科技活动现象，也不仅仅是二者之间的深度融合，而是由科技创新活动引发的一系列金融创新行为，是促进技术资本、创新资本与企业家资本等创新要素深度融合、聚合的一种新经济范式。

第三种观点从动态机制角度对科技金融内涵进行界定。代表性的有洪银兴（2011）在分析科技金融内涵时，特别强调了科技金融的动态机制问题。一方面强调了金融资本的主动性，是指科技金融是金融资本以科技创新为新技术，以推动高技术产业化为目标的金融活动；另一方面，强调了金融资本的被动性，是指从创新驱动型经济对金融的需求看，科技金融的主体不仅包含政府、政策性银行，还包括商业性银行和金融机构，在传统金融制度安排下，各类机构并不会主动去实现上述发展目标，因此，科技金融的关键在于促进现有的银行性、非银行性金融机构，以及金融资本都能够顺利进入科技创新领域。与此观点类似的是李善民（2015）的分析，认为科技金融是金融资源的供给者（如政府引导基金、风险投资基金、商业银行、风险贷款等）依托科技金融平台，根据科技型企业的不同融资需求，为其提供股权融资、债券融资、担保融资等的一种融资工具，对推动科技企业的创新活动有重要意义。同时由于科技金融制度原因，科技金融离不开政府引导与市场参与，利用社会化的投融资方案解决科技企业发展中的资金需求。

2.1.2　科技金融的外延分析

从外延角度来看，科技金融涉及哪些具体组成，诸多学者对此进行了探索分析。在不同的分类标准下，科技金融的外延界定具有显著差异，主要体现为以下几种观点。

第一种观点特别强调政府在科技金融中的作用，从政府引导视角出发，提出了科技金融服务体系的主要构成。代表性的有卢金贵、陈振权（2010）突出了政府在科技金融体系与科技金融市场中的引领与调控职能。肖泽磊和张镁予

（2013）提出基于政府为主体的科技金融服务体系，主要由制度、信息、产品和市场四类主要因素构成，并进一步以苏州为例，分析了科技金融不同组成部分的发展状况及改善对策。封北麟（2014）从我国行政区划层级角度提出，科技金融服务体系由国家、省级和市级三个层级金融服务体系构成，不同层级的作用具有差异性。薛莉和叶玲飞（2016）提出，在科技企业融资的不同阶段，政府、银行、风险投资、资本市场四部门的作用存在异质性，基于不同主体的功能差异，认为科技金融是以政府为主导、银行为主体、风险投资与资本市场为补充的金融服务体系。

第二种观点侧重强调科技金融体系构成的多元化。如黄刚等（2008）比较分析了美国、日本以及中国台湾地区等科技金融发展情况，研究结果表明，多元化、多层次的融资体系是解决科技型中小企业融资难的重要手段，比如政策性贷款机构再配以政策性担保机构、风险投资基金和证券市场等。钱志新（2010）认为，科技金融是由需求方、供给方、政府与中介机构以及其他参与主体共同组成的大体系，是科技型企业在整个生命周期的融资过程。尽管有学者研究表明，对企业创新活动的促进作用方面，财政科技金融比市场化科技金融的作用更加显著（王然、邓伟根，2011）。但是也有学者提出，财政科技金融通常是与市场化科技金融共同发挥作用的。根据目前国内各地区的金融实践来看，大部分的财政科技金融都不是地方政府的独立行为，而是通过与当地金融机构展开合作，通过财政补助的方式将金融资源带到各家企业去，比如有财政补贴、贷款贴息、成立引导基金等，一方面降低企业资金成本，另一方面协助金融机构分摊风险（肖科，2009）。殷剑峰（2006）认为，不同的金融结构在支持科技创新中发挥着不同的作用，对比银行与资本市场两种金融结构在促进科技创新上的作用差异，二者并无绝对高低。目前，我国的金融结构对科技创新还未发挥到最佳的支持作用，因此，我们要构建的是多元化的金融结构，发挥金融中介、资本市场及财政金融协同创新的功能，合力促进科技创新发展。上述研究进一步突出了科技金融体系的多元化、多主体特征。

2.1.3　科技金融发展水平评价

在对科技金融内涵与外延界定的基础上，学者们进一步对科技金融发展水平进行了探索分析，力图客观评价科技金融发展水平，基于发现的问题提出改进建议。在科技金融发展水平的评价方面，现有文献通过构建科技金融指标体系来定量测度分析，研究的差异主要体现在指标构成的差异，以及研究对象、时间跨度方面的差异，代表性文献主要有以下几类。

第一类文献主要关注科技金融投入方面，基于科技金融投入构建相关评价指标体系。代表性的有黄德春（2013）基于对我国科技型企业创立期、成长期、成熟期及衰退期的金融支持分析，分别从金融支持孵化器形式的天使投资、金融服务机构与证券市场等方面，构建了衡量科技金融发展水平的综合评价指标体系，分析了2004～2010年我国金融发展对科技型企业的支撑水平。林伟光（2014）构建了包括机构体系、市场体系、产品体系及监管体系在内的科技金融系统，选取各省科技金融发展的相关数据进行实证检验，探讨各地区科技金融发展现状，最后以广东省为例，探讨科技金融体系发展的地方模式并提出政策思考。张明喜等（2018）认为，科技金融的本质是经济金融和科学技术的融合过程，是创新型经济的高级形态，初步构建了科技金融理论体系，认为科技金融功能包括资源配置、风险管理、信息处理和监督管理功能等。

第二类文献不仅关注科技金融投入，还特别关注科技金融产出，同时基于科技金融投入产出构建指标体系，定量测度科技金融发展水平。代表性的文献如王海、叶元煦（2003）构建了反映科技资金投入和科技活动产出关系的评价指标体系，利用层次分析法对科技和金融相结合的效益进行了量化分析。结果显示，科技进步还没有充分发挥其对经济发展的促进作用，科技金融运行机制有待进一步完善。曹颢（2011）从科技和金融融合的视角构建了一个综合指标体系，通过指数计算公式，得到了衡量我国各地区科技金融发展水平的综合指数，进而通过组间链接对科技金融发展指数进行了聚类分析。结果显示，各地区科技金融发展水平不断提高，但区域间的差距在不断拉大，呈现出区域不平衡状态。胡义芳（2013）进一步明确区分了投入与产出，围绕科技金融资源、投入与产出三个方面构建我国科技金融发展指标体系，对科技金融发展现状做出了准确的判断，并提出了相应的提高科技金融发展水平的建议。梁伟真、梁世中（2014）则通过科技金融效率来体现产出因素，从科技金融结构、科技金融环境、科技金融发展程度及科技金融效率四个方面，构建科技金融的综合评价指标体系。刘文丽（2014）首先运用指数合成法，将科技金融经费、贷款与产出指数进行指数合成，得到衡量科技金融发展水平的综合评价指数，并进一步通过计量分析法探究我国三大经济区（东部、中部、西部）科技金融发展水平对经济增长的影响，并提出了一系列促进科技金融发展的政策建议。徐玉莲（2017）在对科技金融概念、内涵进行界定的基础上，进一步提出了"科技金融成熟度"概念，并从科技金融结构、资金总量、投资绩效、金融环境四个方面构建了科技金融成熟度评价指标体系，为科学、合理地构建科技金融评价指标体系提供了新的思路。张玉喜（2018）分析了科技金融生态系统的层次结构，并依此构建科技金融生态系统评价指标体系，对我国 28 个省、市、区的科技金融生态系统进行静态和动态综合评价，并依据省、市、区静态和动态评价结果的不同特点，有针对性地提出了实施差异化发展战略建议对策。王海芸（2019）从科技资本市场、科技财税与信贷、风险投资、科技金融环境与科技金融产出五个方面构建了科技金融发展指标体系，通过实证分析发现，科技金融环境对于科技金融发展起决定作用，科技金融产出相对投入存在一定的时滞性。李俊霞（2019）从"金融资源"与"创新成果"质量视角出发，构建科技金融效率评价指标体系，测算了我国 27 个省市的科技金融资源配置效率，并探究其影响因素。结果显示，我国整体未达到科技金融资源配置有效状态，地区间差异明显，有较大的提升空间，并就现阶段如何提高我国科技金融资源配置效率问题提出了相应的政策建议

第三类文献主要关注特定地区科技金融发展水平测度问题，如杨琳（2016）通过构建陕西科技金融体系，就科技金融发展的理论与实践进行深入分析，认为科技金融发展对我国经济转型和创新能力提升具有深刻影响。彭大衡（2016）以广东省为研究目标，对广东省科技金融发展现状做出准确评价，并提出了适合广州科技金融发展的政策建议。郝相君（2017）从科技金融环境、研究与发展、科技保险市场、科技资本市场、创业风险投资与科技贷款六个方面构建了上海市科技金融评价指标体系，使政府及相关部门更全面、客观地了解上海乃至全国的科技金融发展。

2.2　科技和金融结合模式分析

科技和金融结合的最重要研究进展，就是卡罗塔·佩蕾丝（2007）在《技术革命与金融资本》中提及的"技术—金融"基本研究范式："技术创新与金融资本的高度融合，实现了技术创新的蓬勃发展和金融资本的几何级增长"。与其他国家特别是发达国家相比，我国证券市场规模小，金融机构与企业的关系不密切，支撑高技术产业发展的资金主要来源于政府，而美国、英国的科技活动资金主要来源于证券市场，日本、德国的科技活动资金主要来源于金融机构（宋彧、莫宇宏，2005）。由于科技金融涉及诸多参与主体，在科技金融机构方面也存在

诸多不同类型，以及相应的差异化科技金融产品服务，那么在实践中到底采用何种具体的科技金融模式，对于科技金融效应的发挥无疑至关重要。随着 2011 年科技部与"一行三会"在全国开展促进科技和金融结合创新试点，各地涌现出了不同的科技金融服务模式。现有文献对此问题已有诸多研究，依据不同的标准与适用场景，提出了不同的科技金融服务模式，代表性的主要有以下几种模式。

2.2.1 平台型科技金融服务模式

由于科技金融体系由诸多要素构成，涉及不同的科技金融利益主体，因此实践中多采用科技金融服务平台模式，将有关科技金融要素进行整合。根据平台类型可分为以下三类典型模式。

一是基于信息与产品的平台型科技金融服务模式。在信息平台方面，典型的如云南省探索采取了信息平台先行的模式，依托互联网设立科技金融服务信息网络、企业信用征集网络。在产品平台方面，典型的如科技金融超市，实际上也属于科技金融服务平台的表现形式之一。李子彪等（2017）以河北省的科技金融超市合作机构为案例，提出发展科技金融超市的对策建议并指出其发展方向。此外，北京推出"科技金融套餐式"服务，整合政府、银行、中介机构、社团组织等资源。韩俊华和干胜道（2013）分析了科技型小微企业的融资现状并比较了美日金融支持经验，认为加大政府和商业银行支持、完善资本市场和风险投资能解决科技型小微企业融资困境。朱广其（2014）从微型金融模式的运行角度，分析指出金融支持科技型小微企业发展需要构建微型金融市场、金融服务及金融政策相结合的微型金融体系。

二是基于政策的平台型科技金融服务模式。如上海构建"银政合作"科技金融服务平台，由各级政府部门和各类融资服务机构协同参与；杭州银行科技支行联合政府、创投、担保、行业协会等机构力量，创建了"1 + N"服务模式，扩大科技企业市场金融服务面（束兰根，2014）。窦亚芹等（2014）提出了构建"政府引导支持、金融主导支持和中介服务支持"三位一体的科技金融服务模式。卢亚娟和刘骅（2016）在上述服务模式基础上，进一步引入科技金融服务体系以及协同机制，提出了"市场主导、政府引导、体系完善、协同创新"的科技金融服务模式。

三是基于园区的平台型科技金融服务模式，如游达明和朱桂菊（2011）将科技金融服务看作基于平台的要素组合服务，明确了科技金融服务平台的定义，提出了区域性科技金融服务平台结构模型与运作模式，并进行了详细的分析。李健、马亚等（2014）以滨海新区科技金融发展为例，提出"滨海金谷"模式，分别从高新区新兴产业发展中的金融供求角度、"滨海金谷"的利益相关者角度和"滨海金谷"的风险管理与绩效评价角度对"滨海金谷"模式中科技金融发展过程中面临的主要问题展开研究。寻舸（2015）从服务对象角度出发，提出了基于科技园区的科技金融服务模式，并给出了具体的对策建议。由此可见，目前全国范围内的科技金融实践都实现了各类金融机构与政府主体、融资主体的结合，在金融服务、政策、制度及风险等多方面互相配合，科技型企业的技术创新也是系统中不可或缺的组成部分。

2.2.2 阶梯型科技金融服务模式

科技企业具有生命周期，在生命周期不同阶段，其融资需求具有显著差异，因而根据企业生命周期阶段动态演变，为其提供相应的科技金融服务，基于该思路逐步形成了一类被普遍接受的科技金融服务模式。该类科技金融服务主要根据服务对象的差异化特征，因地制宜、适时变革，不断适应服务对象的特征演变，最终形成一套既适应服务对象需求，又独具特色的科技金融服务模式。代表性的有英英和萨如拉（2011）结合我国中小企业融资状况，详细论述了夹层融资作为破解科技型中小企业融资难题的可行性和障碍，并提出相关建议。李巧莎（2013）以金融发展周期理论为基础，结合科技型中小企业的成长周期特征及不同时期的融资需求，探讨科技型中小企业不同发展阶段的融资策略。黄健青等（2013）从企业生命周期阶段出发，认为企业的融资体系应该包括集群孕育与形成、集群成长与扩散和集群的更替三个阶段，最后在完善成熟期信用平台、建立多层次资本市场以及创新科技金融业务等方面提出了政策建议。在具体实践中，如交通银行苏州分行搭建科技金融合作平台，贴合企业生命周期设计金融产品，使银行从"单一债权供给者"向"综合化金融集成商"转变，通过整合"企业内部信用＋外部信用"打造科技金融发展共同体，实现风险共担、有效防控科技金融风险。

2.2.3 环境型科技金融服务模式

该类科技金融服务模式不同于前两类模式，其重点关注科技金融运行的外部环境支撑，强调金融生态环境对于科技金融服务绩效发挥的重要作用，并基于该视角总结提出了具体的服务模式。

代表性文献如张华（2016）基于生态系统视角，构建了科技金融创新生态系统的规划框架，从完善内部治理结构、优化市场与制度环境等方面提出促进科技金融创新生态系统发展的对策建议。但在这类研究中，特别突出的一类研究是关注政策环境的影响，并基于对政策环境的完善构建相应的科技金融服务模式。典型的如广东省的以政府主导为主、兼顾租赁融资、重点发展风险投资、努力推进民间互助的模式。广东省是改革先行先试的"排头兵"，科技金融工作起步较早，大胆尝试科技和金融的融合，充分发挥政府的带头作用，通过政府与金融机构紧密合作，构建了完善的科技金融政策体系，并设立科技金融专项资金，对资质好的科技型企业给予资金支持（杨勇，2011）。代表性的还有武汉市创新科技信贷产品服务模式。作为首批科技和金融结合试点地区中唯一的省会城市，武汉市抓住契机，设立创投引导基金，创新科技信贷产品和服务（如风险准备金，科技联动担保贷款，知识产权质押贷款、非上市公司股权质押贷款、信用贷款等），扩大科技保险的覆盖范围，拓展科技企业融资渠道，完善科技金融服务平台（王朝等，2013）。寇垠（2015）实证检验了科技型中小企业融资难属于"市场—能力引发型"，并提出完善科技认证制度，优化税费制度和财政补贴政策，健全科技金融服务市场和巧用高新区国有资产的政策建议。

2.3　科技金融对科技创新的影响分析

2.3.1　科技金融促进科技创新的机制分析

无论是理论界还是实践界，均认为金融发展可以促进政府和企业投入更多的科技经费，科技投入和科技创新之间存在良性的互动关系，科技金融能够促进科技创新与科技产业发展，但是科技金融到底是通过何种渠道如何发挥上述促进作用的，针对该问题诸多学者进行了探索，形成了如下主要观点。

一是科技金融通过提供创新资金渠道促进科技创新。金融通过为购买创新要素提供资金支持，而使创新活动成为可能。奥地利经济学家熊彼特（Schumpeter，1912）提出，"对于那些具有聪明才智的创新人才而言，信贷使其能够从负债阶段走向富裕阶段，并最终走向成功"，充分肯定了金融在科技创新活动中的重要作用。他进一步提出，信贷作为一种新产品特性融入创新组合之中，并以此为契机进入创新活动的循环之中，其价值主要体现在为创新要素的购买提供资金支持，因此可以说，没有金融支持很难实现技术创新。

二是科技金融通过提升创新效率渠道促进科技创新。创新活动是推动经济发展的根本动力，然而经济活动并不是被动地受到创新活动的推动，还会反过来对创新活动进行选择，而且倾向于选择周期相对较短的创新活动或项目。本奇文加和斯尼思（Bencivenga and Snith，1995）基于世代交替模型从理论层面证明了，金融供给有助于缩短创新活动盈利周期，为经济发展提供更多的创新资源，进而更好地推动经济发展，充分发挥科技创新对经济发展的支持作用。

三是科技金融通过分散创新风险渠道促进科技创新。金融通过发挥风险分散功能，降低创新活动风险水平，进而促进科技创新发展。圣保罗（Saint - Paul，1992）分析认为，金融活动具有风险分散功能，而科技创新活动天然地具有风险特征，因而金融与科技创新的结合，有助于降低科技创新活动的风险水平，为创新性活动提供风险保障，从而有效促进科技进步和经济发展。

2.3.2　科技金融推动科技创新的绩效分析

尽管在理论层面科技金融有助于促进科技创新，但上述作用是否真正存在尚不明确，为此诸多学者从实证角度进行了分析，这类文献又进一步分为两大类。

第一类文献使用计量经济学方法检验科技金融对科技创新的因果关系及其显著性。代表性的如金和莱文（King and Levine，1993）基于 1960～1989 年 80 个发达国家和发展中国家的面板数据，实证分析了金融发展对科技创新的影响。研究结果表明，金融系统通过有效识别具有发展前景的创新项目，并给予资金支持和风险分散，从而推动了科技创新发展。莱文等（1998，2000）的实证研究也发现，金融市场的发展能够促进全要素生产率的提高，进而促进经济的增长，为科技创新从投入推动和需求拉动两个方面提供动力支持。杰拉德（Gerard，2003）等对新兴经济体国家的创新能力和企业的技术吸收能力做了深入研究，结果发现，开发性金融机构的筹资支持极大地促进了新兴经济体国家和企业创新能力的提升。在国内研究中，研究进一步细化，不同学者探讨了不同类型科技金融机构或者产品服务对科技创新的促进作用。吴芸（2014）、俞立平（2015）分别基于面板数据，研究得出政府科技投入显著促进科技创新的结论。和瑞亚和张玉喜（2014）采用向量自回归模型，对我国科技创新的科技金融支持的动态贡献进行了实证研究。结果表明，证券市场筹资、中长期信贷对科技创新具有显著的促进作用。芦锋和韩尚容（2015）实证研究了公共科技金融和市场科技金融对不同创新阶段的影响。杜江等（2017）利用空间杜宾计量模型（SDM），实证检验了我国科技金融对科技创新影响的空间效应。结果显示，科技金融发展能够显著地提升区域科技创新能力。潘娟（2018）构建了区域科技金融投入创新绩效评价指标体系，探讨了科技金融投入对科技创新绩效的影响，并探讨了区域科技金融投入创新绩效差异产生的原因。

第二类文献主要采用非参数分析方法分析科技金融绩效。代表性的如熊世海（2014）、许汝俊（2015）等利用 DEA – Malmquist 指数法，对重庆市、长江经济带科技金融结合效率进行了综合评价与差异分析，并认为技术效率是推动科技金融发展效率提高的主要动力。徐玉莲和王玉冬（2015）运用 DEA 交叉评价模型，实证研究发现我国公共科技金融资金的配置效率呈现出一定上升趋势，而市场科技金融资金与整体科技金融资金的配置效率无明显波动趋势。杜金岷等（2016）采用三阶段 DEA 模型，研究表明中国各省、市、区科技金融投入产出效率受环境因素影响差异较大。黄瑞芬和邱梦圆（2016）选取 2006～2014 年我国 30 个省、市、区科技金融投入与产出的面板数据，运用 Malmquist 指数和 SFA 模型对全要素生产率变动和科技金融效率值进行评价。结果表明，我国科技金融效率总体水平不高，且存在显著的区域差异。薛晔等（2017）运用熵权法和贝叶斯随机前沿模型，从综合产出角度对 2001～2014 年中国内地 30 个省、市、区科技金融发展效率进行了测算。研究发现，科技创新融资方式对科技金融发展效率具有显著的正向作用，而银行科技信贷金额对科技金融发展效率具有显著的负向作用。章思诗和李姚矿（2017）的研究则表明，高技术企业总产值占 GDP 比重、创投企业数量和创投企业吸引投资金额是影响科技金融效率的重要因素。戴志敏等（2017）则运用 DEA 模型对我国 2005～2014 年各省、市、区科技金融效率进行测度，结果表明，我国科技金融效率整体水平偏低，而且区域差异化明显。易明（2019）结合 DEA – BCC 模型与基尼系数分析方法，对我国 29 个省市 2006～2016 年的面板数据进行实证分析，探讨中国科技金融效率时间演变规律、空间差异及区域均衡性，结果显示我国科技金融效率整体呈上升趋势。

2.3.3 差异化科技金融服务体系创新绩效研究

由于金融制度及金融资源差异等原因，不同国家的科技金融服务主体也存在着差异，典型的有银行主导型和资本市场主导型两类，那么就两类不同主导型科技金融服务体系，其创新绩效是否存在差异，对此问题的探索研究，无疑对于科技金融服务体系构建具有重要指导意义，为此学者们进行了长期探索研究。

就银行主导型科技金融服务体系而言，其创新绩效在理论层面尚无定论，但是多数实证研究表明，银行主导型科技金融服务体系有助于促进创新。在理论层面，一方面有学者分析认为银行信贷会降低企业创新水平。代表性的如拉詹（Rajan，1992）分析认为，企业本来会因为承担创新活动的高风险而获得相应的高收益，但是当银行机构以资金提供者角色进入企业创新活动以后，由于银行机构在谈判能力及信息处理能力方面通常强于企业，从而将会获取企业的信息租金，即承担较小的风险而获得较高的收益，企业承担了较高的风险却只能获取较低的收益，从而导致企业会因为信贷资金的获取，而放弃部分高利润项目，最终降低了创新活动水平。大卫和亚菲（David and Yafeh，1998）、莫克和中村（Morck and Nakamura，1999）分析认为，银行金融机构通常坚持稳健经营原则，科技创新项目虽然具有高利润，但是通常也伴随着高风险，导致难以获得银行资金支持，因此银行主导型金融体系不利于科技创新活动开展，会降低全社会创新水平。

但是也有学者分析认为，银行信贷有助于促进科技创新活动。代表性的如斯图斯（Stulz，2000）认为，银行机构相比其他类型的金融机构更具灵活性，在创新项目分阶段融资过程中会根据项目进展及伴随的风险高低而进行信贷决策，及时准确地为其创新活动提供额外的资金支持，使得科技企业的外部融资表现得更有效率。此外，林毅夫和李永军（2001）也论证了中小银行对于科技创业企业发展与科技创新的积极影响，提出要大力发展中小金融机构以解决科技创业企业融资难题。在实证研究方面，多数研究则证实了银行类金融机构有助于促进科技创新。如塔德斯（Tadesse，2006）、赫雷拉和米内蒂（Herrera and Minetti，2007）利用企业和银行的数据研究发现，银行的信息优势使得其在资金配置方面更有效率，从而对企业的创新活动具有正向影响。亚历山德拉和斯通曼（Alessandra amd Stoneman，2008）、路易吉等（Luigi et al.，2008）的研究结果则表明，银行业的发展对科技型企业的技术创新具有显著促进作用。

就资本市场主导型科技金融服务体系而言，其创新绩效无论是在理论层面还是实证层面均得到支持。在理论层面现有文献主要认为，资本市场会通过如下途径促进科技创新活动。

一是创新激励渠道，郝尔曼和普里（Hellmann and Puri，1999）通过对比分析发现，追求创新策略的公司更有容易获得创业资本的青睐，而获得创业资本能够显著激励企业缩短产品进入市场的时间，进而提高公司的产出能力。国内学者辜胜阻等（2000）较早地分析了风险投资促进科技创新的机制，特别强调了风险投资对科技创新活动具有激励创新作用，此外，他还注意到了风险投资对科技创新具有市场筛选、产业培育等多方面功能，由此促进企业实现技术创新。霍尔（Hall，2002）则从信息不对称角度分析，认为创业投资对科技创新的贡献远远高于其他金融工具，因为它可以解决科技创新中信息不对称问题，避免道德风险，实质上也是对创新发挥激励作用。

二是资源整合渠道。一方面，资本市场有助于整合管理资源用于科技创新支持。风险投资在科技创新中的作用不仅仅体现为资金提供方，同时还可以为创新项目带来诸如专业管理经验、产业链资源等非资金要素（Casamatta，2003），提高创新项目的成功率和创新效率（Kaplan and Stromherg，2003），最终推动科技企业快速成长。此外，诺辛格和王（Nosinger and Wang，2011）研究发现，创业投资是科技企业重要的融资渠道，通过改善企业治理，提升企业业绩。除了管理经验之外，另一方面就是资本市场不仅仅直接为科技创新活动提供资金支持，还有助于引导其他类型的社会资金进入科技创新领域（王建和李思慧，2015）。

三是风险分散渠道。众所周知，科技创新是高风险活动，这也是制约科技创新活动开展的重要障碍之一，而以风险投资为代表的资本市场，则有助于克服该类风险障碍。佩雷斯（Perez，2002）最早从演化经济学的角度系统地研究了金融资本与科技革命之间的关系。她发现，新技术早期的崛起是一个爆炸性增发时期，会导致经济出现极大的动荡和不确定性。风险资本家为获取高额利润，迅速投资于新技术领域，继而出现了金融资本与技术创新的高度耦合，从而导致技术创新的繁荣和金融资产的几何级增长。此外，资本市场的组成越丰富，其对科技创新活动的促进作用也相对更强。本奇文加（Bencivenga，1995）研究表明，二级市场的流动性及交易成本高低均会对企业科技创新程度产生影响。林等（Rin et al.，2006）的研究表明，资本投资者会为了分散风险而进行投资组合，因而增加新兴资本平台，如二板市场有助于提高科技型企业特别是初创企业的资本获得性。因此，科技企业的规模差异以及生命周期阶段差异，共同决定了资本市场应该是多层次的（辜胜阻，2007）。

在关于资本市场与科技创新关系的实证研究方面，风险投资的创新支持作用得到了普遍证实。代表性的如图姆和勒纳（Kortum and Lerner，2000）基于美国的风险投资、研发投入及产出等相关数据，研究得出风险投资对专利数量的增长具有明显的促进作用。奥德斯和莱曼（Audretsch and Lehmann，2004）以德国上市高技术企业为样本，研究发现，风险投资极大地促进了高技术企业的成长。程昆、刘仁和刘英（2006）实证发现，创业投资与专利申请数量具有明显的正向关系，创业投资对于国内技术创新具有促进效应。王雷和党兴华（2008）研究了1994～2006年中国风险投资支出与高新技术产业发展的关系。结果表明，风险投资金额与专利授权数、高技术产业工业增加值之间存在显著的正向关系。此外，阿塔纳索夫等（Atanassov et al.，2012）研究发现，通过债券和股票市场进行融资同样能显著增加公司的科技专利数量。

2.4 科技金融政策体系研究

2.4.1 科技金融政策体系作用分析

现有文献普遍认为，科技金融市场存在失灵问题，因而需要政府公共政策的干预。饶彩霞等（2013）提出，首先要建立健全有关政策性科技金融制度，然后基于政策制度框架，建立政策性科技金融体系，重点是大力发展中小型银行类金融机构，调整和完善风险投资制度与环境，加强社会信用体系和征信服务体系建设。但是科技金融政策的功能到底何在，对此不同的文献提出了各自的观点，代表性的观点主要包括以下几类。

第一种观点认为，科技金融政策的目标在于引导市场化金融资本进入科技创新领域，政府干预的方向应该是为私人资本，如创业投资提供导向和示范，如此才有助于发挥科技金融政策的社会与经济效益（George and Prabhu，2003），科技金融市场运行一旦实现良性循环，科技金融干预政策则应适时退出，而非与私人资本进行逐利竞争（Leleux and Surlemont，2003）。

第二种观点认为，科技金融政策不仅在市场失灵时可以发挥作用，而且在市场竞争环境下也能发挥催化调节作用。卡明和纳翰（Cumming and Johan，2009）的实证研究表明，科技金融政策对于风险投资的功能发挥具有显著的强化作用。因而，随着企业创新活动的推进，政策性的科技金融作用将逐渐减弱，而市场化的风险投资功能则不断增强（Avnimelech and Teubal，2008）。此外，张玉喜和段金龙（2016）提出，科技金融政策的主要功能在于，动员和分配金融资源、风险分散和管理、信息揭示等方面，政策功能的实现可以同时依托市场化直接融资和间接融资两种形式，除此之外也可依托政策性金融直接来实现。

2006 年国务院发布的《国家中长期科学和技术发展规划纲要（2006—2020年)》（以下简称《纲要》）及其若干配套政策，提出搭建科技金融合作平台，政府财政资金在资源配置中要发挥基础作用。为贯彻落实《纲要》精神，国家相继出台了一系列科技金融政策，标志着我国科技金融政策进入了快速发展阶段。按照科技金融政策的功能，将已发布的政策划分为三大类：科技金融服务政策、科技金融财税政策和科技金融市场政策。

科技金融财税政策是政府通过财政资金支持和税收让渡来引导和激励科技创新而制定的相关政策，包括税收政策、财政补贴政策等；科技金融服务政策是为创建良好的金融服务科技的环境而制定的相关文件，包括科技和金融平台搭建办法、科技金融对接办法以及优化环境促进投融资服务的意见等；科技金融市场政策是促进市场资源参与科技创新而制定的相关政策，包括科技信贷、科技担保、科技保险、风险投资、资本市场等相关政策。这些已发布的科技金融政策文件，政策制定得是否合理，科技金融政策对科技创新的经济效果如何，应该按照什么样的理论框架分析评价科技金融政策等问题备受关注。解决这些问题，有利于更好地分析评价科技金融政策，进而优化科技金融政策，提高科技金融政策的经济效果。

2.4.2 科技金融政策评价分析

对科技金融政策进行科学评价，无疑是进一步完善有关政策举措，充分发挥政府公共政策推动科技金融创新发展的关键。为此，诸多学者从不同角度对科技金融政策评价问题进行了研究，大致可分为定性研究与定量研究两大类。

在定性研究方面，唐五湘等（2013）以北京市为例，分析了科技金融政策中存在的问题，研究发现主要存在部门职责不清、协作不够，科技保险、融资租赁、政府采购等政策出台较少等问题，且在地域方面科技金融政策仅主要集中于中关村科技园区。苑泽明等（2015）构建了科技金融政策评价的理论分析框架，借助该框架对我国科技金融政策进行评价分析，发现国内关于科技金融政策的效应结果差异较大。此外，还有学者尝试构建了科技金融政策效果评价模型，以客观评估科技金融的政策效果（刘湘云和吴文祥，2017）。

在定量研究方面，潘雄锋等（2012）较早定量分析了科技金融政策效应问题，通过以财政科技支出和金融科技贷款为对象，运用状态空间模型分析了1990~2008年科技金融政策对于科技发展的促进效应。研究结果表明，科技金融政策发挥了显著促进作用，建议政府应进一步完善促进科技创新的财政政策和金融政策。曲昭等（2015）则是基于文献计量方法，对科技金融政策研究文献的年度数量、文献类型及来源分布等方面进行了统计分析。结果发现，科技金融政策的研究缺乏对地方性政策环境的实地研究，而且忽略了科技创新对金融格局的影响。杜跃平和马晶晶（2016）运用满意度分析方法，定量分析了陕西省科技金融政策问题。结果表明，加快发展科技型中小企业资本市场、鼓励发展创投业、建立和完善中小金融机构体系，是促进科技创新最重要的三种科技金融支持方式。

2.5　科技金融体制机制研究

随着实践中科技金融体制机制问题的日益突出，学术界也开始关注科技金融体制机制问题，目前主要是从以下几个方面展开体制机制有关的研究。

一是研究科技金融运行动力机制。代表性的如周昌发（2011）研究了科技金融运行的保障机制。研究发现，我国目前科技金融发展的保障机制还存在制度系统性较差与法律不完善等不足之处，认为只有突破不利于创新的政策性、制度性障碍，才能实现科技金融的快速发展。季菲菲（2013）对科技金融体系的产生、发展及其空间效应进行实证研究，发现政策、市场与社会因素是科技金融发展的主要推动力。韩俊华等（2016）则从科技型小微企业的视角出发，分析了政策性金融的引导机制、激励机制和运行机制，提出设立科技小微企业局、完善政策性信用担保、发展互联网金融等对策。李林汉（2018）通过分析科技金融效率影响因素，发现高技术产业的科研经费投入、区域法制化水平、金融市场的发展程度与技术创新的程度等因素是科技金融运行的主要推动力。

二是研究政府在科技和金融结合过程中的作用机制。周昌发（2011）分析认为，制度安排对科技金融发展具有弥补市场机制不足、促进资源与要素有效整合、推进科技企业发展壮大、推动经济跨越式发展等作用。目前我国科技金融发展的保障机制还存在制度系统性差、层级较低、法律不完善等不足之处。科技金融要得以快速、稳定发展，需突破一些不利于创新的政策性和制度性障碍，建立有效的保障机制，如出台《促进科技金融发展条例》、完善风险投资法律制度等。毛有佳、毛道维（2012）分析认为，政府通过构建财政资金的风险分担与补偿机制，将财政资金嵌入金融交易结构的作用方式，可以增信科技型中小企业，降低金融机构的风险和交易成本，从而促进科技创新网络与金融网络的链接。不仅是政策性金融的一种市场化运作，还是提高财政资金运用的杠杆效应的一种金融创新，在推动科技创新与成果转化过程中财政资金能够发挥更大的作用。李乐、毛道维（2012）进一步研究了政府信用的作用机制，一方面，通过提供科技创新与金融创新结合的平台发挥作用；另一方面，通过政策性金融的市场化运作和将政府信用内嵌于科技金融结合过程中，进而促进科技创新与金融创新的结合。张明喜（2015）则从政府财政配套支持角度进行了相关研究，提出财政配套机制建设对科技金融发展具有促进创新资源与要素有效整合、推动产业发展等功能，但是目前还存在引导基金绩效评价体系尚未建立、风险补偿资金使用受到限制等不足等问题，深入发展科技金融，需要突破一些体制和政策障碍，建立有效的财政保障机制，如探索财政支持方式多元化、建立健全引导基金绩效评价体系、拓宽风险补偿资金来源渠道等。

三是研究科技和金融的具体结合机制及相应的完善途径。胡援成、吴江涛（2012）认为，科技企业寻求金融支持具有先天性硬伤，因此应通过完善科技金融市场运行机制来促进科技企业融资，为此建议从以下三方面创新科技金融市场运行机制：首先，构建基于科技企业技术前景与商业前景的评估机制；其次，应该搭建投融资对接机制；最后，应建立多渠道多层次的科技金融产品服务创新机制。廖尧平、王卫星（2014）提出了一个科技金融与新兴产业的支持机制框架，认为金融资源将通过资金支持、平台搭建、政策引导、制度创新、商业模式五个渠道，对战略性新兴产业的发展发挥支持作用。吴翌琳（2016）实证分析了不同融资方式在科技企业不同成长阶段中的作用，发现二者之间存在动态匹配机制，即在决策期天使投资与风险投资有显著促进作用，在初创期风险投资、财政资金以及政府基金有显著促进作用，在科技成果转化期则银行信贷开始发货重要促进作用，最终当企业进一步成长时，债券融资、股权融资等方式对企业成长有显著促进作用。

四是将科技金融作为一个有机整体，研究科技金融网络内部不同要素间的作用机制，特别是其中的耦合机制。马丽仪、杨宜（2013）提出，科技金融网络是科技系统与金融系统的结合，具备复杂巨系统和复杂网络的诸多特征，构成要素众多，相互关系复杂，基于科技金融网络的高技术企业成长机制，与科技金融网络的结构、网络内的信息传递机制、网络结点的协同创新机制等密不可分。张华（2016）基于生态系统视角，构建了科技金融创新生态系统的规划框架，以创新主体的边际贡献、创新收益等因素解释了系统的协同创新机制。在耦合机制研究方面，童藤（2013）对我国金融创新与科技创新的耦合关系、现象、机理以及模式选择进行了实证研究。

为了定量剖析两者之间的耦合协调度，诸多学者构建了科技创新与科技金融耦合协调度评价模型，测度了全国或地区层面科技创新与科技金融耦合协调度。研究结果表明，我国科技创新与科技金融耦合协调度整体水平偏低（徐玉莲等，2011；张芷若，2019）。而且地区间耦合协调度差异较大，发达地区科技创新与经济发展两子系统的耦合度和耦合协调度均呈增长态势（肖田野等，2017）。戚涌（2018）对江苏科技金融与科技创新两系统内各变量进行实证分析，结果显示，江苏科技和金融结合程度较高，科技金融与科技创新间相互作用关系较强。但是大部分其他区域公共金融滞后于科技创新的发展（和瑞亚、张玉喜，2014）。蔺鹏（2018）基于灰色关联分析，对河北省科技金融政策与科技型中小企业创新绩效的耦合协调度进行实证检验，结果显示，二者尚处于轻度耦合协调阶段，尚未达到良性协调发展，进一步证实了在欠发达地区科技金融与科技创新的耦合度较差，根本原因在于政府的相关政策影响效率低，对科技型中小企业创新扶持力度不足，因此推进科技金融融合发展，重要的是创新科技金融的耦合路径，提高两者的融合质量（张林和李雨田，2015）。

　　五是研究科技金融某一特定细分领域的体制机制问题。目前主要有两类研究：一类是研究科技金融人才培养机制问题。如刘培欣、唐五湘（2014）分析了人才环境改善机制、人才队伍建设投入机制以及人才培养机制，以及人才合理流动机制和人才评价与激励机制等对科技金融人才培养的重大作用，基于上述分析构建了科技金融人才培养的机制模型，提出了促进科技金融人才培养的具体对策建议。庄玉梅等（2016）基于多层次范式和人才理论，从人才资本产权实现视角，阐释并实证分析了组织激励影响科技金融人才流动意愿的跨层次机制，结果表明，正式激励和非正式激励对科技金融人才的流动意愿均有跨层次反向影响；对科技金融人才的人才资本产权实现均有跨层次正向影响，并通过人才资本产权实现间接影响流动意愿；人才资本产权实现分别在正式激励与流动意愿和非正式激励与流动意愿之间具有部分中介作用。另一类是研究互联网金融背景下，科技金融结合的具体机制，如李运河（2014）分析认为，互联网金融的发展降低了金融中介的专业性，使得金融供给能力得以提高，更多、更分散、更多样化的金融服务需求得以覆盖，也催生了新的交易方式和风险管理手段，如依托大数据金融支撑的商业银行融资等，为科技金融的发展机制注入了新的元素和理念，因此，通过构建基于互联网金融的金融机构与电商平台合作机制、科技引导基金分配机制与科技金融服务机制，将有助于提升科技金融服务效率。

　　在科技金融体制研究方面，尽管科技金融体制是影响科技金融运行效率的关键因素之一，但是现有文献中较少关注科技金融体制问题。仅有张育明（2001）在较早的一篇研究文献中，提出科技和金融结合模式与一国的经济体制、投融资体制密切相关，以银行为主导的融资体制已不再适用于我国现阶段的经济发展趋势，未来的发展趋势是以市场机制为主导，间接融资与直接融资相结合的多元化融资体制。近期的一篇文献是温小霓和张哲（2017）基于系统动力学模型的分析，研究了科技金融支持科技发展的情况。研究结果表明，公共科技金融相比于市场科技金融对于科技发展的支持作用更明显。

2.6 现有研究的不足与展望

虽然有学者质疑上述科技金融理论研究大多滞后于科技金融发展实践（陆燕春，朋振江；2013），但由于我国科技企业发展地区差异巨较大，上述研究对我国科技金融服务体系的日趋完善无疑仍有巨大的促进作用。只是也应注意到，科技金融服务链的建立，是一个从模块到逐步整合的过程（郑南磊，2014），相应的理论研究在前期可能过多关注具体的科技金融服务模式、科技金融组织创新，但当科技金融服务体系初步形成以后，则应进一步关注体制机制改革创新对科技金融绩效的制约问题（吴敬琏，2002；李永杰等，2008）。

上述文献梳理表明已有诸多文献对科技金融体制机制问题展开了研究，但仍然面临如下几个问题有待进一步研究：一是有关科技金融体制机制研究缺乏系统性，现有文献多是就科技金融运行中涉及的一个或多个体制机制展开研究，而很少有从科技金融运行系统全局系统全面地梳理有关科技金融体制机制问题；二是有关科技金融体制机制研究缺乏理论性，现有文献虽然指出了科技金融体制机制方面的问题，但很少从理论角度深入分析有关体制机制影响科技金融运行的机理，从而导致相关建议缺乏科学性；三是有关科技金融体制机制研究缺乏实证支持，可能是由于数据原因，现有涉及科技金融体制机制研究的文献多为一般性理论解释，而很少有关于科技金融体制机制影响科技金融市场绩效的实证分析。

针对上述研究不足，本书将尝试首先从科技金融服务主体视角出发，在对科技金融服务体系进行界定的基础上，识别科技金融运行有关的体制机制；其次，以2012年诺贝尔经济学奖得主罗斯和沙普利创设的市场设计理论为指导，从理论层面深入剖析上述体制机制影响科技金融市场运行绩效的机理；再次，运用新三板挂牌中小科技企业数据，实证分析上述科技金融机制对科技金融市场绩效的影响；最后，基于上述理论与实证分析，结合陕西省科技金融发展实际情况，提出陕西省科技金融体制机制改革创新路径选择与具体对策建议。

第3章 基于市场设计理论的科技金融体制机制作用机理

3.1 市场设计理论与科技金融市场设计

3.1.1 市场设计理论与实践

（1）市场设计理论基础。市场设计理论（market design）也被称为微观经济工程（microeconomic engineer），是博弈论与微观机制设计理论的一个分支理论。该理论源于沙普利（Lloyd Shapley）于20世纪60年代提出的稳定匹配理论，发展于20世纪80年代罗斯（Alvin Roth）的市场设计实践与实证研究。在传统经济学分析中，经济学家经常把市场机制看成是给定的，然后预测市场均衡是什么样的。然而在市场设计的语境下，经济学家并不把市场看作是给定的，相反，它结合了机制设计与博弈论的知识，以及从实践工作、实验研究与实证分析中获得的知识和教训，对失灵的市场机制进行重新设计，以推动市场机制重新回到正轨发挥其作用。

市场设计理论通过人为地设计出一种算法或程序，以模拟完全竞争市场的分配功能、满足自由参与和帕累托效率等几种福利性质，来实现资源的稳定匹配这一目的。这一经济工程的功能类似自然演化形成的完全竞争市场，但却是完全基于人类的构想设计而成，因此这类思想或方法被称为市场设计理论。随着经济学家罗斯的积极推动，市场设计理论在真实世界得到迅速的应用和创新，在全美住院医生匹配计划、新英格兰肾脏移植计划，以及各个大学的新生录取过程中，沙普利、罗斯及其同行所找到的可以实现稳定匹配的算法被大量采用，并使得市场设计理论被理论界和是实践界逐渐熟知和认可。2012年，沙普利、罗斯因为其在市场设计理论领域的重大贡献，共同获得了当年的诺贝尔经济学奖。①

---

① 郑健雄. 罗斯的市场设计理论及实践［J］. 管理学刊, 2012（6）.

市场设计机制之所以受到推崇，核心在于其算法机制可以实现市场均衡，而且该均衡结果具有稳定性，能够使得市场参与各方实现帕累托最优。因此市场设计机制的理论要点，实际上就是其算法结果的稳定性。那么，什么样的算法才能实现这样稳定的匹配结果呢？对此，盖尔（Gale）和沙普利在1962年发表的经典论文《大学录取和婚姻稳定》中，最早提出了一种算法，称作"延迟接受算法"，用于分析双边匹配市场。该算法的主要规则是，在参与匹配的两个群体中，由其中一个群体首先在另一个群体中做出对自己最有利的选择，另一个群体中的个体可以接受或者拒绝该选择，随后重复该选择与决策活动，直至两个群体中的个体全部匹配完成。盖尔和沙普利证明了"延迟接受算法"具有如下两个特征：一是在该算法下一定存在一个稳定的配对方案；二是就前一个群体的个体而言，按照延迟接受算法可以实现稳定匹配，而且该匹配方案是其最优方案。当然，该算法也存在一定的问题，即"先动者优势"。就上述例子而言，尽管该匹配方法对第一个群体而言是稳定的，而且是最优的，但是对于第二个群体中的个体而言，虽然依然是稳定的，但未必是最优的选择方案。但无论如何，对于一些市场失灵的市场，或者根据无法运用价格机制进行匹配的市场而言，该算法提供了一种使市场出清的可行方案。

现实中除了双边匹配问题，还存在着单边匹配问题，即参与匹配的其中一方完全是被动的，如在肾脏捐赠匹配系统中的捐赠提供方，如何高效率地将肾脏的捐赠方与需求方进行匹配，一直以来是医疗管理系统中的一个难题。对此，盖尔提出了顶层交易循环算法。顶层交易循环算法是指先让市场的每个参与者寻找到最适合自己的配对者（如肾移植需求方寻找到最合适的肾脏捐赠方），匹配成功的双方将退出匹配市场，剩下的未匹配成功的市场参与者继续寻找适合自己的另一方市场参与者。

在盖尔和沙普利的理论分析的基础上，罗斯提出了实现稳定匹配所具备的三个条件，也即有效的市场所需具备的三大特征：第一，足够的市场厚度（thickness）。市场厚度是指必须能够吸引足够比例的潜在市场参与者聚集于市场，从而得以在市场中实现双方匹配。相反，市场厚度不足，进行匹配的双方比例严重失衡，在这种情况下，是不可能实现稳定的匹配的。因此，在设计匹配程序时，必须通过相应的"激励"机制，吸引更多的潜在市场参与者进入，使市场参与者双方达到足够的比例。第二，需要避免由于增加市场厚度所导致的"拥塞"。当市场能够吸引足够比例的潜在市场参与者的时候，我们必须面对这样一个问题：由于匹配双方的偏好不同，尤其是在价格机制不能有效发挥作用的情况下，自发匹配的市场有时会是很低效的。为克服这种低效的困境，市场主体必须构想出充足和巧妙的可供选择的交易模式，从而达到一个让双方都满意的结果。第三，便捷与安全地参与市场活动以避免损失。如果市场参与者认为遵循这套匹配规则能够实现自身利益，那么市场参与者的占优策略就是真实地显示自己的偏好。相反，如果市场参与者不认可这套匹配规则，认为遵循这套匹配规则可能会使自身利益遭受损害，那么，市场参与者就可能或者选择绕过匹配机制，而去寻找其他符合自身利益的实现形式，或者在不能逃离该机制的情况下采取策略性行为，从而导致匹配机制中的整体利益受损。

（2）市场设计实践。市场设计理论之所以受到关注，不仅是因为其开辟了一个新的研究领域，更在于其有力地指导了市场实践活动。特别是以罗斯为代表的市场设计领域专家积极参与市场设计实践活动[1]，他们以实现稳定匹配的三个基本条件为准则，具体分析了诸如美国实习医生招聘市场、公立学校招生选择系统、肾脏交换系统，以及小额信贷市场等领域，并参与了相关市场匹配规则的制定。

全美住院医生匹配计划是市场设计理论的一个典型应用案例。[2] 在 20 世纪 40 和 50 年代，美国医疗系统快速发展，对医学毕业生的需求量快速增加，导致医学毕业生就业市场出现严重的供不应求现象。在此背景下，大量的医院为了抢到优秀学生，甚至仅仅是为了能够得到足够的医学毕业生，开始与医学院学生在毕业前一年甚至两年就开始接触或签约。由此带来两个问题：一方面，医院可能最终得到的毕业生并不能胜任工作岗位要求；另一方面，医学院在读学生过早地频繁参与就业招聘，严重影响了正常学习生活。为此，全美医学院协会开发了一套称作中央清算系统的毕业生供求匹配算法，要求各大医院只能在医学生临近毕业时，才能对其进行面试并将成绩报告给该系统，另外，医学毕业生也需要将其对不同医院的偏好排序报告给该系统，然后由该系统进行运算，得到医院与学生

---

① 1995 年成立了一家名为市场设计公司（Market Design Inc.）的合伙制企业，其合伙人包含多位诺贝尔经济学奖和克拉克奖得主，罗斯（Roth）也是其中一位合伙人，公司致力于在为各国政府和企业提供拍卖市场设计，已经完成的项目包含多个政府和企业的电力市场与电信市场设计、B2B 电子商务模式设计、采矿权以及其他资产的拍卖设计等。

② Alvin E. Roth. The Evolution of the Labor Market for Medical Interns and Residents：A Case Study in Game Theory [J]. *Journal of Political Economy*, 1984, Vol. 2, No. 6；Alvin E Roth. What Have We Learned from Market Design? [J]. *The Economic Journal*, 2008, Vol. 118, No. 527.

的最终匹配结果。罗斯认为，该中央匹配程序是成功的，因为它实现了稳定的匹配。但是到了60年代，该匹配系统遇到一个新问题，导致有学生开始避开该系统去寻找工作。在60年代以前，美国医学院的学生以男生为主，之后则开始有女生进入医学院学习，随着女生的增多，许多男生开始在医学院内部谈恋爱，在此背景下，情侣或夫妻学生对医院的偏好排序相同，但是医院对于情侣或夫妻学生的偏好排序却不一定相同，从而按照该系统的匹配结果会出现情侣或夫妻学生匹配到不同医院的情况，最终导致夫妻或情侣毕业生会绕开该系统去寻找工作的情况。除此之外，还有其他一些类似原因，同样导致出现毕业生放弃使用该系统寻找工作的问题。1995年，罗斯应邀对开系统进行了重新设计，在新的设计里他考虑了众多新的问题，并证明了使用该系统进行工作匹配是最优选择的结论，从而再次吸引了诸如夫妻学生等医学院毕业生进入该系统。该系统于1997年重新启用之后，每年有大约20000名全美医学院毕业生使用该系统寻找工作。

在全美住院医生匹配计划案例中，交易安全与便利性是阻碍系统正常运行的关键问题，由于系统无法满足参与者刚性需求，参与者不得不离开该系统。在其他一些市场设计案例中，交易拥堵会成为阻碍系统成功运行的原因。如在纽约市公立学校招生选择系统运行方面，由于系统算法设计不合理，大量的学生会策略性地填报自己的偏好意愿，而非按照真实意愿填报志愿。在肾脏匹配问题中，面临的问题则是"交易厚度"不足，由于缺乏合适的信息分享以及匹配机制，尽管一方面存在大量的肾脏需求者，另一方面也存在大量潜在的肾脏供给者，但是由于道德伦理的约束，肾脏的供给与需求的匹配无法使用价格机制进行调节，导致大量的肾脏供给者不愿意提供肾脏，最终，整个肾脏匹配系统由于交易厚度不足而失灵。

对于纽约市公立学校招生选择问题及肾脏匹配问题，罗斯等经济学家运用市场设计理论进行了分析，发现了导致匹配失败的主要原因，并对匹配系统进行重新设计，通过确保匹配系统充分满足市场设计的三个主要要求，最终无论是公立学校招生系统，还是全美肾脏匹配系统均获得成功。其中在公立学校招生选择系统方面，使用新的系统之后，整个纽约市大约只有3000名学生没有被成功录取，该数量相对于上一年减少了90%。此外，规则的改变，使学生在选择学校时能够真实地按照自己的偏好选择心仪的学校（显示真实偏好成为占优策略），实现学生利益的最优化。

3.1.2 金融市场设计理论与实践

那么除了上述非价格机制作用的匹配领域，存在价格作用机制的领域是否可以应用市场设计理论呢？经济学家给出了肯定的答案，该领域的一个典型案例就是孟加拉国格莱珉银行小额信贷案例。

（1）孟加拉国格莱珉银行实践背景。[1] 孟加拉国格莱珉银行（Grameen Bank）成立于 1983 年，其前身是孟加拉国经济学教授穆罕默德·尤努斯于 1974 年创立的小额贷款机构。该银行不同于传统银行，一方面以穷人甚至乞丐为其信贷客户，另一方面运用社会压力和连带责任代替抵押担保发放纯信用贷款。2019 年，格莱珉银行共设立贷款中心 13.81 万个，服务村庄 8.17 万个，贷款客户（成员）达到 926.02 万户，约占孟加拉国总人口的 22.6%，基本覆盖了该国位于贫困线以下的农户；贷款余额达到 1999.75 亿塔卡。现在已发展成为当今世界规模最大、效益最好、运作最成功的小额贷款金融机构，在国际上被大多数发展中国家模仿或借鉴。2006 年 10 月，尤努斯因其成功创办孟加拉乡村银行而荣获诺贝尔和平奖。格莱珉银行的成功打破了传统金融市场无法为穷人提供资金的困境，使得孟加拉国农户由"缺资金—低投资—低收入—低储蓄—低投资—低收入……"的恶性循环转为"缺资金—获取信贷—增加投资—增加收入—增加储蓄—增加投资—增加收入……"的良性循环。在过去 40 多年间，这家银行机构从最初微不足道的 27 美元，发展成为总资产超过 15 亿美元、拥有 2500 多家分支机构的庞大金融集团。这些年来，这家以消除贫困为最高宗旨的金融机构已帮助超过数百万人成功脱离贫困线。

孟加拉国格莱珉银行作为一种成熟的扶贫金融模式，具有以下几个主要特点：一是瞄准最贫困的农户，并以贫困家庭中的妇女作为主要目标客户；二是提供小额短期贷款，按周期还款，整贷零还，这是模式的关键；三是无须抵押和担保人，以五人小组联保代替担保，相互监督，形成内部约束机制；四是按照一定比例的贷款额收取小组基金和强制储蓄作为风险基金；五是执行小组会议和中心会议制度，检查项目落实和资金使用情况，办理放、还、存款手续，同时还交流致富信息，传播科技知识，提高贷款人的经营和发展能力。格莱珉银行的上述模式之所以能够取得巨大成功，主要有以下五方面原因：

第一，改变小组成员的人生理念。从格莱珉银行的服务内容和服务模式看，格莱珉银行完全超出了金融服务的范畴，引导小组成员形成正确的人生观、世界观，培养积极向上的生活理念。小组培训和每周会议在潜移默化中在改变着小组

---

① 王芬芬，赵洪瑞. 格莱珉银行经验对我国农村金融发展的启示 ［J］. 时代金融，2020（20）：104 - 105.

成员的素质，培养成员的信心。第二，将妇女定位为服务对象。贫困地区的妇女具有勤劳的本质，具有劳动的能力和意愿，基于照顾贫困家庭的母性，具有很强的韧性。与男人相比较，妇女更少具有赌博等劣习，但与此同时又缺少借贷款渠道和借款意愿。第三，借款用途是自雇式生产。作为赤贫阶层，妇女们缺少购买缝纫机、三轮车等生产资料的资金。格莱珉银行通过给予妇女必要的生产资料贷款，让妇女建立起自雇式家庭生产，从而实现脱贫的目的。自雇式生产需要的原材料和生产工具都是妇女熟悉和可控的，不会产生决策失误问题。第四，改变穷人信用低的理念。自雇式生产具有规模小、家庭化等特征，其生产行为受经济周期因素影响很小。对于家庭式生产，不会过多地考虑劳动力成本等要素问题，每天收入剔除原材料和利息后有剩余就算赢利。在劳动有收入和不劳动没收入的情况下，或者说劳动者的机会成本为零的情况下，小组成员就会选择生产，因此，小组成员是有还款能力的，彻底改变了"穷人信用水平低"的理念。第五，较高的利率是可以维持的。和第四条一样的理由，自雇式家庭式生产剔除原材料、利息后有剩余就算赢利，劳动力报酬是收入中重要的组成部分。在这个被扶贫的过程中他们只要勤劳地工作，就能获得令其满意的回报，因而格莱珉银行可以获取比传统银行高的利息。从实践上看，格莱珉银行的客户可以容忍10%以上的利率水平。在这样的利率水平下，也保障格莱珉银行的利润能够覆盖大量的小额贷款业务的运营成本，从而保证格莱珉银行模式的可持续性。

2002年，经过数年的试点实验之后，格莱珉银行对其贷款机制进行了重要修订（Dowla and Barua，2006）。在这之前的格莱珉银行及其运营机制被称为格莱珉银行Ⅰ（Grameen Ⅰ），之后版本则称为格莱珉银行Ⅱ（Grameen Ⅱ）。在格莱珉银行Ⅰ机制下，当小组中某一个人违约时，该小组成员未来的贷款申请将被拒绝或延迟批准，以此作为违约的惩罚措施。而格莱珉银行Ⅱ机制则做出了诸多变革，主要体现在如下五个方面。

第一，格莱珉银行Ⅱ明确放弃了连带责任要求。发生违约的借款人可以重新协商新的还款计划，但如果新的还款计划仍无法得到执行，就会受到新贷款被拒绝的惩罚。格莱珉银行Ⅰ机制中的贷款虽然也依赖于再次贷款会遭受拒绝作为还款激励，但是不同之处在于，在格莱珉银行Ⅱ机制中，个人未来借款情况不再取决于整个小组的还款情况，而是取决于借款人自己的还款表现、出席公开会议的情况以及她自己的储蓄情况。第二，格莱珉银行Ⅱ允许更灵活的还款方式，可以更符合借款人的现金流。而在格莱珉银行Ⅰ计划中，通常要求所有借款人每周偿还贷款。第三，格莱珉银行 II 允许同时向所有已全额偿还之前贷款的借款人发放贷款，而在之前的机制下，一组借款人被给予分期贷款，其中一个借款人首先获得贷款，然后在第一个借款人偿还了几笔分期付款后，接下来的两个借款人获得贷款，以此类推。第四，在格莱珉银行 II 中团体账户被取消，每个借款人需要将存款存入一个作为抵押品的特殊储蓄账户，但也可以进入一个支付利息的自愿储蓄账户，创造了活期存款的机会。第五，格莱珉银行 I 中公共会议机制被保留。公共会议可能会让信贷员更容易收回贷款，此外，公开会议的透明度可能有助于纪律贷款人员，防止贪污或阻止勾结。

（2）市场设计视角下格莱珉银行模式分析。经济学理论通常从信息和执行的角度来解释信贷市场不完美问题。如果贷款人不确定借款人的风险、努力或项目选择（Stiglitz and Weiss，1981），或不确定借款人的真实回报水平（Townsend，1979），就会出现金融约束问题。如果借款人还缺乏抵押品，相应的金融约束问题将会进一步加剧。这将导致诸如贫困家庭这样的借款人无法为其经营活动、购买耐用消费品或者投资人力资本等高回报投资项目提供资金，最终导致落后和贫困。

向穷人提供小额无担保贷款的小额信贷模式，为解决上述信贷市场不完美问题提供了一种可能途径。格莱珉银行作为全球小额信贷的领先模式，已在众多国家进行了复制，并取得了较好的成效。尽管诸如此类小额信贷模式大多实际上是在补贴背景下开展的（Cull et al.，2009 年），但是考虑到影响信贷市场的信息和执行问题，在无传统实物担保的背景下取得高偿还率方面，其成效是十分显著和值得肯定的（Armendariz and Morduch，2005）。

从市场设计理论角度来看，格莱珉银行备受关注的特征在于，其依赖于贷款计划中连带责任来控制信贷偿还风险（Yunus，1999）。即一个由 5 个借款人组成的小组获得了个人贷款，但被要求共同承担还款责任。如果任何一个成员违约，所有成员未来的贷款将被拒绝或延迟。除此之外，格莱珉银行 I 计划中也包含了其他有趣的特点，如公开的还款会议、频繁的每周偿还贷款、定期储蓄存款，以及在自然灾害时期的紧急贷款等。

公开还款会议是另外一个十分重要的机制。一方面，在预定的时间从聚集在一起的一大群人那里收取贷款的交易成本相对较低，另一方面，公开还款也可以作为一种控制信贷员和防止欺诈的方法。此外，公开会议为银行利用借款人之间的信息提供了可能，也为违约者承受诸如失去面子等道德约束提供了可能。

从市场设计的有效性角度来看，连带担保责任与公开还款会议确保了市场的安全性，不会因为道德风险的问题，而导致交易双方放弃该交易机制。另外，自下而上、下沉至农村农户之中的模式，确保了足够的交易量，从而在一定程度上抵消了单笔信贷交易成本高的缺陷。最后，以穷人为放款对象，以小额信贷为主要业务，确保了不会出现资金枯竭，导致无资金发放的困境，实质上就是避免了市场设计中的交易拥堵问题。因此，小额信贷市场的设计及其再设计，正是在实现稳定匹配的三个基本条件方面不断改进的实践过程，为金融市场失灵及其修复或重建提供了重要启示。

3.1.3 科技金融市场失灵与市场设计三维度

科技金融体制机制作为科技金融体系各要素发挥作用的环境基础和要素间连接关系，必然对科技金融整体发展发挥至关重要的作用，但是对于科技金融体制机制到底如何，以及在多大程度上影响科技金融发展，无论是学术层面还是实务层面均未有明确的认识。本部分尝试运用市场设计理论，从理论层面系统分析科技金融体制机制对科技金融发展的影响，为分析科技金融体制机制的作用提供一个基本理论框架。

科技企业融资难的现象，实质上正是经济学中所谓的市场失灵问题。由于信息不对称、外部性、公共品等原因，价格机制难以有效发挥作用，进而导致市场失灵，对此，传统经济学给出了以政府有形的手来加以弥补的对策，但我国十余年科技金融政策干预的实践表明，此药方并不能很好地解决科技金融市场失灵问题。在此背景下，市场设计理论为破解上述问题提供了一个很好的理论视角和分析工具（李军林，姚东旻，2013；齐子翔，2017）。依据该理论，在已知供需双方偏好信息的条件下，总能通过设计一套匹配规则，最终获得一个稳定的匹配结果，从而运用模拟市场交易的方式取代政府干预解决金融市场失灵问题（Vulkan and Neeman，2013）。

罗斯（Roth，2008）在对以往成功的市场设计案例进行总结的基础上进一步论证，尽管不同的市场设计案例具有不同的特征，但是核心都是从三个维度进行设计（或再设计），以确保匹配系统有效运转。就科技金融市场而言，同样可以从此三个维度出发重新进行设计，以促进科技金融市场供求双方的有效匹配。

维度一：市场厚度。主要是指如何确保科技金融市场达到一定的厚度，即在科技金融市场中，要有足够多的科技金融服务供给方和需求方，以及充足的科技金融产品与服务。市场厚度不足正是导致科技金融市场失灵的原因之一。一方面，在科技金融市场供给方面，由于科技企业普遍具有投资风险较高、回报期较长，以及轻资产缺乏合格抵押担保物的特征，以银行为主的间接融资类金融机构普遍无法为其提供针对性的金融产品服务，而以风险投资为主的直接融资体系虽然以科技型企业为重点投资对象，但是大多关注已经处于成长期后期，产品服务基本成熟、盈利模式基本明确、投资风险相对可控的科技型企业，最终导致科技金融市场上供给方数量相对不足。另一方面，现有的科技金融产品服务难以真正契合科技型企业融资特征，大量有资金需求的科技型企业实际上无法真正进入科技金融市场，最终导致科技金融市场需求方数量也相对不足。

维度二：交易拥堵。主要是指交易双方有足够的交易时间、信息渠道等资源，以确保能够找到满意的交易对手和产品服务，避免科技金融市场交易拥堵无法完成交易。在现有的科技金融市场运行模式下，面临融资难题的科技型企业主要有两大类，一类是处于初创期或者成长期的企业，规模相对较小，资金需求量也相对较低，运营与财务等管理制度相对不完善，导致金融机构在承办其资金需求业务时，面临着相对较高的管理成本，特定的金融机构在有限的时间内仅能处理少量的融资需求申请，一定程度上制约了科技金融交易达成的效率；另一类是处于快速成长期，具有良好发展前景，资金需求量相对较大，但又缺乏合格抵押担保物的企业，对于这类企业，各类风险投资是其合适的资金供给渠道，但是由于企业管理水平等原因，通常很难在大量的风险投资机构中做出选择，或者很难与风险投资机构就股权价格达成共识，最终降低了科技金融市场交易效率。

维度三：交易安全便利。这里的安全便利有两层含义，一是指交易双方在此市场中交易引致的交易成本低于在场外交易，由此确保交易双方不会选择场外交易；二是指交易双方按照该市场规则进行交易是最优选择，由此确保交易双方不会放弃市场设定的交易规则而采取策略行为。近年来，各级政府管理部门为科技金融市场运行搭建了各类服务平台，但是真正运行成功的平台相对较少，一个重要原因就在于基于平台的交易成本相对较高，导致交易双方并不愿意通过平台进行交易。此外，诸多科技金融支持政策实质上也可以看作虚拟科技金融平台，其目的在于有效连接科技金融供需双方，但很多科技金融政策实际执行效果并不理想，其中交易成本相对较高也是重要的原因之一，最终导致交易双方并不愿意基于科技金融政策达成交易。

3.2 科技金融及其体制机制

3.2.1 科技金融的内涵与外延

尽管如上所述，自 1985 年中央提出开办科技贷款以来，科技金融实践活动便在我国各地展开，但是"科技金融"一词则是迟至 1994 年才被首次提出。1993 年，在中央有关领导倡议下，在科技部、中国人民银行共同支持下，成立了中国科技金融促进会。次年，在广西南宁召开的中国科技金融促进会首届理事会上，有关专家提出"我国科技金融事业是根据科技进步与经济建设结合的需要，适应社会经济的发展，在科技和金融体制改革的形势推动下成长发展起来的"。自此，我国经济社会各界对科技金融的关注度日益提升。但是在很长一段时期内，对于科技金融尚无明确界定。对以往有关政策文件与研究文献的梳理发现，关于科技金融的界定主要有以下五类代表性观点。

第一种观点认为，科技金融指金融促进和保障科技的发展，并进一步提出科技金融具有三个主要特点：一是科技金融是金融与科技融合发展到一定程度的产物；二是科技金融是金融大系统里的一个小系统；三是科技金融是一个独立的金融范畴，借助财政、金融机构或金融市场实现科技创新，实现科技资产财富化。

第二种观点认为，科技金融属于产业金融的范畴，主要是指科技产业与金融产业的融合。经济的发展依靠科技推动，而科技产业发展需要金融的强力助推。由于高科技企业通常是高风险的产业，同时融资需求比较大，因此，科技产业与金融产业的融合更多是科技企业寻求融资的过程。科技金融是促进科技开发、成果转化和高新技术产业发展的一系列金融工具、金融制度、金融政策与金融服务的系统性、创新性安排，是由向科学与技术创新活动提供融资资源的政府、企业、市场、社会中介机构等各种主体及其在科技创新融资过程中的行为活动共同组成的一个体系，是国家科技创新体系和金融体系的重要组成部分。

第三种观点基于科技金融实践，从政府财政支持角度出发对科技金融进行界定。该类观点通常出现在政策文件之中。由于科技金融市场存在着市场失灵问题，因而相较于一般的金融市场，科技金融市场离不开政府的介入与引导支持。在有关政策文件中，代表性的是《国家"十二五"科学和技术发展规划》中对科技金融的界定。该文件将科技金融定义为：通过创新财政科技投入方式，引导和促进银行业、证券业、保险业金融机构及创业投资等各类资本，创新金融产品，改进服务模式，搭建服务平台，实现科技创新链条与金融资本链条的有机结合，为初创期到成熟期各发展阶段的科技企业提供融资支持和金融服务的一系列政策和制度的系统安排。

第四种观点将科技金融服务看作国家科技服务业重要组成部分之一。按照国家统计局制定的《国家科技服务业统计分类（2015）》，将科技服务业范围确定为科学研究与试验发展服务、专业化技术服务、科技推广及相关服务、科技信息服务、科技金融服务、科技普及和宣传教育服务、综合科技服务七大类。其中，科技金融服务作为科技服务业的内容之一，主要包括货币金融科技服务、资本投资科技服务、科技保险服务和其他科技金融服务等内容。

第五种观点则认为，科技金融不仅仅是指支持科技创新的金融服务体系，还包括促进和支持金融服务业发展的科技创新体系，科技金融是科技产业与金融产业协同发展形成的新兴服务业态。近年来，随着互联网、区块链、大数据、人工智能等计算机网络技术在金融领域的快速应用，对传统金融服务业产生了巨大影响。由此衍生发展起来的诸如互联网金融、大数据金融、电子货币、电子支付等基于信息网络技术的金融服务，也被划归于科技金融的内涵之中，该观点实质上是将科技金融与金融科技等同看待。

综上所述，研究视角差异对科技金融内涵的界定会产生显著差异，这种差异的根源则在于科技金融功能定位的差异。结合我国科技金融发展实践来看，科技金融是一个伴随着科技领域金融市场失灵而诞生的专有名词，受到科技界与金融界的特别关注，因而，科技金融的核心功能在于，在发挥政府"看不见的手"的基础上，纠正金融市场失灵，发挥金融资源对于科技创新的支持作用。赵昌文教授在其撰写的《科技金融》一书中对于科技金融的内涵给出如下界定：科技金融是指为科技研发活动、科技成果转化以及科技产业发展提供资金支持的金融服务体系。科技金融由一系列金融制度、金融工具、金融机构、金融服务和金融政策构成，同时包含为科技资源产业化发展提供资金支持的政府、金融机构、中介机构和科技企业的各类活动，是国家科技创新体系和金融服务体系的重要组成部分。上述关于科技金融内涵的界定既强调了科技金融实践的复杂性，以及市场失灵背景下政府部门对金融市场的修正，也强调了金融服务体系对于科技创新活动以及科技产业发展的重要支持作用，因而受到理论界的广泛认可。

根据上述关于科技金融内涵的界定，本书认为，科技金融的外延体系由科技金融需求方、供给方、中介机构、政府四方面参与主体构成。其中，科技金融的需求方主要是高新技术企业，当然还包括了科研机构、高等院校等。供给方是指商业银行、风险投资公司等各类金融机构和准金融机构。中介机构包括保险经纪公司、信用评级机构、会计师事务所、各类交易中心等，中介机构在连接科技金融供给与需求双方起到了积极的作用。政府是科技金融体系中的特殊主体，由于科技金融市场失灵，政府在科技金融体系中处于重要位置，不仅属于市场的调控者与引导者，有时更直接提供政策性科技金融服务产品，在科技金融领域发挥着支柱作用。整个科技金融服务体系如图 3-1 所示。

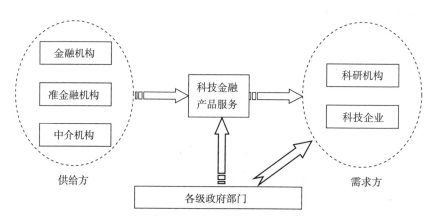

图 3-1 基于主体视角的科技金融体系构成要素

3.2.2 科技金融体制及其表现

现有文献对金融体制问题从不同角度进行了研究，但关于其具体内涵与外延尚未形成一致的界定。白钦先（1989）从金融体制研究范式角度，较早地对金融体制给出了一个比较全面的界定，认为金融体制研究内容包括金融发展战略、组织形式、框架结构、构造方式、业务分工、监督管理、运行机制、运转环境和总体效应九个方面。当然实际研究中，不同学者仅是研究了上述金融体制中的一个或多个内容，特别是其中的组织形式和框架结构受到较多重视，如李义奇（2012）从正规金融和非正规金融角度，探讨了不同金融服务组织对小企业融资的影响，周小川（2015）探讨了金融监管体制、金融机构体制、业务监管体制等金融体制的改革问题，黎贵才等（2016）和刘贯军等（2017）探讨的金融体制主要是关于金融服务组织主体，用融资中银行信贷规模与股市融资规模的比重，划分为银行间接融资主导型和市场直接融资主导型金融体制。张杰（2018）讨论的金融体制，则主要是指金融组织体系相关的体制问题，包括银行自身的体制问题、间接融资主导型金融体制、市场化金融体制、金融风险监管体制问题。

综上可以看出，金融体制实际上是一个历史概念，在不同国家不同发展时期具有不同的表征。就中国目前的发展阶段而言，金融体制问题最突出的就是间接融资主导型体制和直接融资主导型体制，以及相应的宏观调控、业务监管等体制设计。进一步就科技金融体制而言，为提高政策的针对性和有效性，将重点依据上述图 3－1 中科技金融服务体系，以及省级地方政府的职权范围，来界定相关的体制内涵与外延。本书认为，所谓科技金融体制，就现阶段陕西省科技金融发展实际而言，主要是指支撑陕西省各类科技金融机构，在有关政府部门的监管、指导与协调下，机构间通力协作，积极创新科技金融产品，切实提升科技活动资金可获得性的一系列规章、制度安排，具体而言，科技金融体制主要涉及科技金融政府管理体制、科技金融机构组织体制和科技金融业务监管体制三方面的体制问题（如图 3－2 所示）。

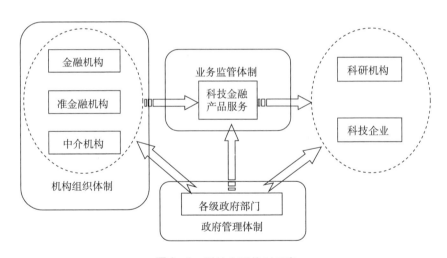

图 3－2　科技金融体制示意

在图 3－2 中，科技金融政府管理体制主要是指有关的政府管理部门如何界定职责，如何相互协调协作。就省级政府部门而言，科技金融发展过程中涉及一行三会省级分支机构、科技厅、金融办、财政厅、税务局、工商局、商务厅等多个部门，因而科技金融的政府管理体制是否健全顺畅，直接影响到整个科技金融市场的运转效率。

科技金融机构组织体制主要是指间接融资型金融机构与直接融资型金融机构间的比例结构，以及金融机构、准金融机构和中介机构间的结构关系。由于机构组织体制的效能与地区自身的经济结构、产业结构密切相关，而非一成不变，因而机构组织体制必须根据各地区的实际发展情况因地制宜地调整设定，如此才能最大限度发挥科技金融体系对地方经济发展的支持作用。

科技金融业务监管体制主要是指政府有关部门制定监督、管理各类金融机构、准金融机构和中介机构开展业务的规章制度。由于金融业务具有很高的风险性和外部性，一旦发生风险，极易引起整个金融系统甚至经济系统整体出现问题，最终或引致企业、个人的巨大经济损失，因而政府部门会充分发挥看不见的手的作用，通过业务监管控制金融机构业务风险，但是这无形中又增加了金融机构开展业务的约束，限制了市场机制作用的充分发挥，因而科技金融业务监管体制的合理程度对科技金融市场运行有着至关重要的作用。

3.2.3 科技金融机制及其表现

科技金融机制是指科技金融体系中各要素相互关联和相互影响的具体方式，它是确保科技金融体系正常运转并有效发挥作用的关键基础，其完善程度直接决定着科技金融体系的运行效果。在科技金融发展的初期，主要任务是完善科技金融服务体系，即不断扩充科技金融体系中的各组成要素，当科技金融体系各构成要素发展较为充分时，建立健全科技金融机制则成为科技金融发展的主要任务。自20世纪90年代伴随着科技产业的快速发展，科技金融概念在深圳被首次提出之后，各级政府层面日益重视科技和金融结合的问题，在国家层面相继出台了十余项支持科技和金融结合的政策文件，各级政府部门也不断推动科技金融服务体系的完善，特别是在作为科技产业发展核心依托的国家级高新区，科技金融服务体系日益完善。因此现阶段，科技金融机制的完善就成为加快科技金融发展的首要任务。

由于科技金融机制涉及科技金融体系各要素间的关系，因此科技金融具体机制与其构成要素紧密相关。现有文献关注的科技金融机制主要有运行机制、保障机制、财政配套机制、科技金融结合机制、创新机制、协同机制等，虽然已涉及科技金融发展中的诸多机制，但总体来看上述研究缺乏一定的理论分析框架，通常只是关注了科技金融机制中的某一特定机制。本书将在对科技金融内涵和外延进行界定的基础上，在本部分重点对科技金融机制进行梳理。

本书结合科技金融实践发展，识别了影响科技金融体系运转的六大具体机制，即要素聚集机制、机构协作机制、产品创新机制、供需匹配机制、政策联动机制和公私协同机制，各类具体机制与科技金融体系之间的关系如图 3-3 所示。

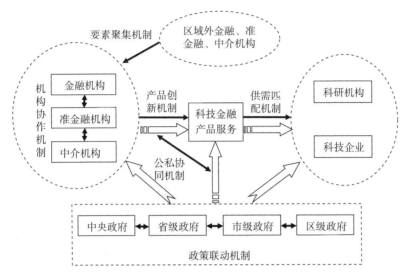

图 3-3　科技金融机制示意

图 3-3 中，要素聚集机制主要是指特定区域如何构建机制平台，稳定规范的吸引各类科技金融服务机构在区域内聚集发展。由于科技金融服务机构的区位选择涉及特定区域的经济发展水平、营商环境、区域竞争政策、工商税务等行政管理制度和政策等诸多因素，因而吸引金融机构在区域内聚集发展也绝非单一的区域金融管理部门（各级金融办）的职责所能完全胜任的，而是需要各级有关部门建立稳定的协作机制。

机构协作机制是指各类金融机构之间、准金融机构之间、中介机构之间以及金融机构、准金融机构和中介机构之间如何相互沟通，充分发挥各自优势，通力协作提供优质科技金融服务产品，扩大科技金融业务规模。现代金融产品服务在专业化细分方面越走越远，但企业的金融产品服务需求通常是综合性的，而且企业基本特征信息对于所有金融机构都是相同的，在此背景下，就需要各类金融机构通力协作、共享信息、分担风险，如此将有助于金融产品服务与企业需求的切实匹配。

产品创新机制是指各类科技金融机构以及政府部门如何相互影响、相互推动，一方面不断增加科技金融产品服务供给规模，另一方面不断提升科技金融产品服务供给质量。由于科技企业特别是中小型科技企业的独特特征，传统金融产品服务难以满足其需求，为此就需要金融机构不断根据科技企业特征及其变化对金融产品服务进行创新，开发出能够满足科技企业需求的金融产品服务，而且需要金融机构对开发出的金融产品服务不断完善，以更好地契合科技企业的金融需求。

供需匹配机制是指科技金融市场中，供给方和需求方如何相互关联，实现科技金融产品服务供求的高效率对接。一方面，众多科技企业由于管理人员知识、观念限制等原因，对金融机构、金融产品服务相关知识掌握较少，导致无法将企业的金融服务需求与供给进行有效对接；另一方面，随着科技金融机构及其相应的产品服务不断增多，科技企业也越来越难于在其中寻找到适合自身需求特征的产品服务，在此背景下，就特别需要建立健全有关机制，确保科技金融产品服务供给能够高效率地与企业金融需求实现匹配，切实实现金融资源对科技创新活动的支撑。

政策联动机制是指中央、省级、市级和区级政府部门在出台实施科技金融政策时，如何相互协调对接，形成政策合力，更有效地发挥科技金融政策的效能。科技和金融本属于不同的产业，在融合的过程中必然面临很多困境，特别是会出现科技金融市场失灵问题。科技金融政策则有助于弥补科技金融市场失灵，促进科技和金融的结合，让金融更好地促进科技，让科技更紧密地联系金融。因而，在科技金融服务体系构成之中，科技金融政策是科技金融服务体系的重要支撑。新形势下推进科技金融工作，首要任务就是通过不同类型、不同层级科技政策的统筹，使各区域、各行业、各领域的政策更好地发挥集成、叠加效应，形成支持创新的强大政策合力。

公私协同机制是指政府部门在提供科技金融产品服务时，与其他金融机构沟通协调的机制。由于科技金融市场存在失灵问题，政府部门需要借助政策、资金等手段介入科技金融市场运行，甚至还会通过提供科技金融产品服务的形式直接介入，如此在引导支持科技金融机构开展业务、弥补对科技金融市场失灵的同时，难免又会对科技金融机构业务产生挤出效应，加之考虑到政府财政、政策资源的有限性，构建公私协同机制，既充分发挥政府看得见的手的作用，弥补科技金融市场失灵，又能避免对其他金融机构业务的挤出效应，充分发挥其他机构的市场力量就显得尤为重要。

3.3　科技金融体制机制对科技金融市场绩效的影响

3.3.1　科技金融体制机制影响科技金融市场绩效的理论框架

科技金融体制机制作为科技金融运行的制度环境以及体系各要素间的连接关系，必然对科技金融市场整体发展发挥至关重要的作用，但是对于科技金融市场运行机制到底如何，以及在多大程度上影响科技金融市场发展，无论是学术层面还是实务层面均未有明确的认识。尝试运用市场设计理论，从理论层面系统分析科技金融体制机制对科技金融市场的影响，为分析科技金融体制机制的作用机理提供一个基本理论框架，如图 3-4 所示。

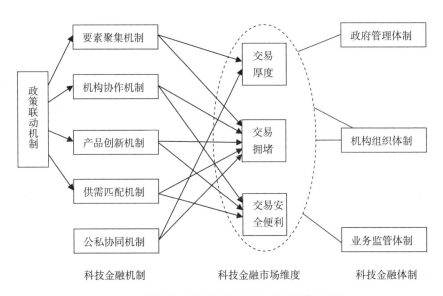

图 3-4　科技金融体制机制对市场绩效的影响框架

在图 3-4 中，要素聚集机制、公私协同机制会通过影响科技金融市场交易厚度和交易拥堵进而影响科技金融市场运行，机构协作机制、产品创新机制和供需匹配机制均会通过交易拥堵和交易便利两个渠道发挥作用，政策联动机制则通过影响要素聚集机制、机构协作机制、产品创新机制和供需匹配机制，间接影响科技金融市场特征，进而对科技金融市场运行产生影响。政府管理体制会通过影响交易厚度进而影响科技金融市场运行，机构组织体制会通过影响交易厚度和交易拥堵两个方面影响科技金融市场运行，而业务监管体制则主要通过影响交易安全性和便利性的渠道发挥作用。

3.3.2 科技金融体制影响科技金融市场绩效的机理

在科技金融体制方面，政府管理体制主要影响科技金融市场交易厚度，由于金融业是受政府高度监管的行业，任何金融机构的注册设立都需要主管部门的前置审批，由于不同的政府主管部门对于同一家拟注册的金融机构关注点存在显著差异，因而如果部门分工不明确，缺乏部门间协调机制，则有可能制约各类新型金融机构的注册设立，从而影响到科技金融市场中金融服务的供给。

机构组织体制主要影响交易厚度与交易拥堵，一方面由于科技金融服务需求不同于传统企业的金融需求，更需要特定类型的金融机构来满足其金融需求，但是如果区域性机构组织体制未能适时调整，仍是以传统金融机构为主体，导致科技金融服务供给不足，则必然难以满足科技金融市场需求；另一方面，由于科技金融服务供给不足，大量的科技企业向少量的科技金融机构寻求资金支持，必然导致科技金融交易出现拥堵，最终出现融资难、融资贵问题，影响科技金融市场运行效率。

业务监管体制则主要影响科技金融市场交易安全性和便利性，如果科技金融业务监管体制无法适应市场发展实际，一方面，势必导致科技金融交易双方采取策略行为，如金融机构通过各种方式提高实际融资成本，而科技企业则通过各种方式隐藏自身的信用风险；另一方面，为了规避业务监管体制约束，交易双方不得不采取更隐蔽和复杂的交易方式，结果导致交易成本的上升和便利性损失。

3.3.3 科技金融机制影响科技金融市场绩效的机理

在科技金融机制的作用机理方面，要素聚集机制将影响机构类别与数量、竞争程度，进而影响产品服务类别、数量和品质。一方面影响交易供给方数量，另一方面影响交易拥堵程度。机构协作机制一方面会影响产品服务品质和交易成本，以及交易比对便利性和交易拥堵程度，另一方面增加交易信息和交易透明度，确保交易安全便捷，从而促进达成交易。

产品创新机制会影响产品创新，而产品创新包括完全新创类产品服务和原有产品服务的功能改进，二者均会增加市场交易标的，从而扩大交易比对范围，影响交易拥堵程度。同时创新性金融产品服务也会影响交易的安全便捷性。供需匹配机制主要涉及促进供给方与需求方对接的各类软硬件平台，包括定期非定期的投融资对接活动、路演活动、金融服务平台等，由此可见，供需匹配机制将会影响科技金融市场交易的拥堵程度和安全便捷性。

　　政策联动机制主要涉及中央、省级、市级和区级科技金融政策的协调联动，更好地发挥科技金融政策对机构聚集、机构协作、产品创新和供需匹配的影响，因而会通过上述机制间接影响市场交易的三大特征。政府部门除了提供科技金融政策之外，通常还会直接提供科技金融产品服务，弥补科技金融市场失灵。但是这会对金融机构的科技金融产品服务产生竞争效应，因而公私协同机制，即政府部门与金融机构之间如何协同创新，直接影响到科技金融产品服务的效能发挥，进而影响科技金融市场的拥堵程度和交易安全便捷。

第4章 陕西省科技金融市场发展演变与面临的主要问题

本部分将从发展演变历程、发展现状与面临的主要问题三个方面，对陕西省科技金融市场发展情况进行系统梳理，为进一步分析奠定基础。

4.1 陕西省科技金融市场发展演变历程

2020 年，陕西省综合科技创新水平指数达到 68.39%，排名全国第 9 位，其中科技活动产出指数为 75.97%，位居全国第 4 位；科技进步贡献率达到 59.2%。全省研发经费投入共计 584.58 亿元，较上年增长了 9.8%，研发投入强度达 2.27%，创 10 年来新高。全省技术合同交易额超过 1500 亿元，超额完成全年 1200 亿元的目标任务，稳居全国前列。全省高新技术企业突破 6100 家，较上年增长 40% 以上；科创板上市企业数量居西部首位。① 一系列科技创新与产业发展成就的取得，离不开陕西省科技金融市场蓬勃发展的支持，自 2011 年获批成为国家科技金融试点地区以来，陕西省有关部门多措并举，大力推动科技金融市场创新发展，有力支撑了陕西省科技创新与科技产业发展。

4.1.1 陕西省科技金融市场萌芽起步阶段

2012 年以前是陕西省科技金融市场发展萌芽起步阶段。长期以来，陕西省是处于全国前列的科技资源大省，然而科技资源优势并未有效转化为产业与经济优势。为此，陕西省从多方面着手，大力促进科技资源优势向产业经济优势转化。其中，发挥科技金融对科技创新与科技产业成长的支持作用是重要的手段之一。在 2012 年以前，陕西省科技金融发展相对缓慢，科技金融政策、科技金融组织机构、产品服务相对较少，总体处于科技金融市场发展萌芽阶段。

---

① 张行勇. 陕西省综合科技创新水平指数达到 68.39% ［N］. 中国科学报，2021 年 2 月 23 日第 4 版。

（1）省级层面科技金融市场发展演变情况。陕西省出台的科技金融政策最早可以追溯到 1981 年，当年出台了《陕西省科学技术贷款试行办法》，对传统科技活动经费支持方式进行了改革创新尝试。该办法规定，由陕西省科委从科技三项费用中划拨一定金额，委托中国人民银行陕西省分行管理。在此金额范围内，经主管部门或地、市科委审查同意后转报省科委批准，由中国人民银行以信托存款及贷款方式，贷给有关科技项目承担单位使用。

但之后较长时期内很少再出台针对科技企业融资的专门政策文件，直到 2008 年出台了《陕西省创业投资引导基金管理暂行办法》。该引导基金总规模为 10 亿元，首期为 2 亿元，是由省政府设立并按企业化方式运作的政策性基金，主要通过参股扶持创业投资企业发展，引导社会资金进入创业投资领域。引导基金本身不直接从事创业投资业务。设立引导基金的目的是发挥政府资金的杠杆放大作用，增加创业投资资本的供给。同时还出台了《陕西省金融发展专项资金管理暂行办法》，对于企业上市融资或增发融资给予资金奖励，以鼓励支持企业利用资本市场加快发展。陕西省的科技金融创新活动自此再次拉开帷幕。

2010 年 11 月 29 日，陕西银监局、陕西省发展和改革委员会、陕西省财政厅、陕西省知识产权局、陕西省工商局、陕西省版权局、陕西省中小企业促进局联合制定出台了《陕西省知识产权质押贷款管理办法（试行）》。该管理办法是国内首部知识产权质押贷款有关的政策文件，其创新点主要体现在三个方面：一是规定借款人可以用"合法享有的且可以转让的专利权、注册商标专用权、著作权等知识产权中的财产权"向银行申请抵押贷款；二是为化解银行对可能形成不良贷款的担心，设计了风险补偿条款，明确规定对形成逾期的知识产权质押贷款，由政府设立的专项基金按照规定进行垫付式风险补偿；三是规定对专利权质押贷款出现非主观责任形成不良贷款的，免予追究贷款人相关人员责任，提取贷款损失准备金时不抵扣贷款人的工资性费用。该管理办法的出台，从政策上一举突破了困扰多年的知识产权质押融资障碍，打破了制约知识产权产业化的资金瓶颈，为金融资本和知识产权有机契合提供了有效的政策支持，架起了"知识产权宝库"与"银行资金金库"之间的桥梁，在推动金融创新和中小科技企业全面快速发展，促进陕西省由科教大省向产业大省转变，建设西部强省的进程中发挥了重要作用。

2011 年，陕西省科技厅、财政厅、银监局联合出台了《陕西省科技型中小企业贷款风险补偿资金使用管理细则》，安排财政资金 5000 万元探索建立风险补偿机制。为解决科技型中小企业融资难、融资贵问题进行了有益的尝试，极大地提高了金融机构支持科技型中小企业发展的积极性。在此基础上，与中国建设银行陕西分行、北京银行西安分行、长安银行等多家银行合作，通过创新合作形式，联合推出了 15 款科技信贷产品，为从初创期至成熟期的科技型企业提供多元化的金融产品和差异化服务。

同年，陕西省科技厅牵头尝试探索搭建各类科技金融服务平台。一是搭建上市企业服务平台。为积极做好上市后备企业的挖掘、筛选和培育工作，建立了科技型上市企业培育库，入库企业 60 多家。对入库企业，按上市规划分类指导，开辟绿色通道，从资金、科技项目、技术创新平台角度，加大支持培育力度。二是建立科技金融综合服务平台，依托陕西科技资源中心整合陕西省科技资源的优势，首批安排经费 650 万元，支持搭建科技金融服务平台，为科技型企业融资提供政策、中介、信息等综合服务。三是搭建金融机构服务平台，在陕西省科技厅、工信厅、西安高新区、西咸新区沣东新城和西安交通大学五家共建的现代制造服务产业创新示范基地中，引入了摩根华鑫证券公司、西部证券公司、北京银行西安分行、长城资产公司等金融企业，为入区企业提供金融支持与服务。①

（2）地市与重点科技园区科技金融市场发展情况。在地市级科技金融市场发展方面，以西安市为代表的有关地市也开始积极探索科技金融市场发展。2009 年 3 月，西安市出台《关于进一步加强科技和金融合作共同促进科技产业发展的指导意见》，决定共同构建科技创新与金融创新相互融合、相互促进的工作模式，加大对科技企业的信贷支持和金融服务力度，促进科技产业又好又快发展，全面启动了科技金融结合试点工作。2010 年进一步出台了《西安市科技金融创新合作试点的实施意见》。在该试点意见中，一是调整对银行补贴政策和实物资产抵押限定要求，通过增强担保机构作用，扩大企业受益面；二是通过频繁对接，逐渐缩小银行与企业间对创新属性和金融运行特点等非实质性认知差异，提供个性化服务，开发出新的服务模式；三是通过频繁的业务平台交流，促进银行与担保业务联合；四是引导银行创新产品，组织专门团队和绿色通道，简化贷款流程，提升服务品质。

2011 年 9 月，西安市科技局与财政局发布了《西安市科技金融合作试点业务风险补偿暂行办法》。根据暂行的补偿办法，政府将直接承担银行 50% 的风险

---

① 陕西上半年科技型中小企业贷款余额达 47.20 亿元［EB/OL］. http://www.gov.cn/gzdt/2011 - 11/29/content_2005479.htm

损失，激励银行放贷给科技型中小企业。另外，还设有 4% 的奖补资金用来降低银行风险。在化解贷款风险的同时，政府还引进担保，用于降低需求企业的抵押担保，原则上实物反担保资产不超过贷款金额的 30%。同时加强诚信合作，用好用足政策，合作银行承诺为政府推荐需要支持的科技企业直接放款比例不低于60%，其余部分通过担保公司放款。该管理办法的目的在于通过政策引导、资金补助以及风险分担的新思路，降低银行贷款风险，激励银行降低中小企业贷款门槛。

同年，西安市设立了科技金融合作试点工作小组，与多家银行及担保公司开展合作，通过确立风险共担和利益补偿机制、降低企业提供抵押和反担保条件门槛、简化贷款手续和创新服务模式。利用奖励补助和风险补偿，与银行、担保机构共担风险，携手合作；合作金融机构创新金融信贷产品、承诺利率上限、认可专业担保；担保公司创新担保品种、控制担保费率、认可合作银行；中介服务上门征集信贷需求、协调银企对接、提供合作方案。多方合作开启了轻资产科技企业信贷之门，使企业受惠。通过科技金融合作平台，在科技产业"两区两基地"、区县工业园区组织对接活动，并引导产业联盟与金融机构建立合作机制。产业联盟有效组织筛选科技企业，金融机构利用联盟更好地了解产业链特点，通过银企对接，深化合作。

在陕西省内其他地级市，科技金融市场发展的探索也开始不断涌现。2009年 11 月，榆林市政府发布了《金融支持榆林科技创新工作促进经济跨越发展指导意见》，提出推动金融监管机构积极创新监管方式，鼓励支持政策性银行与商业银行创新金融产品服务，大力支持榆林市科技企业、科技产业、科技园区等科技创新活动。2010 年，安康市召开科技金融结合促进会，为金融机构与科技企业交流提供了对接平台，签约科技金融项目达 1.07 亿元，同时对下一步安康市开展科技金融结合工作进行了部署。在重点高新技术产业园区科技金融市场发展方面，西安高新技术产业开发区作为全国首批成立的国家级高新技术产业开发区，其科技金融市场发展起步相对较早，以 2008 年获批成为全国第二批科技保险试点地区为契机，西安高新区管委会出台了《西安高新区科技保险补贴资金管理暂行办法》，设立科技保险补贴专项资金 1000 万元，对符合条件的参加科技保险的高新技术企业实行保费补贴。2010 年，宝鸡高新区以建立健全金融服务体系为出发点，以为企业创造良好发展环境为终极目标，成立了宝鸡高新区金融服务办公室，搭建起银企交流的平台。针对宝鸡钛行业发展迅速、中小企业数量众多的特点，高新区相关部门先后多次深入"中国钛谷"的中小企业，一方面引导中小企业向创新型、科技型、规模化发展，进一步提升中小企业的核心竞争力；另一方面，加强与金融机构的沟通与交流，充分发挥政府的引导、激励作用，促进银行业金融机构加大信贷投入，满足信贷需求，为建立良好的金融生态环境，促进中小企业的快速发展出台相关政策。

4.1.2 陕西省科技金融市场框架形成阶段

2012～2015年是陕西省科技金融市场框架形成阶段。以2012年陕西省获批国家科技金融结合试点地区，并出台《关于进一步促进科技和金融结合的若干意见》为标志，陕西省科技金融市场发展正式进入新阶段。至2015年，陕西省及有关地市和科技产业园区出台了一系列科技金融发展支持政策，全方位积极探索科技金融市场创新，不断深化科技金融融合，以破解科技型中小企业融资难、融资贵等问题为科技金融结合主线，在科技成果转化引导基金设立运行、投融资产品设计、科技银行等方面不断探索，初步形成了服务于科技型中小企业创新创业的科技金融市场框架。

（1）科技金融政策体系演变发展情况。陕西省把建立科技和金融结合的政策法规体系摆在重要位置，陆续出台了多个重要地方法规和政策性文件，初步构建起保障科技和金融结合试点工作顺利开展的政策法规体系。

2012年5月，《陕西省科技进步条例》正式颁布，其中明确规定鼓励金融机构开展知识产权质押业务，鼓励和引导金融机构在信贷等方面支持科学技术应用和高新技术产业发展，鼓励保险机构根据高新技术产业发展的需要开发保险品种，建立风险投资补偿机制，鼓励金融机构支持科学技术创新创业。上述相关条文从法律角度确保了科技金融工作的开展。

2012年9月，陕西省出台了《关于深化科技体制改革加快区域创新体系建设的意见》，明确提出推进科技金融结合试点工作的主要任务是建立科技贷款风险补偿机制，探索建立科技保险补贴机制，支持科技型企业上市融资；设立陕西省科技成果转化引导基金，引导社会资本组建若干子基金。明确提出要推进科技金融结合试点，建立科技贷款风险损失补助机制，探索建立科技保险补贴机制、补偿机制，支持科技企业上市融资，支持企业科技成果转化、分担金融机构科技贷款风险、对科技成果转化进行绩效奖励。

同月，陕西省还出台了《关于进一步促进科技和金融结合的若干意见》，并于12月出台了《关于促进科技和金融结合若干意见任务分工的通知》及《关于成立省促进科技和金融结合工作领导小组的通知》，全面安排部署促进科技和金融结合工作，要推进科技金融结合试点，根据各地科技发展和金融资源聚集特点，在科技和金融结合方面先行先试；创新财政科技投入方式，建立风险补偿机制，支持金融机构、风险投资机构投资创新创业活动；加强对科技信贷的引导，创新科技金融组织和金融产品；鼓励开展科技保险、科技担保、知识产权质押融资、科技型中小企业集合债等金融业务；大力发展多层次资本市场，建立科技型企业股权流转和融资服务产权交易平台；成立省促进科技和金融结合工作领导小组，协调解决科技金融结合以及陕西省开展国家试点工作中的有关重大问题。

2012 年 10 月，陕西省出台了《关于进一步促进金融业发展改革的意见》，对陕西省金融业发展改革提出了具体的任务和措施，其中一项就是加强科技金融服务体系建设，以国家促进科技和金融结合首批试点为契机，积极开展科技投融资服务模式创新；鼓励商业银行设立专门为科技企业服务的科技支行；加大金融机构考核中对科技企业贷款指标的评分比重；鼓励商业银行、担保公司、创业投资公司等开展"投贷联动""投贷保联动""保贷联动"等服务创新，扩大知识产权质押、股权质押、应收账款质押等融资业务总量；重点引导和扶持具有高成长性的科技型中小企业在创业板或中小板上市；积极推动科技保险，建立保险补贴机制，创新科技保险产品。

2013 年 2 月，陕西省出台了《陕西省科技成果转化引导基金管理暂行办法》。引导基金的资金来源包括省财政拨款、投资收益、社会捐赠等，将遵循引导性、间接性、非营利性和市场化的原则，支持在陕西省实施的科技成果转化，促进科技创业和科技型中小企业的发展。主要采取设立创业投资子基金、科技贷款风险补偿资金、绩效奖励资金的形式对科技创新创业项目给予支持。其中，创业投资子基金由转化基金与社会投资人共同发起设立，采取有限合伙制、公司制和其他合法形式，子基金 60% 以上应优先投资符合陕西省、国家的技术政策和产业政策的陕西科技型中小企业；科技贷款风险补偿资金对银行、小额贷款公司的科技贷款的本金损失、融资性担保公司的代偿贷款的本金损失给予补偿；绩效奖励资金是对于转化科技成果做出突出贡献的企业、科研院所、高等学校、创业投资企业、金融机构、中介服务机构和个人，给予一次性资金奖励，对于已进入转化成果库中的科技成果享有单位，优先享受陕西省的科技优惠政策。

2013 年 8 月，陕西省银监局出台全国首个《科技支行监督管理办法》，为陕西省科技型中小微企业的持续健康发展奠定了基础，也为在全国范围开设科技支行提供了可资借鉴的范例。该管理办法在以下几个方面提出了创新性的试点举措：一是管理垂直，确保科技支行独特地位。要求辖内地方银行总部或驻陕银行一级分行对科技支行垂直管理，适当扩大授权或转授权，下放业务审批权限，增强科技支行独立性。二是重点笃定，确保科技支行信贷方向正确。明确了科技支行应重点对能够提高国家核心竞争力产业的，具有国际领先地位和广阔产业化市场前景的，具有明显节能减排、环境保护、低碳经济等国家产业政策鼓励的知识产权项目，优先予以信贷支持。三是指标定位，确保科技支行主营性质不走样。规定科技支行应主要从事科技型企业金融服务，设立满三年的，科技型企业贷款户数占全部法人企业贷款户数应达到 70% 以上的监管要求。四是松绑定心，确保科技支行信贷强劲增长。规定要适度放宽科技支行的不良贷款容忍度，不良贷款率可控制在 3%～5%。对科技型中小微型企业贷款，除主观原因外，要不打折扣地执行尽职免责政策。为科技支行松绑，为信贷人员定心，引领科技支行实现可持续发展。

2014 年 5 月，陕西省出台了《科技保险保费补贴资金使用管理办法》，明确了保费补贴和促进科技保险发展的相关措施。一是建立科技保险风险补偿机制，由财政补贴资金，为投资风险埋单。补贴资金定向使用、采用后补助方式按年度核补，实行年度总额控制。科技保险补贴对象涵盖财产险类、责任险类、人身险类、出口信用多个产品，为企业创新产品研发、科技成果转让提供保险风险补偿支持。二是鼓励保险公司创新科技保险产品和服务形式，为科技企业、科研项目、科研人员提供全方位保险支持，建立起为科技企业省钱、省力、省心的保险服务模式。三是鼓励符合条件的保险公司设立专门服务于科技企业的科技保险专营机构，设计、优化、创新科技保险产品服务，为科技企业降低风险损失、实现稳健经营提供支持。四是对接金融机构，构建科技企业新的融资渠道。探索以保险产品替代担保产品进入银行业务，建立政府、银行、保险公司共担风险的机制，为科技型中小企业通过贷款保证，保险获得银行授信，缓解中小型科技企业发展资金压力，解决融资难问题。

这一系列政策法规，相继确定了促进科技和金融结合工作的法律地位、重点任务、主要目标和具体措施，确保了科技金融结合工作的顺利开展。

（2）科技金融组织机构、产品服务创新发展情况。在机构创新方面，2012年 4 月，陕西省首家"科技支行"——长安银行西安高新科技支行正式开业。该科技支行作为陕西省科技型中小企业贷款风险补偿资金指定托管银行，以服务科技型中小企业为其市场定位，推进金融与科技的深度融合，整合政府、园区、银行、担保、创投等资源，创新业务发展模式，为科技型中小企业提供优质高效的金融服务。同年 9 月，该科技支行又在陕西省科技厅的支持下，发起设立了"陕西省科技金融产品研究开发中心"，探索开发针对科技型企业的金融信贷产品和服务。

组织机构创新方面的另一个重大举措，是陕西省科技厅于 2014 年 7 月设立科技金融处。在陕西省机构改革要以简政放权，按比例压缩人员、机构、编制为总体要求的大背景下，陕西省政府批准陕西省科技厅增设科技金融处，其主要职能为：拟定全省促进科技和金融结合相关政策，组织开展科技金融试点工作；负责省科技成果转化引导基金管理；组织实施重大科技成果中试专项；负责联络和协调工业技术院；负责省委科技工委、省科技厅直属科研院所改革等工作。陕西省科技厅科技金融处是继天津市科委设立科技金融处之后，在省级科技部门中第二个单独设立的科技金融专门处室。陕西省科技厅科技金融处的设立，对改革科技资源配置方式，带动金融资源、民间投资，支持全省科技型中小微企业的健康发展，促进科技成果转化将发挥重要作用。

在科技金融产品服务方面，2013 年 1 月，陕西省开通全国首条 400 科技企业融资服务热线，开发了"陕西省科技金融信息服务平台"，该平台包括企业库、金融机构库和专家库三个专业数据库，通过数据共享，实现企业在线填报融资需求，经过初步评估后，系统自动推送需求信息给相关的中介服务机构。汇聚了120 多家证券、律师、担保、咨询等专业化中介服务机构。同时建立了陕西省科技金融超市。面向全国遴选银行、券商、基金、融资担保、资产评估、会计、法律、知识产权、科技保险、管理咨询等 20 家科技金融中介服务机构，组成了"科技金融超市"并正式投入运行。

2013 年 6 月，陕西省全省科技和金融结合试点工作正式展开，首批设立了 8个地市和国家高新区作为省级科技和金融结合试点地区。其中，西安市 1000 多家科技型中小企业贷款年贷款余额达到 10 亿元；咸阳市创新财政投入方式，为160 家科技企业提供了 45 亿元贷款担保；宝鸡市设立了 1000 万元科技贷款风险补偿资金和规模为 2.5 亿元的陕西省高端装备高技术创业投资基金；杨凌农业示范区不断拓展企业直接融资渠道，成功发行了总规模 15 亿元的企业债券和 8100万元的中小企业集合票据，为全省科技金融工作开展起到了很好的带动示范作用。12 月，又设立了第二批包括榆林高新区和渭南高新区两个科技和金融结合试点地区。①

2015 年上半年，陕西省进一步探索科技贷款风险补偿和知识产权质押等融资模式，分别与齐商银行、中国银行、长安银行、中国工商银行、北京银行等银行签订了科技贷款业务合作协议，联合推出了"齐动力科技贷""中银科技贷""长安信用贷""小微科技贷""科技企业成长贷"等新型科技金融产品，以满足不同类型、不同发展阶段的科技型企业的融资需求。此外，陕西省科技厅积极对接新设基金，完成了陕西科技创业孵化种子基金等科创基金方案设计。

2015 年 5 月，全国首例知识产权（专利）质押 P2P 融资在西安成功落地，率先实现了知识产权质押融资网络化、P2P 化，为突破知识产权运用瓶颈提供了新方向。该知识产权质押融资创新模式另辟蹊径，对银行贷款缺额的知识产权质押融资项目，由一端擅长知识产权的网络公司统一先期质押知识产权，再借助另一端著名网络平台募集投资人资金，点对点融资。

2015 年 11 月，浦发银行在陕西省推出"千人千户"小微客户培育计划，向西安高新技术产业开发区、西安经济技术开发区颁发了"'千人千户'工程孵化基地"铭牌，并与陕西科技控股集团、西安市科技局签署了科技金融合作协议。该计划充分发挥该行科技金融的品牌优势，针对优质科技型小微企业客户，提供优质的科技金融服务。

4.1.3 陕西省科技金融市场深化发展阶段

2016 年以后是陕西省科技金融市场深化发展阶段。2016 年以后，陕西省及各地市和科技园区的科技金融发展政策框架基本形成，科技金融工作迈入全面创新深化阶段，工作重点逐步转向科技金融机构组织与产品服务的创新发展，以及科技金融供需匹配和科技金融服务效率提升方面。

（1）省级科技金融政策创新发展情况。2016 年以来，陕西省仍然不断出台有关促进科技金融市场发展的政策文件，主要包括两大类：一类是根据科技金融发展实践情况，对原有的科技金融政策文件进行修订完善；另一类则是创新性科技金融扶持政策。其中第一类科技金融政策主要包括以下内容。

2017 年 8 月，陕西省发布了《陕西省促进企业在多层次资本市场发展及直接融资奖励补助办法》，对于上市挂牌企业按照上市前、上市后和融资后分阶段

---

① 陕西省科技厅设立科技金融处 [EB \ OL]. 人民网，2014 年 7 月 31 日。http: // politics. people. com. cn/n/2014/0731/c70731 –25376834. html

给予资金奖补支持，进一步发挥资本市场促进经济平稳增长和产业转型升级的作用，落实支持企业在多层次资本市场挂牌上市和直接融资。2017 年 10 月，为进一步规范转化基金管理，陕西省科技厅、省财政厅对《陕西省科技成果转化引导基金管理暂行办法》进行了修订完善，发布了新修订的《陕西省科技成果转化引导基金管理暂行办法》。

2017 年 11 月，陕西省出台的《陕西省科技型中小微企业贷款风险补偿资金使用管理细则》，替代了 2011 年出台的《陕西省科技型中小企业贷款风险补偿资金使用管理细则》。新政策将政策扶持对象由科技型中小企业扩展到了科技型中小微企业，设立了 8 亿元小微企业银行贷款风险补偿资金，鼓励地方法人银行更多运用中央 10000 亿元再贷款再贴现政策，对 4 家地方法人银行利用再贷款向小微企业发放贷款给予一定比例的风险补偿。

2020 年 8 月，陕西省修订发布了《陕西省金融发展专项资金管理办法》，在具体财政鼓励措施方面，对于沪深主板和港交所上市企业给予 500 万元奖励，新三板挂牌奖励 200 万元，但是仅限于进入精选层的挂牌企业。对于股权或债权融资给予最高 50 万元奖补。与之前的政策相比，最大的变化在于缩小了资金奖补范围，取消了分阶段奖补，同时加大了奖补资金力度，使得奖补政策更有针对性。9 月份，陕西省上市办发布《陕西省企业上市政务服务绿色通道机制工作规则》，系统性地规范了政务部门对于企业上市的协调和服务工作的快速响应和深入协助。2020 年 12 月，陕西省印发了《陕西省上市后备企业管理服务办法》，对陕西省各级政府在培育上市后备企业，推动企业加快上市融资中取得的显著成效和经验做法进行制度化，巩固提升和复制推广，以加强和完善对省级上市后备企业的管理服务。

第二类政策则包括推出科技创新券、设立科技众创微种子类基金、科技成果转化直接投资基金、推动科技企业上市行动计划等支持鼓励政策，主要包括以下内容。

2016 年 11 月，出台了《陕西省科技创新券管理暂行办法》。科技创新券是由陕西省科技厅发行，无偿向本省中小微企业和创业团队发放，用于资助其向高校、科研院所、科技服务机构等单位或其他企业购买科技创新服务或使用科技资源，开展创新创业活动的"电子代金券"，每家企业和团队所获得科技创新券上限额度为 20 万元。通过创新券政策的实施，将会有更多的中小微科技型企业及其他创新主体纳入科技优惠政策覆盖范围，降低企业创新成本，引导科技创新服务供给与需求的有效对接，推动科技服务市场化、特色化、产业化发展。

2018 年 9 月，陕西省制定并发布了《陕西省科技成果转化引导基金科技众创微种子类子基金实施细则》和《陕西省科技成果转化引导基金直接投资项目实施细则》。其中，微种子基金是由专业基金管理人管理的，专注投资于高等院校、科研院所的科技人员领办或者创办、众创空间（孵化器）孵化的天使期创新创业企业的私募股权投资基金，主要是为了培育新动能的创新主体和新兴产业。直接投资基金则是，围绕陕西省产业共性技术创新平台、产学研深度融合新型研发平台、科技型中小企业研发服务平台、小微企业孵化培育创新平台的建设，以培育新动能的创新主体和新兴产业，高等院校、科研院所等研发机构成果完成人创办企业为目标，提出直接投资项目方案，包括向已设立公司出资及共同发起设立新公司两种形式。

2019 年 8 月，陕西省政府发布《推进企业上市三年行动计划（2019—2021年)》，把推进企业上市作为深化金融供给侧结构性改革、推进经济高质量发展的重要抓手，着力培育上市后备资源、提升上市公司发展质量。成立了陕西省推进企业上市工作领导小组，与深交所签署了全面战略合作协议，共建了资本市场服务基地，建立了省级上市后备企业资源库，推动形成企业想上市、要上市、争上市的良好氛围。力争 2019 年新增境内外上市公司 8 家；到 2021 年末新增 30家，西安市至少新增 15 家，安康、榆林两地"清零"，上市公司布局更趋合理；力争总股本年均增长不低于 15%，上市公司发展质量大幅提升，引领带动地区经济社会发展的作用显著增强。行动计划特别强调了推动企业改制上市，因为企业上市涉及大量改制规范问题，包括各种政府服务、协调各部门提供绿色通道的支持等，政府应该积极地为企业提供服务。

（2）科技金融产品服务创新发展情况。2017 年 5 月，陕西省科技成果转化引导基金设立榆林、安康、渭南科技成果转化子基金，以及陕西先导光电集成科技基金等 4 只子基金。其中，榆林、安康、渭南 3 只子基金总规模分别为 3 亿元，实现了陕西省地方科技企业天使投资基金零的突破。子基金由陕西科控集团代表引导基金出资人与地市科技主管部门联合设立，实现了省、市（县）多级资本和项目联动，投资方向将主要聚焦于各地市优势产业领域的初创期、种子期的科技型中小微企业。力争深化推广"一院一所"模式，建立陕西区域科技型中小企业科技成果转化基金体系，营造金融资本支持科技中小企业氛围，引导地市创业投资有序发展，探索陕西区域科技型企业股权投入和基金管理新模式，助推地方经济创新发展。陕西先导光电集成科技基金总规模为 10 亿元，以陕西光电子集成电路先导技术研究院为依托，集聚全球光电子集成产业优势资源，预期通过原创性的科技成果，努力抢占高端芯片技术制高点，在西安打造国内领先的高端光电子集成芯片产业高地。①

2019 年 9 月，陕西省工业和信息化厅与省科学技术厅、省地方金融监督管理局决定联合举办陕西省多层次资本市场挂牌上市融资培训暨路演活动，以进一步拓宽企业融资渠道，推动规模以上企业股改行动，促进企业转型升级与创新发展。2019 年 10 月，首批 21 家陕西科技企业挂牌陕西省股权交易中心科技创新专板。2018 年 12 月 5 日，国务院召开常务会议，明确在包括陕西西安在内的八个试点区域设立"科技创新专板"。2019 年 3 月，《陕西省人民政府办公厅关于印发支持创新相关改革举措推广方案的通知》将在陕西股权交易中心设立"科技创新专板"列为科技金融改革的首要工作任务。随即，省金融局即刻启动了"科技创新专板"的部署工作，按照"挂牌前有估值、挂时有融资、挂后有交易"的总体要求，系统建设、业务规则等一系列准备工作相继圆满完成。2019 年 9 月底，陕西"科技创新专板"正式开板。

陕西省相关部门积极对接银行业金融机构和在陕创投机构，精准服务科技企业发展各个阶段融资需求。继 2019 年与浦发银行、中国银行、中国建设银行、邮储银行、招商银行等 5 家银行签订《双创企业金融合作框架协议》，建立深度合作关系后，2020 年陕西省与兴业银行、交通银行、长安银行、西安银行、成都银行、民生银行等 6 家银行签署双创合作协议，共同专项助力解决双创领域科技企业融资难融资贵问题，对中国创新创业大赛（以下简称大赛）获奖企业按照获奖名次、奖金额度同比例放大支持。同时，陕西省鼓励合作银行和创投机构为企业提供面对面金融服务，形成"创投 + 银行"的"尽调 + 服务"的大赛工作模式，积极为参赛企业提供投融资服务。2021 年 7 月，长安银行发布《长安银行金融支持秦创原创新驱动平台发展三年行动方案》和"秦创贷"金融产品，未来三年将安排 30 亿元信贷规模用于支持秦创原创新驱动平台支持孵化的小微企业重点项目，还设立了应收账款质押贷款、固定资产贷款等创新信贷产品，以

---

① 陕西省科技成果转化引导基金将新设 4 只子基金 ［EB/OL］. 搜狐网，2017 - 05 - 10 https：// www. sohu. com/a/139448574_114731

适配科创型小微企业不同发展阶段多样化的需求。①

（3）地市及主要高科技产业园区科技金融发展情况。一方面，各地市及主要高科技产业园区积极创新科技金融扶持政策，特别是作为陕西省科技资源与金融资源聚集区的西安市，其科技金融政策体系不断完善。2016 年 6 月，西安市发布了《西安市科技金融结合信贷业务资金管理办法》，通过风险补偿、担保补助、贷款贴息等财政扶持方式，鼓励支持金融机构向科技型中小微企业提供融资服务，简化科技型中小微企业融资手续，降低贷款成本和门槛。

2017 年 1 月，西安市发布了《西安市科技型中小企业集合信贷计划方案》和《西安市创业投资风险补偿管理办法》。前者是由市科技局确定试点银行和担保公司，通过西安科技金融服务中心多渠道遴选有需求的科技型中小企业，由试点担保公司为所有企业提供担保，采取"统一管理，统一授信，统一担保，分别负债"的方式，向试点银行申请贷款。后者则是对创业投资机构投资于种子期、初创期科创企业，最终回收的转让收入与退出前累计投入该企业的投资额之间的差额部分，给予一定比例的投资损失补偿。分别按不超过单户企业实际投资损失额的 30%、20%，最高不超过 100 万元，单个投资机构年度累计最高不超过 300 万元给予风险补偿。2017 年 12 月，又发布了《西安市科技保险补贴资金使用管理办法》，以保险业务补助和风险补偿等方式，用于支持西安市科技企业参加科技保险的专项资金。补助资金由西安市科技发展专项资金安排，风险补偿通过市科技金融风险补偿资金池安排 5000 万元额度，专项用于科技企业贷款保障类保险出险后对保险公司的赔付损失进行补偿。②

2019 年 2 月，西安市政府发布了《科技金融产业发展规划（2019—2021年)》，提出按照"围绕产业链部署创新链、围绕创新链完善资金链"的基本思路，打造"一个中心"、建好"两个平台"、完善"三个体系"，实现"三个 1000"目标。12 月，又发布了《西安市扶持小微企业创业创新担保基金管理暂行办法》，通过市场化合作方式，与银行、保险、担保、创投等机构建立"政银保担投"业务联动机制，构建高效的中小微企业创业创新融资引导服务体系，重点为西安市创新型、成长型中小微企业提供融资增信服务。2020 年 1 月，西安市

---

① 科技金融助力秦创原创新驱动平台建设［EB/OL］. 科技部网站，2021 年 8 月 2 日。http：//www. most. gov. cn/dfkj/shanx/zxdt/202108/t20210802_176175. html

② 西安市创业投资风险补偿管理办法（暂行)，西安科技大市场网站，2017 年 1 月 1 日。http：//www. xatrm. com/zcfgxaskjj/303280. jhtml

对原来的科技金融结合业务补助办法进行了修订，发布了《西安市科技金融融合业务补助实施办法》，增加了天使投资奖励，同时将科技保险保费补贴政策、担保补助政策纳入该政策文件。

此外，其他地市也在尝试对科技金融政策进行创新。如 2019 年 9 月，商洛市科技局组织召开商洛市科技金融工作座谈会。邀请省创业投资协会理事长卢道真做了关于陕西促进科技和金融结合的政策和实践主题报告。主要从中省科技金融政策，社会投资的历史趋势，常见融资工具、科技和金融结合方向、陕西创业投资机遇和挑战、陕西省科创板企业培育、陕西省科技成果转化引导基金和地市基金建设等方面做了辅导。

另外，科技金融组织机构、产品服务创新也不断推进。如 2016 年 4 月，西安高新区获批成为国家首批投贷联动示范区，允许试点银行设立投资功能子公司与设立科技金融专营机构。在境内已设立具有投资功能子公司的，由其子公司开展股权投资进行投贷联动。试点机构未设立具有投资功能子公司的，经申请和依法批准后，允许设立具有投资功能的子公司。2017 年 3 月，国家开发银行陕西分行成立科技金融处，专门开展科创企业投贷联动业务。依托政府组织优势，做好顶层设计，与西安高新区签署投贷联动合作框架协议；成立国开科创投资公司在陕分支机构，与分行联合开发、分别评审，协调推进投贷联动工作。西安银行则以高新科技支行、曲江文创支行和雁塔军民融合支行等产业聚集的分支机构为核心，将科技、文创、军民融合作为战略重点和经营特色，逐步形成"专业支行 + 投贷联动领导小组办公室"的"贷 + 投"双轮驱动业务框架。

在产品服务创新方面，如 2020 年 4 月，浦发银行西安分行与西安市两区两基地科技金融合作协议签约，推出浦发银行科技金融服务方案 2.0。该方案是该行对科技创新企业万户工程、科技金融产品迭代、科技金融服务平台赋能进行的全面升级。建立"定量 + 定性"评价准入条件，将万户工程客户培育分为初创期、成长期、Pre – 科创板三个阶段，择优为万户以上高成长性企业提供优质高效的金融服务，推出科技金融"万户贷""投贷宝""孵化贷"等八大产品体系，为科技型企业提供低成本融资，缓解企业发展初期资金压力。2020 年 6 月，延安市科技局与中国银行延安分行，以及市内多家科技企业召开科技和金融融合工作座谈会，发布了《关于开展专项金融服务支持科技企业复工复产的通知》，从成立专项工作小组、规划专项信贷规模、定制专属产品服务、减费降率、延期还款等多个方面开展科技企业金融服务工作，帮助企业纾困解难。2020 年 7 月，西咸新区沣东新城设立"沣东新城科技金融超市"，在西安统筹科技资源改革示范基地正式揭幕，引进北京中关村科技金融服务经验，为入区企业提供全生命周期的综合金融服务。

4.2 陕西省科技金融市场发展现状

4.2.1 各类科技金融要素加速集聚

得益于政府与市场的共同努力，各类科技金融要素平台在陕西省加速聚集，全省聚集各类金融机构、准金融机构和中介服务平台1000多家，金融机构数量、市场规模稳居西北地区首位和中西部地区前列。

在科技金融公共服务组织平台方面，陕西省科技厅于2014年7月设立科技金融处，是全国第二个在省级科技部门中单独设立的科技金融专门处室，负责全省科技金融市场运行的顶层设计工作。陕西省科技资源统筹中心设立科技金融部，此外，陕西省还设立了省、市、区三级联动的科技金融服务平台，对改革科技资源配置方式，带动金融资源、民间投资，支持全省科技型中小微企业的健康发展，促进科技成果转化将发挥重要作用。在市级机构中，代表性的如西安市科技部门会同财政、金融等部门联合33家合作银行和担保公司，设立了西安市科技金融服务中心，专门开展科技金融服务。政策性科技金融机构方面代表性的如国家开发银行陕西省分行于2017年设立科技金融处，成立国开科创投资公司在陕分支机构，与分行联合开发、分别评审，协调推进投贷联动工作。

在科技信贷机构方面，随着广发银行西安分行、渤海银行西安分行先后开业，全部股份制银行已进驻陕西，目前全省自长安银行于2012年设立首家科技支行以来，各家商业银行相继开设了18家科技支行，专营科技金融业务；浦发银行西安分行于2018年5月设立了科技金融服务中心，专注于探索科技金融业务创新。全省融资租赁企业数量由2014年的7家，增长到2019年底的90家；注册资本也由2014年的17亿元，迅速增长到2019年底的337亿元。有13家保险机构和1家保险经纪公司开展了科技保险和"政银保"业务。截至2019年底，全省注册融资性担保公司为357家，小额贷款公司为642家。特别是在全省科技聚集的西安高新区，聚集了银行、证券、保险等金融机构全国或区域性总部61家；银行省级分行16家，占全省的50%；证券公司省级分公司13家，占全省的41%；保险公司省级分公司24家，占全省的44%。还吸引了众多科技银行、融资性担保公司、小额贷款公司、会计师事务所、律师事务所、资产评估公司、互联网金融企业以及融资租赁公司等多种类服务机构聚集。①

在股权投资机构方面，陕西省于 2012 年设立了科技成果转化引导基金，截至 2018 年 12 月，基金到位资金总额达 5.592 亿元，设立子基金 12 只，子基金总规模达到 40.23 亿元，放大效应为 11.4 倍。目前，子基金已投入 204 家科技型中小企业，投资金额达 12.48 亿元。为支持"双创"活动，陕西省发起设立了规模 1000 万元的陕西科技创业微种子基金，并与陕西省内高校和科研院所合作，相继设立了西北大学微种子基金、西科天使基金、光电先导基金、西交种子基金、西交科创基金、西部质量创新发展基金等各类基金，总规模已经超过 40 亿元。西安创业投资联盟理事单位已经从成立之初的 42 家发展到 171 家，管理资金超过 680 亿元。陕西本土基金管理公司中科创星目前管理基金总规模达 53 亿元，已孵化培育 230 多家硬科技企业。②

4.2.2　科技金融产品服务不断涌现

随着各类科技金融要素平台的不断聚集，在有关科技金融政策的引导支持下，陕西省科技金融产品服务数量也不断增加。

在科技信贷方面，各商业银行相继推出适合科技企业特征的创新型信贷产品服务。针对中小型科技企业特点，西安市科技局、西安高新区和建设银行共同开发出创新信贷产品"高新贷"，该产品是由两级政府承担 80% 风险、银行承担 20% 风险的纯信用信贷产品。在科技金融政策的引导下，各合作银行均推出创新信贷产品，如"浦发银行微小宝""北京银行智权贷""齐动力科技贷""中银科技贷""长安信用贷""小微科技贷""科技企业成长贷"等新型科技金融产品，创新力度强、种类多，有效满足了中小型科技企业不同的融资需求。在现有知识产权质押融资贷款的基础上，金融机构还拓展了"金鹰展翅贷""瞪羚企业贷""科技小巨人贷"等产品，科技企业的贷款品种不断丰富。特别是在知识产权质押融资方面，2017 年全省专利权质押合同登记为 456 件，同比增长 67.7%；质押总金额为 23.6 亿元，同比增长 56.5%；质押专利为 775 件，同比增长 44.6%；质押贷款惠及企业 325 家，同比增长 45.7%，处于全国领先地位。2019 年，陕西省保险机构重点发展以首（台）套重大技术装备保险、新材料首批次应用保

---

① 科技＋金融推动高质量发展［EB/OL］. 西安高新区管委会网站，2021 年 5 月 27 日。http://xdz.xa.gov.cn/xwzx/gxyw/60af5433f8fd1c0bdc2c652d.html

② 科技成果转化引导基金运行成效显著［N］. 陕西日报，2018 年 12 月 20 日。

险为代表的新型险种，有效对接服务"硬科技"产业发展，通过"政银保"模式，帮助小微企业获得贷款 3270 万元。[①]

在股权投资服务方面，省科技厅积极对接新设基金，完成了陕西科技创业孵化种子基金、金陵华软（西咸）科技统筹投资基金、西安高新技术产业天使投资基金、陕西省新一代信息技术创业投资基金、西安交大科技孵化天使投资基金、陕西军民融合科技创业基金等设立方案。西安创业咖啡街区在规划之初就专门设立了"天使楼"，依托西安高新区相关科技和金融若干政策，引进赛伯乐投资集团、白马金服、西部丝路硅谷等国内外知名科技金融服务机构，通过政策引导、整合资源、搭建平台、创新方式等推动科技和金融深度融合，引导创途天使会、盈创智造基金、西科天使、西高投等本土金融资源向高端人才创业企业聚集，积极招引达晨创投、软银投资等国内知名金融服务机构在西安创业咖啡街区拓展业务，加速人才、技术、资本三大市场之间的科学互动和有机结合。投贷联动业务方面，国开行陕西分行已经成功实现全省首单"投＋贷＋保"联动新模式落地，带动社会投资机构和担保公司投资 3330.6 万元，完成了 4 家初创期和成长期科创型企业的投贷联动工作。在西安高新区建成了全国首家科技企业信用金融服务平台，发起设立了创途天使会，通过众创、众扶、众筹抓手，打造开放共赢的天使投资联盟机构，与深交所信息公司共同建设了全国第六家、西北地区首家网上路演中心——中国（西安）路演中心。

4.2.3 科技金融扶持政策持续创新

科技金融扶持政策是科技金融市场良好运转的制度保障，据本书统计，近年来陕西省各级政府相继出台各类科技金融扶持政策近百项，其中省级科技金融政策 20 余项，市级和区级科技金融政策 60 余项。

在省级科技金融政策方面，自陕西省政府 2012 年出台《陕西省科技进步条例》，提出建立促进技术和资本相结合的对接融合机制以来，先后出台了《关于进一步促进金融业发展改革的意见》《陕西省深化科技体制改革实施方案》等两条科技金融相关政策，从顶层设计方面为陕西省科技金融发展指明了方向。于 2011 年获批成为全国首批科技金融试点地区之后，在上述顶层设计政策的指导下，进一步出台了《陕西省人民政府关于进一步促进科技和金融结合的若干意见》专项科技金融政策，以及《陕西省科技型中小企业贷款风险补偿资金使用

---

① 缓解创新型中小微企业融资难［EB/OL］. 西安新闻网. 2018 年 1 月 11 日。

管理细则》《陕西省科技成果转化引导基金管理暂行办法》和《陕西省科技型中小微企业贷款风险补偿资金使用管理细则》等具体的科技金融扶持政策。2019年 8 月，陕西省政府发布《推进企业上市三年行动计划（2019—2021 年)》。

在市级科技金融政策方面，10 个地市均先后出台了不同层面的科技金融扶持政策，其中西安市作为科技资源富集区，于 2009 年出台《西安市科学技术进步条例》时，即提到了对科技金融发展的支持，之后相继出台《西安市科技金融结合业务风险补偿暂行办法》《西安市科技金融结合业务贷款贴息实施细则》《关于开展科技保险试点工作的通知》《西安市科技型中小企业成长基金集合资金信托计划》《西安科技创业种子投资基金实施方案的通知》等系列科技金融扶持政策，搭建起了包括信贷、信托、股权融资、科技保险等适合不同类型科技中小企业的多元融资渠道。宝鸡市、渭南市、咸阳市和商洛市分别出台了针对科技和金融结合的专项科技金融政策，其中宝鸡市、榆林市还进一步出台了科技企业贷款风险补偿、科技企业引导基金的支持政策，其余地市则从科技创新层面或者金融发展层面，提出了支持地区科技金融发展相关的政策条款。

在区级科技金融政策方面，相关科技金融政策创新主要源于全省各级开发区，特别是科技企业比较集聚西安高新区、西安经开区等"四区一港两基地"。其中，作为全省科技企业的核心聚集区，西安高新区从转变财政扶持资金投入方式入手，探索开展"资金改基金"运作模式，开展了拨改补（风险补偿）、拨改贷（债权投入）、拨改投（股权投入）等改革。先后出台了《西安高新区管委会关于促进科技和金融结合的若干政策》《西安高新区战略性新兴产业扶持引导基金管理办法》《西安国家自主创新示范区关于支持金融机构开展投贷联动试点的实施办法》等政策，于 2018 年 2 月又进一步整合有关科技金融政策，发布了《关于金融支持产业发展若干政策》和《关于加快金融业发展若干政策》，形成了较为完备的科技金融政策体系。

总体来看，陕西省在科技金融领域积极探索、大胆创新，已初步形成覆盖科技企业全生命周期、从天使投资到资本市场融资、股权债权与夹层融资相结合的全链条、多渠道、多层次科技金融服务体系，科技金融服务体系日益完善。

4.3 陕西省科技金融市场运行中面临的问题

4.3.1 科技金融市场交易活跃度较低

一方面，陕西科教资源富集，拥有普通高校 93 所，各类科研机构 1127 家，国家级重点（工程）实验室 25 家、工程（技术）研究中心 14 家、企业技术中心 22 家，省级工程（技术）研究中心 278 家、重点实验室 102 家、企业技术中心 246 家，全省工程技术人员 30 万人、科技活动人员 22.94 万人，形成了门类齐全的学科体系、人才体系、科研基础设施体系和能源化工、先进制造、电子信息、航空航天、生物医药、新材料、现代农业等产业技术创新体系。综合科技进步水平居全国第 7 位，科技活动产出指数位居全国第 5 位。西安高新区、经开区、航空基地、航天基地等自主创新特色鲜明的国家级高新技术产业园区建设成效显著，在国内享有盛誉。金融作为现代经济的核心和产业经济的血液，在推动科技创新和科技产业发展中发挥着重要作用，由此可以推断陕西科技金融需求必然十分旺盛。①

另一方面，陕西的金融资源同样十分丰富，特别是西安市已成为全国重要的区域性金融中心。但从实际交易情况来看，陕西省科技金融交易规模仍然偏低。如科技信贷方面，以西安市为例，2017 年全年通过市科技局出具推荐函的方式获得科技信贷支持的科技中小企业仅为 406 家，占全市科技中小企业不足 2%，其中高新技术企业 183 家，仅占全市高新技术企业总数的约 12%。即使是在科技金融相对发达的西安高新区，近年来年均引导银行发放中小科技企业贷款 2.5 亿元，仅占区内社会融资总规模的约 2%。科技保险方面，自 2008 年以来经过近十年的探索和不断创新，年均风险保障总额仅为数十亿元，平均每家企业风险保障额仅为 2.5 万元，保费收入仅为数百万元。创业投资方面，以西安高新区为例，2017 全区科技型企业 3 万余家，获得风险投资总额仅为 20 余亿元，同比增速达到约 30%，作为排名全国第 4 位的国家级高新区，风投总额仅占中关村的大约 1%。资本市场方面，截至 2020 年 12 月，陕西省仅拥有 A 股上市企业 59 家，新三板挂牌企业 124 家，均与西安科技产业规模不相符。②

4.3.2 科技金融产品服务有效性较差

在科技金融产品服务方面，虽然近年来创新力度较大，新兴科技金融服务产品不断涌现，而且覆盖面较全，股权方面，从天使投资、风险投资到产业基金，债权方面，从科技信贷、集合债、集合信托、集合贷款到信用贷款等，此外还有

---

① 国家战略暨创新型试点：陕西跻身三大试点省 [EB/OL]. 华夏经纬网，2015 年 10 月 13 日 http：//www. huaxia. com/zjsx/xwsc/2015/10/4582432. html

② 西安"科技＋金融"为中小企业发展保驾护航 [EB/OL]. 搜狐网，2019 年 6 月 4 日。https：//www. sohu. com/a/318591770_703122

科技保险、投贷联动、投保联动、银政保联动、股权众筹、P2P 等新型科技金融产品,可以说,凡是国内其他地区现有的科技金融创新产品服务,在陕西均能看到身影,从产品服务种类和数量来看,陕西科技金融市场发展处于全国第一梯队。但是从产品服务针对性来看,则存在诸多问题,主要体现在以下三个方面。

第一,重形式轻实质。新型科技金融产品由于其创新型,无论是在开发过程中,还是在后续实际应用过程中均面临诸多不确定性,因而需要持续的研究投入,但由于各方资源限制,诸多产品在开发之后,如果适用性较差便被束之高阁而非进行迭代创新,如近年来相继推出的基于企业税收的纯信用贷款业务"税金贷""政银保"联动科技贷款业务等。

第二,缺乏针对性产品服务。由于实践中的科技型中小企业千差万别,不同规模、不同行业、不同产业链环节的企业在抗风险能力、盈利能力方面均有显著差异,但现阶段的科技金融产品服务主要考虑的还是科技型企业和非科技型企业的差异,或者特别关注科技型中小企业,而很少进一步考虑科技型中小企业间的差异。如科技保险产品不论企业规模大小、行业差异等均收取相同的费率。

第三,重开发轻推广。近年来全省金融机构不断推出新型科技金融产品服务,但推出后的后续推广服务未能及时跟上,导致产品服务的实际效果并不理想。例如目前全省已有十余家商业银行推出了专门针对轻资产科创类企业的信贷服务产品,但据调查仍有很多科技型中小企业并不知道此类产品。

4.3.3　科技金融服务体系联动性较弱

机构体系、政策体系和产品体系共同构成了陕西省科技金融服务体系,从服务体系的要素组成来看,无论是机构体系、政策体系还是产品体系均相对完善,但是上述三大体系之间,以及各体系内部要素之间的联动性相对较弱,主要体现在以下四个方面。

首先,各类机构之间的联动较弱。总体来看,金融机构之间在开展科技金融业务时仍是以竞争关系为主,但实际上,不同类型的金融机构在业务上由于具有互补性,实际上是可以联合开展业务的,如商业银行、担保机构与创投机构虽然均可以为企业提供资金支持,但在风险容忍度方面存在显著差异,而同一家企业的风险实际上可以通过合理的产品设计来进行分级,从而使三方均参与到企业融资过程之中,从而避免供求双方风险—价格分歧而导致的交易失败;实际上即使同为商业银行,由于产业经验、资金成本等差异,其在企业风险容忍度方面也存在差异,相互之间也可开展类似的合作经营。但现实中机构之间的联动相对较少。

其次，各类产品服务之间的联动较弱。目前虽然面向企业的科技金融产品服务十分丰富，从债权融资、股权融资、资本市场服务到路演、会计、法律等中介服务均很容易获得，但是各类服务之间联动性较弱，企业往往需要同不同机构分头对接，而且即使是同类机构，企业也需要反复进行情况说明，重复性工作费时费力，也直接影响了融资效率。如一家企业在股权融资的同时可能还需要债权融资，此时，股权投资机构和商业银行均需要独立开展尽调工作，如果两类产品可以联动提供，则无疑会显著提升融资效率。

再次，政府部门与金融机构之间联动性较弱。表面上看，目前政府部门和机构之间保持着密切联系，但是联系层次相对较低，仍主要停留在产品推介、客户推荐、交流对接平台搭建的层面，实际上科技金融市场作为一个市场失灵的典型市场，政府无形的手的作用更大一些，政府部门也确实在努力出台各类扶持政策以弥补市场失灵，但目前的政策制定过程通常很少有机构参与。另外，机构在开发科技金融产品服务时也很少考虑政府作用，导致市场化的资源与政策资源很难发挥合力。此外，政府部门也以扶持基金的形式，直接推出了越来越多的科技金融产品服务，如西安市科技局的种子基金、西安高新区的风险投资基金、创新担保公司，直接为企业提供有偿的股权或债权支持。此类科技金融产品服务虽然有利于缓解科技企业融资难题，但由于与市场化产品服务未能形成有效联动，实际上反而会对市场化产品服务产生挤出效应，不利于科技金融市场长远健康发展。

最后，各级政府之间的政策体系联动较弱。通过对科技金融扶持政策梳理发现，各级政府提供的扶持政策存在一定程度的重叠性，比如陕西省科技厅、西安市科技局和西安高新区管委会均推出了针对科技型企业贷款的风险补偿办法，对于合作银行和担保机构给予一定比例的风险补偿和业务奖励，并对企业贷款给予一定比例的贴息，就高新区企业而言，就存在到底申请哪一级政府扶持的选择，而且会导致政策难以发挥合力，商业银行和担保机构也面临需要与不同政府部门分头合作的问题。实际上，在科技保险、集合贷款、创业投资等业务扶持方面同样存在着上述问题。

第5章 陕西省科技金融体制机制对科技金融市场绩效的制约

陕西省科技金融发展面临着市场交易活跃度较低、产品服务有效性较差和服务体系联动性较弱的突出问题，其深层原因可能是多方面的。分析认为，根据科技金融市场体系发展阶段来判断，目前陕西省科技金融服务体系已经初步建立，但是面临"全而不强"的问题，有关体制机制制约则是其背后的主要深层原因。因此本部分将在市场设计理论框架下，以有效市场应该具备的足够的交易厚度、避免交易拥堵和足够的交易安全性与便利性三大特征为中介变量，进一步剖析科技金融体制机制对陕西省科技金融市场发展的制约。

5.1 陕西省科技金融体制机制改革创新现状

5.1.1 科技金融体制改革不断推进，但改革力度仍需进一步加强

（1）直接融资作用逐渐突出，但传统银行类金融机构仍居于主体地位。间接融资主导型与直接融资主导型是两类主要的金融体制类型，前者的机构组织以银行类金融机构为主，而后者则以股权投资、资本市场为主（肖奎喜等，2016；刘贯春等，2017；黎贵才等，2016）。由于科技企业普遍具有高风险、轻资产的特征，传统的银行类金融机构并不能很好地满足其融资需求。在此背景下，目前主要有两种金融体制改革思路：一是大力发展以股权投资、股票市场、债券市场为代表的资本市场，提升直接融资在科技企业融资中的比重，因为资本市场敢于承受高风险，并获得相应的高收益，这样的资金供给模式正好契合了科技企业融资需求特征，同时在理论层面，大力发展资本市场可以更好地提升经济效率，促进技术创新也得到证实；二是大力发展科技银行等科技金融专营金融机构，通过设立新型银行类金融机构，在充分发挥银行类金融机构资金优势、信贷技术优势等基础上，结合科技企业融资需求特征，创设新型科技金融产品服务，提升针对

科技企业的信贷供给能力。

陕西省近年来也正是沿着上述两条思路加快科技金融机构组织方面的体制改革。在直接融资体制改革方面，一方面加快股权投资、资本市场融资等直接融资渠道建设。一是通过设立母基金的方式，积极引导社会资本共同发起设立各类创业投资基金。2012 年设立陕西省科技成果转化引导基金，截至 2018 年，基金到位资金总额达 5.592 亿元，设立 12 只子基金，子基金总规模达到 40.23 亿元，放大效应达 11.4 倍，子基金已投入 204 家科技型中小企业，投资金额达 12.48 亿元。此外，还发起设立了陕西科技创业微种子基金，创新财政资金股权投资支持"双创"新机制。该基金首期规模 1000 万元，已完成 8 个项目的投资决议和 14 个项目的立项。此外，据不完全统计，在市级和区级层面相继设立各类创业投资引导基金 20 余只。二是积极鼓励支持省内科技型企业在资本市场上市挂牌和发行债券。陕西省金融办出台专项政策，对企业在资本市场上市、挂牌，以及上市后再融资和债券市场发债，均给予相应金额或者比例的资金奖励。另一方面，积极引导设立科技金融专营机构，截至 2020 年年底，全省共设立科技支行 12 家，此外，浦发银行西安分行还设立了科技金融服务中心，国家开发银行陕西省分行还设立了科技金融处，积极开展针对科技企业融资需求的科技信贷创新业务。[1]

尽管做出了上述体制改革的探索与努力，但是总体来看成效并不显著。一方面，在资产市场直接融资方面，截至 2020 年 12 月，陕西省拥有上市企业 59 家，较 2010 年的 37 家增加 22 家，增长率为 60%，而同期全国的上市企业数则由大约 1700 家增加到了 4140 家，增长大约为 143%；股权投资方面，尽管引导基金引导设立的子基金投资企业数已达 200 余家，但是与全省 3 万余家科技企业的总数量相比，占比尚不到 1%，此外，还需要注意这 200 余家被投企业中有一百余家都是由西科天使基金、陕西先导光电集成创业投资基金投资的。另一方面，尽管各科技支行努力探索针对科技企业融资需求特征，开发创新性金融产品服务，但实际效果并不理想，如被寄予厚望的知识产权质押贷款业务，2019 年全省专利权质押合同登记数为 596 项，质押贷款金额为 35.1 亿元，较上年分别增长 15.5% 和 19.7%，质押合同登记数居全国第六位，但是从绝对量来看，知识产权质押融资总额仅占全省全年新增贷款额的大约 1%，而在另一项被寄予厚望的投贷联动业务方面，截至 2020 年年底，在陕西省的融资业务规模大约为 10 余亿

---

① 陕西省科技成果转化引导基金将新设 4 只子基金 [EB/OL]. 搜狐网，2017 – 05 – 10 https：//www.sohu.com/a/139448574_114731

元，仅占全年新增信贷融资额约 0.3%。①

（2）科技金融政府管理体制改革取得积极进展，但仍面临条块分割问题。科技金融政府管理体制主要涉及有关政府部门在科技金融发展中的职责划分、工作协调等规章制度。现阶段，与科技金融相关的地方政府部门主要涉及科技、金融、财政、发改、"一行三会（中国人民银行、中国证监会、中国银监会和中国保监会，下同）"地方分支机构、工商、税务等多个部门，其中科技部门与金融部门分别从各自业务角度全面推进科技金融工作开展，省市发展与改革管理部门主要涉及企业债发行组织申报协调工作、金融业发展扶持等政策出台，"一行三会"地方分支机构分别从机构监管协调角度推进科技金融工作开展，工商、税务则主要涉及科技金融机构创新、业务创新过程中的注册、监管、税收优惠减免等管理协调工作。

近年来，在省委省政府高度重视充分发挥陕西科教资源优势、着力化解科技与经济两张皮的"陕西现象"背景下，陕西省于 2012 年成立主管副省长任组长的省科技和金融结合工作领导小组，陕西省各级有关政府部门均十分重视科技金融工作开展，设立专门机构，或者指定专人牵头负责科技金融工作。陕西省作为全国第二个在科技厅专门设立科技金融处的省份，统筹推进全省科技金融工作开展，在省科技资源统筹中心建立了集政策咨询、资产评估、法律服务、财务顾问、投资融资、成果拍卖、专业培训等功能于一体的科技金融超市和科技金融服务中心。金融、财政、发改、"一行三会"地方分支机构、工商、税务等有关部门虽没有分设专门部门，但均安排了部门主管负责人，协调推动科技金融工作开展。如中国人民银行西安分行由货币信贷管理处协调开展科技金融工作，中国人民银行西安营业管理部由货币统管处、征信管理处协调推进科技金融工作开展，陕西省证监局由主管副局长牵头协调推进科技金融工作开展等。在市级层面，西安市科技局设立了科技金融与知识产权运营处，同时设立西安市科技金融服务中心，专门负责开展全市科技金融服务工作。

尽管陕西省在科技金融政府管理体制方面开展了诸多探索，在某些方面甚至走在全国前列，但是总体来看，陕西省科技金融政府管理体制仍面临严峻的条块分割难题，突出体现在如下几个方面：一是顶层组织有待进一步加强。尽管陕西省成立了省科技和金融结合工作领导小组，各有关部门主管领导任组员，但是在

---

① 2019 年陕西省专利权质押融资超过 35 亿元［N］. 中国高新技术产业导报，2020.1.13，第 10 版。

实践中领导小组之间的协作并不紧密，其组织协调作用并未充分发挥，工作机制急需进一步完善。二是部门间的协作关系仍需加强。尽管 2011 年国家八部委联合出台的《关于促进科技和金融结合加快实施自主创新战略的若干意见》明确了"各级科技部门会同财政、人行、国资、税务、银监、证监、保监以及金融办等部门，根据本指导意见精神，结合本地实际，制定科技和金融结合的具体实施意见或办法。"但实际中由于"一行三会"地方分支机构，以及工商、税务机构均属于国家垂直管理，在涉及部门利益的问题上协调难度较大，如风险投资机构按照高新技术企业认定，并享有税收优惠的政策很难得到税务部门的落实；新兴金融机构的注册设立，由于控制风险的原因，很难得到工商、金融部门的支持。三是除科技部门、金融部门以外的其他有关部门，由于科技金融工作并非其主要职能，因而在主动开展科技金融工作方面的动力不足，进一步加剧了科技金融工作部门间协调难度。

（3）科技金融业务监管体制改革不断推进，但改革步伐仍需进一步加大。科技金融业务监管体制主要涉及科技金融机构开展科技金融业务时涉及的规章制度问题，此类规章制度直接限定了金融机构科技金融业务创新的范围和程度，因而科技金融业务监管体制改革对于科技金融业务创新具有至关重要的作用。另外，随着陕西省获批国家科技和金融结合试点地区、国家创新省份试点地区、自贸区建设试点地区，西安市获批国家全面综合改革试验区建设试点、投贷联动业务试点，以及西安高新区获批建设国家自主创新示范区，陕西省开展科技金融业务监管体制改革获得了诸多难得机遇。

在上述机遇背景下，陕西省银监局率先推出国内首部科技支行监管办法《陕西银监局科技支行监督管理办法》，对科技支行实行特定的信贷审批、考核评价等政策支持，适当扩大授权或转授权，下放业务审批权限。对科技型中小微企业不良贷款率容忍度明确了具体区间，又强化了尽职免责条款，解除信贷人员后顾之忧。在上述政策支持下，截至 2020 年年底，陕西省已设立科技支行 12 家，科技支行数量在全国处于前列。同时，获准试点开展投贷联动业务的长安银行、西安银行、国家开发银行，积极主动与各级政府部门、园区管理部门对接，开发针对性科技企业投贷联动产品服务；保监局大力支持辖区内保险机构开展政银保信贷履约保证保险等创新业务，各类金融机构的创新活力不断得到释放，对科技企业的金融支持能力得到显著提升。

但总体来看，在科技金融业务监管体制改革方面仍存在诸多问题。第一是对科技支行的管理规定仍需多部门协调完善，目前大多是允许商业银行可以承担更高的风险，但是对应地，在获取更高收益方面并没有比较明确的规定；第二是科技银行业务的配套规章制度急需完善，知识产权质押贷款是科技支行开展的一类主要科技金融业务，但是对于知识产品的评估、处置等并没有相应的政策支持；第三是科技支行开展创新业务方面需要进一步支持，如银行、保险、证券、信托等机构间合作创新业务，经常受到现有监管制度约束，而又无突破可能性；第四是融资租赁、科技担保、科技小贷、互联网金融等新型准金融机构在开展科技金融业务时，尚缺乏明确的监管规定，导致创新业务经营面临较大风险，难以大规模开展；第五，由于金融领域信息孤岛的广泛存在，科技企业的经营信息、信用信息、信贷信息等分散于不同的政府管理部门，但由于监管的原因，金融机构特别是新兴金融机构很难得到上述信息，从而阻碍了科技金融业务的创新与开展。

5.1.2　科技金融机制创新不断涌现，但有关机制仍需进一步完善

（1）陕西省科技金融机制创新不断涌现。按照前述分析，陕西省科技金融机制主要包括六大类：要素聚集机制、产品创新机制、供需匹配机制、机构协作机制、公私协同机制和政策联动机制。科技金融机制的建立通常是通过政策的形式和协议的形式建立，因此，科技金融机制与科技金融政策有着紧密联系，但二者之间也有显著区别，科技金融政策一般而言比较宽泛，缺乏细则，而科技金融机制则确定了主体间的互动关系，一方的行动将触发另一方的行动。如新设立的金融机构将获得三年房租补贴属于要素聚集机制，而"鼓励金融机构入区发展"则属于科技金融政策。

近年来，随着陕西省对科技金融发展的日益重视，在各级政府部门出台的科技金融政策支持下，有关科技金融机构也不断加强协作，科技金融机制创新不断涌现。具体如表 5 - 1 所示。

表 5 - 1　　　　　　陕西省各地市科技金融机制建立时间

地市	要素聚集	产品创新	供需匹配	机构协作	公私协同	政策联动
西安市	2017 年出台金融机构落户奖励政策	2012 年以来 18 家科技支行相继设立	2015 年信用服务平台、线上路演中心运行	2015 年金融家咖啡、陕西省新三板联盟设立	2014 年设立引导基金吸引社会资本	2013 年市区均出台相应扶持政策
铜川市	—	—	—	—	—	—
宝鸡市	—	—	2015 年建成政银企对接平台	—	2016 年设立投资引导基金；2017 年设立科技创投基金	2014 年市区均出台相应的扶持政策

地市	要素聚集	产品创新	供需匹配	机构协作	公私协同	政策联动
咸阳市	—	—	2015 年知识产权质押融资对接活动常态化	—	2013 年咸阳市融资担保公司增资至 4.5 亿元	2013 年市区均出台相应的扶持政策
渭南市	—	—	2015 年投融资对接会常态化；2017 年建设"两库"	—	2016 年设立 22 支各类政府投资基金	2013 年市区均出台相应的扶持政策
延安市	2014 年金融机构落户奖励与补贴	—	2013 年开始年度银企对接常态化	—	2017 年设立产业发展母基金	2017 年市区均出台相应的扶持政策
汉中市	—	—	—	—	2017 年设立产业发展母基金	2015 年市区均出台相应的扶持政策
榆林市	—	—	—	—	2017 年设立科技成果引导转化基金	2017 年市区均出台相应的扶持政策
安康市	—	—	2013 年开始建立常态化银企对接会	—	2013 年国有担保、融资租赁公司开始运作	2016 年市区均出台相应的扶持政策
商洛市	—	—	—	—	—	2013 年市区均出台相应的扶持政策

资料来源：根据《陕西省科技统计年鉴》和网络资料收集整理。

从表 5-1 中可以看出，陕西省科技金融机制建设方面具有如下特点：第一，在科技企业聚集度最高的西安市，科技金融机制相对比较完善，所有六大类科技金融机制均在不同程度上得到建立。其中依赖于政策推动的政策联动机制，和依赖于金融机构的产品创新机制建立较早，一方面通过市级部门和区级部门共同出台科技金融相关支持政策，充分发挥政策联动效应，另一方面通过设立科技金融专营机构，借助"让专业的人做专业的事"建立科技金融产品创新机制。第二，政策联动、公私协同与供需匹配机制是各个地市普遍建立的科技金融机制，其中

9 个地市建立了政策联动机制，8 个地市建立了公私协同机制，6 个地市建立了供需匹配机制。第三，供需匹配机制的创新形式较为多样。其中西安市的供需匹配机制是线上线下相结合的形态，一方面基于线上常态化自动匹配，既有基于信用服务的信贷供需匹配，也有基于深交所路演平台的股权融资匹配，同时路演平台在线上路演的同时，现场也会邀请一定数量的股权投资机构参与；其他地市的供需匹配机制则多为传统的线下银企对接会形式。第四，公私协同机制的建立主要通过财政出资设立引导基金，或者设立融资性担保机构的形式。

（2）陕西省科技金融市场运行机制仍需进一步完善。表 5 - 1 对陕西省各地市科技金融机制建设情况进行的梳理表明，科技金融机制已经在陕西逐步建立，特别是在科技企业聚集度比较高的西安市，六类科技金融机制均已初步建立，但是也容易发现，陕西省科技金融机制创新活动仍面临诸多问题，急需进一步完善，突出体现在如下几个方面：第一，仍有部分地区科技金融机制建设工作相对滞后。从表 5 - 1 中可以看出，铜川市在六类科技金融机制方面均尚未突破，商洛市仅建立了政策联动机制，而汉中市和榆林市仅建立了公私协同机制与政策联动机制。第二，产品创新机制与机构协作机制建设相对滞后。就目前的网络检索信息而言，仅有西安市建立了科技金融产品创新机制与机构协作机制，其余地市在上述两类机制建设方面均未实行突破。第三，供需匹配机制仍以线下银企对接会为主要形式，由于线下银企对接会议形式对接效率较低、成本较高，而且召开频次较低，因而此类供需匹配机制的成效并不显著。第四，要素聚集机制尚未受到足够重视。一定数量的科技金融机构与要素平台的聚集，是提升科技金融创新与对接效率的重要基础，然而现阶段仅有西安市与延安市建立了要素聚集机制，而其余 8 个地市均未给予要素聚集机制足够的重视。第五，科技金融机制的形式相对单一。同一类科技金融机制的具体表现形式可以是多元的，如科技金融要素聚集机制可以通过改善金融机构营商环境、降低运营成本、扩大有效需求等多种途径，但在实践中目前采用较多的主要是通过落户奖励、房租补贴、高管个税奖励等措施，手段相对单一，导致科技金融机制的作用发挥受到严重限制。

5.2　科技金融体制机制对陕西省科技金融市场运行的影响

5.2.1　科技金融体制机制对陕西省科技金融交易厚度的影响

在科技金融体制层面，政府管理体制和机构组织体制是制约陕西省科技金融市场交易厚度的主要因素。

一是，科技金融机构的运营受到多个政府部门的监管，因此政府管理体制是否顺畅，直接影响到科技金融机构的数量和提供服务的质量。在陕西省科技金融发展实践中，由于金融业是受政府高度监管的行业，任何金融机构的注册设立都需要主管部门的前置审批，不同的政府主管部门对于同一家拟注册金融机构的关注点存在显著差异，在部门间协调机制不顺畅的背景下，严重制约各类新型金融机构的注册设立，从而影响到科技金融市场中金融服务的供给。

二是，科技企业由于其自身的高风险、轻资产特征，传统金融机构难以满足其资金需求，由此导致一方面在传统金融市场中，虽然有大量的资金供给机构，但是有效的资金需求方并不是很多，特别是科技企业的资金需求无法在该市场得到满足；另一方面，在科技金融市场中，虽然有大量的资金需求方，但是由于传统金融机构难以提供有效的资金供给服务，导致整个市场的交易厚度不足。根源则在于陕西省的科技金融机构组织体制方面仍是以传统金融机构为主体，能够适应科技企业资金需求的各类股权投资、资本市场、科技金融专营机构发展并不充分，难以支撑科技金融市场有效运转所需的市场厚度。

在科技金融机制层面，要素聚集机制、政策联动机制与公私协同机制不完善，是制约陕西省科技金融交易厚度的三大主要机制原因。

首先是在要素聚集机制方面存在两大突出问题：一是在金融机构招商引资方面，力度虽然较前几年有了较大提升，但与周边成都、重庆、郑州、武汉等城市相比，在招商宣传、软硬件支持、财税扶持等方面均存在较大差距。二是在注册监管方面，近年来尽管陕西省将建立区域性金融中心作为重要工作之一，出台了大量有关促进政策，但是在实际操作层面，有利于各类金融要素在陕西省聚集的机制并未完全建立，特别是对于新兴金融机构的入区设立方面仍存在诸多障碍。如由于种种原因，在陕西省注册投资类公司受到严格控制，导致诸多创业投资机构难以在陕西省落户，而即使2017年已经放开了注册控制，但在实际管理中，投资类公司的注册仍然会遭遇到玻璃门。

其次是在政策联动机制方面，同样存在两大突出问题：一是省、市、区三级政府在金融机构招商引资方面的政策联动机制尚未有效建立，导致招商口径不统一，政策难以形成合力；二是陕西省各级政府以及开发区之间的金融机构招商引资政策未能实现有效联动，各开发区金融功能定位重叠，导致金融机构布局分散，影响金融机构聚集效应发挥。

最后是在公私协同机制方面。如前所述，陕西省各级政府部门为弥补市场失灵，在推出各类扶持政策的同时，还推出了种子基金、引导基金等科技金融产品服务，直接为科技企业提供债权和股权类融资支持，这一方面增加了市场交易主体数量，但另一方面，由于与商业金融机构未能建立起有效协同机制，导致对同类商业金融机构的挤出，最终反而在一定程度上导致交易厚度不足。

5.2.2　科技金融体制机制对陕西省科技金融交易拥堵的影响

陕西省科技金融交易拥堵主要源于企业缺乏足够的信息资源对科技金融产品服务进行比选，这就涉及金融产品服务信息的公开透明，以及金融产品服务自身适用性的不断提升。

在科技金融体制层面，主要是机构组织体制不完善，导致陕西省科技金融交易出现拥堵。由于目前陕西省仍是传统金融机构为主体的机构组织体制，针对性的科技金融机构供给不足，相应地，针对性的科技金融产品服务相对缺乏，大量的科技企业向少量的科技金融机构寻求资金支持，必然导致科技金融交易出现拥堵，最终出现融资难、融资贵问题，影响科技金融市场运行效率。

从机制角度来看，六大机制均对科技金融市场交易拥堵有影响。但就陕西省科技金融发展情况来看，主要还是由于机构协作机制、产品创新机制不完善所致。一方面，机构间缺乏稳定明确的协作机制。机构在向客户提供产品服务时，为避免产品服务信息泄露，不愿意提供全面的产品服务信息，进而引致企业客户的产品比选困难。此外，中介服务机构原本可以充当金融产品服务比选平台，但由于协作机制不畅，大量的科技金融产品服务难以被纳入中介平台，也影响了客户比选效率，导致交易拥堵。另一方面，金融机构产品创新机制不健全。受制于金融机构稳健经营的体制制约，金融机构在新产品开发方面慎之又慎，如现阶段陕西省各商业银行推出的创新型科技金融产品服务，大多数是在国家有关政策促动下推出的，因而其形式意义大于实质意义，虽然也有诸多金融机构面临市场转型压力，寄希望于大力拓展科技型企业金融市场，但实际操作中困难重重，进展并不是很理想。

5.2.3　科技金融体制机制对陕西省科技金融交易安全便利的影响

在科技金融体制层面，主要是业务监管体制会显著影响科技金融交易的安全性和便利性。如上所述，陕西省科技金融业务监管体制改革虽然取得了较大进展，出台了科技支行监管办法等首创性制度安排，但是总体来看，制约科技金融业务开展的监管体制仍未得到扭转，最终导致科技金融交易的安全性和便利性受到影响，突出体现在以下几个方面：一是对信贷机构的合规收益监管未有实质性突破，导致信贷机构不得不采取策略行为提高收费；二是科技企业信用信息的管理体制未有实质性突破，导致一方面科技金融机构无法得到充分的信用信息进行决策，另一方面，科技企业则通过各种方式隐藏自身的信用风险；三是在股权融资的税收监管方面由于税赋过重等原因，为了规避业务监管体制约束，交易双方不得不采取更隐蔽和复杂的交易方式，结果导致交易成本的上升和便利性损失。

在科技金融机制层面，就陕西省的实际情况来看，机构协作机制与供需匹配机制不完善是影响科技金融交易的便利性，进而导致科技金融市场失灵的主要机制原因。

在机构协作机制方面，金融中介服务机构是提升金融交易便利性的重要平台，陕西省目前拥有科技金融服务中心、股权交易中心、保险经纪公司等数百家金融中介服务机构，可以为企业提供专业金融顾问服务，但是由于中介机构与金融机构之间的协作机制不畅，中介服务机构很难发挥实质性的顾问作用，中介服务效率并不是很高。

在供需匹配机制方面，由于科技型企业通常缺乏合格的抵押担保物，再加之经营风险较高，导致其很难获得商业贷款，因此只有专门为其开发的科技信贷产品才能满足其需求，但就陕西省的现实情况来看，由于缺乏稳定的供需匹配机制，科技企业通常很难了解到相关产品信息。此外，在股权融资方面，供需匹配机制的缺乏也导致投资机构很难高效率地找到恰当的投资对象，在陕西省创投圈，现阶段风险投资公司对目标客户的搜寻仍主要靠熟人圈介绍，严重制约了交易的便利性。

5.3 交易厚度、交易拥堵与安全便利对陕西省科技金融市场绩效的影响

5.3.1 交易厚度不足导致科技金融交易活跃度低与产品有效性差

所谓交易厚度，就是有效的市场必须有足够多的交易对手，陕西省科技金融市场交易对手不足主要体现在供给端。虽然上述分析表明，陕西省已成为全国重要的区域性金融中心，各类金融机构、准金融机构以及中介机构达到数千家，但涉足科技金融专业市场领域的机构并不是很多，大部分经营的仍然是传统金融业务，即使客户对象为科技企业，其产品服务仍是传统产品服务。特别是专营类科

技金融机构明显偏少，例如虽然有 18 家商业银行设立了专营科技信贷业务的科技支行，但实际中很多科技支行经营的信贷业务与传统银行并无太大区别。

在科技保险方面，虽然有 13 家保险公司开展了科技保险业务，但是实际推广力度并不是很大；在创业投资方面，西安创业投资联盟成员虽然已达到 171 家，但本地机构仅占大约 20%，大多数为省外机构，其中大部分在西安未设立分支机构，极大影响了机构与企业间的对接效率。专业化科技金融机构的缺乏一方面是科技金融交易活跃度较低的首要原因，另外，也直接导致缺乏开发科技金融产品服务的专业机构，导致科技金融产品服务的匮乏与有效性不强。

5.3.2　交易拥堵导致科技金融交易活跃度较低

所谓交易拥堵，是指交易双方缺乏足够的时间与资源对交易对手进行比选。当市场中交易对手过多，或者市场信息交流不畅时，就很容易出现交易拥堵，最终导致市场失灵。在陕西省科技金融实践中，虽然交易对手并不是很多，但同样存在交易拥堵的情况。

由于信息不透明，企业对于各商业银行推出的科技金融产品服务很难在短时间内做到准确识别和比对，仍需与各家银行分别对接，从而导致交易效率较低。此外，企业还需要在科技信贷与普通信贷、小额贷款、担保贷款等不同信贷业务之间进行比选，如果没有一定的专业知识，很难做出较优决断。在陕西省创投市场方面，经常出现十余家甚至数十家创投机构追逐一家科技企业的现象，导致企业既疲于应付，又不知该如何决策。

在资本市场方面，企业经常面临在西安股权交易中心、陕西省股权交易中心、上海股权交易中心、天津股权交易中心、深圳前海股权交易中心，以及全国中小企业股份转让系统（新三板）等多个市场的选择。由于金融知识相对缺乏专业性，而且新产品、新机构、新政策不断涌现，导致企业缺乏足够的资源进行比选，最终影响科技金融市场交易活跃度。

5.3.3　交易安全性与便利性差导致科技金融联动性弱和活跃度低

在市场设计理论中，交易安全是指交易双方不会因为有更好的选择而放弃交易，或者选择策略性行为导致总体福利受损。在陕西省科技金融市场中，确实存在交易安全问题。

由于金融产品服务差异化不足，金融机构间的竞争多为同质化竞争，也即各类金融产品服务以为企业提供资金为主，附带的附加服务相对较少，导致各类金融机构之间、产品服务之间以及机构与政府之间联动性较弱。因为联动意味着信息的公开共享，从而会导致客户的流失或者竞争加剧，也意味着原有的垄断利润可能会受到侵蚀，所以最终影响科技金融服务体系各要素间的联动性。交易便利性则是指交易成本相对较低，最起码低于交易收益，否则交易必然无法顺畅进行。

交易便利性不足也是导致交易活跃度较低的重要原因。如在企业享受科技金融政策扶持时，需要提交诸多材料，进行大量的审查工作，而如果申请的是附加政策支持的科技金融产品服务，则同时需要经过金融机构与政府职能部门的双重审查。此外，一些创新型科技金融产品服务为有效防控风险，往往额度较低，并不能满足企业的资金需求，导致企业需要申请多家机构的产品服务，或者再额外申请普通的贷款服务。上述问题均会导致企业获取资金的交易成本上升，最终制约科技金融市场交易规模的扩大。

第6章 科技金融机制对科技金融市场绩效影响的实证分析

本部分就科技金融机制与陕西省科技金融市场绩效的关系展开分析，为进一步探寻科技金融机制对科技金融市场绩效的影响，根据微观数据的可得性，本部分将采用陕西省10个地市93家新三板挂牌科技型中小企业2013～2017年的面板数据，实证分析科技金融机制对陕西省科技金融市场绩效的具体影响，为进一步优化陕西省科技金融机制提供参考依据。

6.1 理论与模型

6.1.1 理论背景

当前已有较多文献对科技金融发展有关问题展开了实证研究，主要集中于分析科技金融发展与科技创新绩效之间的关系，但在具体实证分析时，不同文献对于科技金融、科技创新的具体衡量指标差异较大，由此得到的研究结论也有较大差异。

按照对科技金融衡量指标的不同可以将现有文献分为四大类：第一类是主要运用财政科技投入作为科技金融衡量指标，如骆世广、李华民（2012）主要运用全省科技活动经费支出总额、地方财政科技拨款、基础研究投入、应用研究投入、试验发展投入、研发人员人均经费六个指标衡量科技金融投入；张毓卿、周才云（2015）运用科技经费筹资总额作为科技金融投入指标，证实科技金融的发展有助于科技创新与科技成果转化。陈亚男、包慧娜（2017）采用科技研发机构数、科技活动人员数衡量科技金融资源，运用财政科技拨款、财政研发支出占地区生产总值的比重衡量科技金融经费，专利授权数、技术市场成交额衡量科技金融产出，进一步构建科技金融发展指数，并实证分析科技金融发展与产业结构升级之间的关系，结果表明，科技金融发展对地区产业结构升级有显著促进作用。

甘星、甘伟（2017）运用研发经费、研发人员、高新技术产业新增固定资产三个指标衡量科技金融投入，运用技术市场成交额、高新技术产品销售额、专利授权量衡量科技金融产出。运用 DEA 方法评估了环渤海、长三角、珠三角三大经济圈科技金融效率差异。

第二类主要运用科技企业在金融市场融资情况衡量科技金融发展水平。如张明喜（2017）用科技信贷，股权投资额，资本市场融资额，以及区域风险投资管理资本额、科技保险保障额、保费收入等指标加总占地区生产总值的比例表示地区科技金融生态，进一步运用空间计量方法实证分析了科技金融生态对科技金融绩效的影响，结果表明，科技金融生态的改善有助于科技金融绩效提升。杜江等（2107）用科技信贷（科技信贷占地区生产总值比重）、科技上市企业数（总市值）、科技企业风险投资机构数（投资额）衡量科技金融，结果表明，科技金融发展能够显著提升区域科技创新能力。钱水土、张宇（2017）运用沪深 A 股上市公司获得的科技信贷、风险投资额衡量科技金融指标，实证分析表明科技金融发展对企业研发投入具有显著的正向激励效应，且对高研发投入企业的研发投入具有更强的激励效应。

第三类则综合运用上述财政科技投入与科技企业在金融市场的融资情况来衡量科技金融发展。徐玉莲、王宏起（2012）用财政科技投入、银行科技信贷、科技型公司上市量和市值总额、风险投资机构数量和管理资本总额分别衡量科技金融投入指标，采用格兰杰因果分析法证实资本市场发展、风险投资的发展均对科技创新有显著促进作用，而科技信贷的促进作用并不显著。张玉喜、赵丽丽（2015）采用研发经费内部支出中的政府资金、企业资金和金融机构资金来反映政府财政科技投入、企业自有资金及金融机构科技贷，并加上以人均互联网使用量和人均电话数量衡量的社会资本，综合衡量科技金融投入，证实短期内科技金融投入有助于促进科技创新。芦锋、韩尚容（2015）运用上市科技企业占科技企业的比例和风险投资机构数衡量市场科技金融投入，以及政府科技研发投入占公共财政的比重衡量公共科技金融投入，同时分别用专利授权量、技术市场成交额和新产品收入比、高新技术企业中内资企业收入总额衡量三个不同阶段的创新绩效，结果表明，科技金融对创新绩效的影响随创新阶段而出现显著差异。李俊霞等（2016）将科技金融投入划分为公共科技金融支出与市场科技金融支出，前者用政府研发支出衡量，后者用企业研发支出衡量。运用系统仿真模型仿真分析，表明科技金融对高技术产业发展有显著的促进作用，并且市场化科技金融的促进作用强于公共科技金融。戚湧、郭逸（2017）运用风险投资机构管理资本规模、政府财政科技拨款额衡量科技金融发展水平，运用研发经费内部支出、高新技术产业主营业务收入衡量科技创新能力，使用格兰杰因果分析法分析了二者之间的关系，结果表明，公共科技金融对科技创新能力有显著影响，而对市场科技金融的影响则不够显著。

第四类是直接分析科技金融政策对科技创新的影响，如武志伟等（2016）将科技金融政策区分为直接政策和间接政策，直接政策用政策文件数量衡量；间接政策则包括用间接政策文件数量、国家级孵化器数量、资本市场融资额、科技支行数量衡量。科技企业绩效则用高新技术企业产值比重、高新技术企业数、发明专利授权量衡量。选择江苏省 13 个省辖市的科技型企业作为研究对象，运用描述性统计和灰色关联度等方法对样本城市的科技企业绩效与政策绩效进行分析。研究结果显示，政策出台数量的多少与科技型企业发展的关联度最低，而高新技术企业孵化器数量是科技型企业发展最重要的影响因素，科技金融政策具有时滞效应和时间累积效应。

通过对相关文献梳理可以发现，现有研究通过从不同角度衡量科技金融发展水平，较为全面地考察了科技金融发展对科技创新的影响，并为进一步优化科技金融发展提供了参考依据。但是现有研究大多是将科技金融发展本身视为"黑箱"，很少探索科技金融市场自身的发展机制，而在科技金融管理实践中，面对科技企业"融资难""融资贵"问题，有关政府管理部门更关注科技金融市场本身如何更好地运转。因此，本部分将尝试按照科技金融政策—科技金融机制—科技金融市场发展的逻辑思路，实证分析科技金融机制对于科技金融市场绩效的影响。

6.1.2　实证模型

从构成主体角度来看，科技金融市场由金融机构、科技企业（科研院所）和政府管理部门三大主体构成，由于科技金融市场存在市场失灵问题，因而需要政府这只无形的手进行干预，政府管理部门在科技金融市场运行中发挥着至关重要的作用。各类科技金融政策作为政府主要的干预手段，因而对科技金融市场绩效无疑具有关键影响作用。另外从前述分析可以看出，科技金融市场的良好运行，还需要有关科技金融机制的保障，如果缺乏相对健全的科技金融机制，则各类科技金融政策有可能流于形式，或者至少其政策效力的发挥将受到影响。

此外，一方面，从市场设计理论角度来看，科技金融机构自身的规模，以及其提供的针对性产品服务的数量，将直接影响到科技金融市场厚度，进而制约科技金融市场绩效。另一方面，科技企业自身特征无疑也将对科技金融市场绩效产生显著影响，特别是企业规模、企业营业收入、企业净资产、资产收益率、有形资产率对企业融资都有显著影响（刘浩等，2012）。

综上可知，科技金融机制将通过影响科技金融政策效力，进而对科技金融市场绩效产生影响，同时，地区金融机构规模和科技企业自身特征也将影响科技金融市场绩效。

根据上述分析，设定如下实证分析模型：

$$finance_{ijt} = \beta_0 + \beta_1 policy_{jt} + \beta_2 policy_{jt} \cdot mechanism_{jt} + \beta_3 mechanism_{jt} + \beta_4 assets_{ijt}$$
$$+ \beta_5 income_{ijt} + \beta_6 net\_assets_{ijt} + \beta_7 roe_{ijt} + \beta_8 rota_{ijt} + \beta_9 rfd_{jt} + v_{ij} + \varepsilon_{ijt}$$

$$(6-1)$$

模型（6-1）中，$finance_{ijt}$ 表示 j 地区的 i 企业在 t 时期的融资情况，$policy_{jt}$ 表示 j 地区在 t 时期的科技金融政策实施情况，$mechanism_{jt}$ 表示 j 地区在 t 时期的科技金融机制创新情况，$assets_{ijt}$、$income_{ijt}$、net_assets_{ijt}、roe_{ijt} 和 $rota_{ijt}$ 分别表示 j 地区的 i 企业在 t 时期的企业规模、营业收入、净资产、资产回报率和有形资产率情况；rfd_{jt} 表示特定地区的金融机构发展情况；v_{ij} 表示个体固定效应，ε_{ijt} 表示随机误差项。

6.2　变量与数据

6.2.1 变量描述

（1）被解释变量。融资情况（$finance$）作为被解释变量，用以衡量科技金融市场绩效情况。考虑到数据的获得性和代表性，将采用企业总借款（短期借款与长期借款之和）指标衡量。

（2）解释变量。科技金融政策（$policy$）：该变量用来衡量陕西省各地市科技金融政策的实施情况，是一个虚拟变量，如果特定年份该地市实施了科技金融政策，取值为 1，否则取值为 0。此外，为了进一步考察科技金融政策的累积效应，还将通过用科技金融政策数量表示虚拟变量取值表示科技金融政策强度。为了更细致地考查科技金融政策影响，按照可操作性由弱到强，将其分为导向型、意见型和实施型三类，分别界定如下：

导向型科技金融政策：指仅将科技金融有关内容作为其政策内容一部分的各

类科技政策、金融政策等政策文件，如《关于进一步促进金融业发展改革的意见》，仅在第七条中提出与科技金融发展相关的政策意见。意见型科技金融政策：指直接针对科技金融发展所出台的政策文件，但是多为指导意见类政策，一般缺乏实施细则。如《关于进一步促进科技和金融结合的若干意见》。实施型科技金融政策：指细则类和业务类具有操作性的科技金融政策，如《陕西省科技型中小微企业贷款风险补偿资金使用管理细则》。根据上述分类，对陕西省各地市的科技金融政策进行梳理，按其政策出台年份汇总如表6-1所示。

表6-1　　　　　　　　陕西省各地市科技金融政策出台时间

地市	西安市	铜川市	宝鸡市	咸阳市	渭南市
导向型	2009 年/2017 年	2016 年/2017 年/2017 年	2016 年	2015 年	无
意见型	2009 年	无	2014 年	2013 年	2013 年/2013 年
实施型	2013 年/2014 年	无	2010 年/2017 年	2013 年/2015 年/2016 年	无
地市	延安市	汉中市	榆林市	安康市	商洛市
导向型	2013 年/2017 年	2015 年/2016 年/2018 年	2017 年	2016 年/2016 年	2013 年
意见型	无	无	无	无	无
实施型	无	无	2014 年/2017 年	无	无

注：资料来源于网络公开资料整理，表格中的年份表示对应文件的实际实施年份。

科技金融机制创新（*mechanism*）：该指标反映陕西省科技金融机制创新情况，用虚拟变量来衡量，如果某年进行了科技金融机制创新，则在该年份之后的所有年份变量取值为1。在后续具体实证分析中，还将进一步区分为几类不同的科技金融机制创新，同时当用加总的科技金融机制创新表示时，将用当年已建立的科技金融机制加总数量表示虚拟变量的数值，以体现科技金融机制创新强度的影响。

（3）控制变量。企业规模（*assets*）、营业收入（*income*）、净资产（*net_ assets*）、资产回报率（*roe*）、有形资产率（*rota*）是衡量企业自身特征的控制变量，分别用企业总资本、营业收入、净资产、净利润占总资产的比率和有形资产占总资产的比率指标表示。地区金融发展水平（*rfd*）是标衡量地区金融业繁荣程度的控制变量，间接体现科技金融市场中供给方的数量和相应的交易厚度。分别用地区贷款总额占 GDP 的比重以及地区社会融资规模占 GDP 的比重表示。

6.2.2 数据说明

企业层面的数据来源于全国中小企业股份转让系统（新三板）挂牌企业数据，新三板自 2013 年底正式扩容自全国所有地区，并且挂牌企业需公开挂牌前三年的相关数据。由于在新三板挂牌的企业以科技型中小企业为主，因此利用该企业数据库可以得到陕西省各地市代表性的科技型中小企业样本数据。地区层面的科技金融政策、科技金融体制改革和科技金融机制创新数据来源于网络公开信息，参考张明喜（2013）、唐五湘等（2013）关于科技金融政策文本分析所梳理的关键词搜索方法收集。地区信贷数据和社会融资总规模、地区生产总值等数据来源于陕西省统计年鉴和各地市统计公报。

6.3 结果及分析

以下从总体层面和科技金融政策不同类型两个角度，分别分析科技金融机制对科技金融市场绩效的影响及影响机理。其中，表 6 – 2 是总体层面科技金融机制对科技金融市场绩效的影响结果，表 6 – 3 是考虑不同类型科技金融政策背景下，科技金融机制对科技金融市场绩效的影响结果，表 6 – 4 是考虑不同类型科技金融机制的背景下得到分析结果。

表 6 – 2　　　　总体层面科技金融机制对科技金融市场绩效的影响

	M1	M2	M3	M4	M5
mechanism	727.32 *** (3.55)				
agg_ mechanism anism		76.91 ** (2.50)			
policy			2248.22 *** (4.61)		
agg_policy				149.59 *** (3.21)	
*agg_policy * mech*					161.70 ***

续表

	M1	M2	M3	M4	M5
anism					(3.68)
assets	0.21 ***	0.19 ***	0.20 ***	0.19 ***	0.19 ***
	(7.36)	(6.83)	(7.17)	(6.70)	(6.70)
income	0.04 *	0.04 *	0.04 *	0.03	0.03
	(1.65)	(1.70)	(1.70)	(1.56)	(1.55)
net_assets	−0.25 ***	−0.24 ***	−0.22 ***	−0.24 ***	−0.24 ***
	(−6.86)	(−6.71)	(−6.37)	(−6.75)	(−6.83)
roe	0.63	0.66	0.53	0.81	0.85
	(0.79)	(0.81)	(0.67)	(1.00)	(1.05)
rfd	527.49 **	−146.79	466.42 **	160.75	131.73
	(2.22)	(−0.42)	(1.99)	(0.62)	(0.51)
_cons	−1776.36 ***	55.07	−3205.58 ***	−766.93 *	−734.68
	(−3.60)	(0.09)	(−4.97)	(−1.68)	(−1.61)
N	415	415	415	415	415
R − Square	0.25	0.24	0.27	0.25	0.26

注：*表示 10% 水平上显著；**表示 5% 水平上显著；***表示 1% 水平上显著。

表 6-2 的结果中，M1 和 M2 是关于科技金融机制对科技金融市场绩效直接影响的结果，其中 M1 只考虑了建立科技金融机制的影响，而 M2 进一步考虑了科技金融机制数量的影响，两个模型的结果均表明，科技金融机制的建立有助于显著提升科技企业借款额，其中建立科技金融机制平均使每家科技企业多获取727.32 万元借款，而每多建立一项科技金融机制，可以使科技企业平均多获取76.91 万元借款。进一步地，M3、M4 和 M5 分别从科技金融政策角度考察了科技金融机制的作用，M3 和 M4 的结果表明，无论是只考虑单纯科技金融政策的实施，还是考虑科技金融累积数量的科技金融政策，均对科技金融市场绩效有显著影响，其中每增加一项科技金融政策，将使科技企业借款平均增加 149.59 万元，而 M5 的结果则表明，如果在出台科技金融政策的同时建立科技金融运行机制，该政策效应将进一步提升到 161.7 万元，也就是说，科技金融机制会通过放大科技金融政策作用的方式，显著提升科技金融市场绩效。

表 6 – 3   不同类型科技金融政策背景下科技金融机制的影响结果

	M6	M7	M8	M9	M10	M11
*agg_policy*1	247. 50 ***					
	(3. 69)					
*agg_policy*1 * *mechanism*		247. 50 ***				
		(3. 69)				
*agg_policy*2			895. 70 ***			
			(3. 61)			
*agg_policy*2 * *mechanism*				895. 70 ***		
				(3. 61)		
*agg_policy*3					– 1. 28	
					(– 0. 01)	
*agg_policy*3 * *mechanism*						167. 35 *
						(1. 72)
assets	0. 19 ***	0. 19 ***	0. 20 ***	0. 20 ***	0. 20 ***	0. 19 ***
	(6. 81)	(6. 81)	(7. 21)	(7. 21)	(6. 99)	(6. 81)
income	0. 03	0. 03	0. 04 *	0. 04 *	0. 04 *	0. 04 *
	(1. 46)	(1. 46)	(1. 76)	(1. 76)	(1. 73)	(1. 72)
net_assets	– 0. 25 ***	– 0. 25 ***	– 0. 24 ***	– 0. 24 ***	– 0. 23 ***	– 0. 23 ***
	(– 6. 91)	(– 6. 91)	(– 6. 66)	(– 6. 66)	(– 6. 37)	(– 6. 42)
roe	0. 87	0. 87	0. 60	0. 60	0. 53	0. 62
	(1. 08)	(1. 08)	(0. 75)	(0. 75)	(0. 65)	(0. 76)
rfd	641. 51 ***	641. 51 ***	488. 71 **	488. 71 **	501. 83	23. 80
	(2. 67)	(2. 67)	(2. 06)	(2. 06)	(1. 21)	(0. 06)
_cons	– 1448. 17 ***	– 1448. 17 ***	– 1852. 73 ***	– 1852. 73 ***	– 1049. 59	– 299. 43
	(– 3. 15)	(– 3. 15)	(– 3. 70)	(– 3. 70)	(– 1. 51)	(– 0. 45)
N	415	415	415	415	415	415
R – Square	0. 26	0. 26	0. 25	0. 25	0. 23	0. 23

注：* 表示 10% 水平上显著；** 表示 5% 水平上显著；*** 表示 1% 水平上显著。

表 6 – 3 是考虑了不同类型科技金融政策背景下，科技金融机制对市场绩效的影响结果，M6 和 M8 的结果表明，导向型和意见型科技金融政策均对市场绩效有显著影响，每新增一项导向型科技金融政策和意见型科技金融政策，分别会

使科技企业获取的借款额平均增加 247. 5 万元和 895. 7 万元，可以看出，与导向型科技金融政策相比，意见型科技金融政策由于更具针对性，更有助于显著增加科技企业的借款额。但是 M10 的结果表明，实施型科技金融政策对科技企业借款额的影响并不显著，只有在同时考虑其与科技金融机制的交互作用之后，其影响才转为显著，每增加一项实施型科技金融政策，将使科技企业借款额增加 167. 35 万元。此外，科技金融机制与导向型和意见型科技金融政策的交互项也均显著，表明科技金融机制的建立有助于提升上述两种类型科技金融政策的市场绩效。

表 6 – 4　　　　　　　不同类型科技金融机制对科技金融市场绩效的影响

	M12	M13	M14	M15	M16
i		–	1	2	3
$mechanism1$	149. 00 (0. 99)				
$mechanism3$	314. 91 (0. 68)				
$mechanism4$	279. 66 (0. 57)				
$mechanism5$	88. 38 (0. 91)				
$mechanism6$	945. 92 ** (2. 18)				
$policy\ (i)\ *mechanism1$		65. 13 (0. 45)	149. 86 (0. 72)	253. 26 (1. 61)	105. 94 (0. 53)
$policy\ (i)\ *mechanism3$		143. 06 (0. 31)	71. 82 (0. 08)	410. 61 (0. 91)	37. 62 (0. 08)
$policy\ (i)\ *mechanism4$		284. 35 (0. 55)	52. 33 (0. 05)	150. 49 (0. 30)	23. 80 (0. 04)
$policy\ (i)\ *mechanism5$		159. 00 * (1. 74)	86. 06 (0. 65)	3. 23 (0. 03)	116. 26 (0. 90)
$policy\ (i)\ *mechanism6$		905. 23 ** (2. 04)	384. 78 (0. 46)	1145. 41 * (1. 92)	873. 14 (1. 58)
$assets$	0. 20 *** (3. 99)	0. 20 *** (3. 92)	0. 19 *** (3. 35)	0. 20 *** (3. 86)	0. 19 *** (3. 67)

续表

	M12	M13	M14	M15	M16
income	0.03	0.03	0.03	0.04	0.04
	(1.19)	(1.19)	(1.12)	(1.43)	(1.37)
net_assets	−0.26***	−0.26***	−0.24***	−0.25***	−0.25***
	(−4.12)	(−4.15)	(−3.83)	(−3.79)	(−3.78)
roe	0.75*	0.73*	0.72	0.74*	0.71*
	(1.78)	(1.69)	(1.64)	(1.83)	(1.75)
rfd	532.00	−127.09	484.31	1351.23	178.46
	(0.59)	(−0.15)	(0.33)	(1.36)	(0.12)
_cons	−1974.54	−752.07	−1321.51	−3633.73**	−1246.95
	(−1.17)	(−0.47)	(−0.49)	(−1.99)	(−0.48)
N	415	415	415	415	415
R − Square	0.29	0.29	0.25	0.27	0.27

注：* 表示10%水平上显著；** 表示5%水平上显著；*** 表示1%水平上显著。

表6-4是不同类型科技金融机制对科技企业借款的影响结果。其中，模型M12是六类不同科技金融机制的影响结果，由于数据原因，产品创新机制变量的影响无法识别，要素聚集机制、供需匹配机制、机构协作机制、公私协同机制和政策联动机制对企业借款均产生正向影响，但仅有政策联动机制的影响显著，该项科技金融机制的建立使科技企业的借款额平均增加了945.92万元。模型M13考虑不同类型科技金融机制与科技金融政策交互影响后，回归结果表明，各交互项的影响均为正，但仅有公私协同机制、政策联动机制与科技金融政策交互项的影响显著，上述两项机制将通过提升科技金融政策的影响进而提升科技企业的借款能力。公私协同机制的建立，将使科技金融政策对科技企业借款的影响增加159万元；政策协同机制的建立，将使科技金融政策对科技企业借款的影响增加905.23万。模型M14～模型M16分别分析了不同类型科技金融政策与不同类型科技金融机制交互项的影响，虽然所有交互项的影响均为正数，但是仅有意见型科技金融政策与政策联动机制的交互影响显著，结合模型M13的结果可以看出，只有在各项科技金融政策紧密联动的前提下，公私协同机制、政策联动机制对科技金融政策绩效的增强作用才能有效发挥。此外，要素聚集机制、供需匹配机制和机构协作机制的作用发挥并不充分。

6.4 研究结论

本部分通过系统梳理陕西省10个地市的科技金融机制、科技金融政策信息，运用其在新三板挂牌的科技企业数据，实证分析了科技金融机制对科技金融市场绩效的影响，得到如下主要结论。

第一，总体来看，科技金融机制的建立对科技金融市场绩效有显著影响，进一步考虑到科技金融机制的累计效应，每新增一项科技金融机制，也将显著提升科技金融市场绩效。就不同类别的科技金融机制来看，各类科技金融机制均对科技金融市场绩效有正向影响，但是仅政策联动机制的影响显著，其余几类科技金融机制的影响均不显著，表明上述类型的科技金融机制建设仍有待进一步强化。

第二，从总体的科技金融政策角度来看，科技金融机制的建立将显著提升科技金融政策绩效，就每项科技金融政策而言，科技金融机制的建立将使其绩效提升9%。从不同类型科技金融政策角度来看，科技金融机制的建设同样有助于科技金融政策绩效的提升，其中特别是对于实施类科技金融政策而言，仅在科技金融机制相互作用下，才会显著提升科技金融市场绩效，进一步凸显了科技金融机制的作用。

第三，从不同类型的科技金融机制角度来看，尽管从不同类型的科技金融政策角度来看，各细分的科技金融机制与其交互影响绝大部分无显著作用，但是公私协同机制与政策联动机制与科技金融政策总体的交互项显著，表明这两项科技金融机制的建设，有助于更有效地发挥科技金融政策对市场绩效的影响，但是前提是科技金融政策之间存在紧密互动。

第7章 科技金融体制对科技金融市场绩效
影响的实证分析：以新三板为例

由于关于科技金融体制的有关数据难以获得，本部分将以全国中小企业股份转让系统（以下简称新三板）建设这一重大科技金融体制创新为例，实证检验科技金融体制改革对于科技金融市场绩效的影响。本部分首先对新三板挂牌企业的总体融资效率变化进行测度，分析新三板制度创新对于企业融资效率变化的影响，然后运用新三板挂牌的5522家科技型中小企业2014～2016年面板数据，借助双重差分方法分析新三板挂牌对科技型中小企业信贷融资的影响，借此定量分析科技金融体制改革对于科技金融市场绩效的影响机制。

7.1 新三板制度实践与理论研究背景

7.1.1 新三板制度实践

新三板的设立是我国建设多层次资本市场的重大举措，为中小企业特别是科技型中小企业利用资本市场加快发展，提供了重要的资本平台。然而新三板市场的设立并非一帆风顺，而是在诸多波折和不断探索中一步步发展到现在。1990年12月，为了给未上市股份公司提供股份交易平台，全国证券交易自动报价系统（Securities Trading Automated Quotations System，STAQ）正式开始运行，1993年4月，由中国证券交易系统有限公司（简称中证交）开发设计的全国证券交易系统（National Exchange and Trading System，NET）投入试运行。上述两个系统在经历了多年运作之后，由于多方面原因于1999年9月停止运行，为妥善解决STAQ和NET两大系统挂牌公司的股份流通问题，2001年6月经证监会批准，中国证券业协会主办设立了代办股份转让系统。从2002年8月起，沪深证券交易所市场退市的公司也纳入该代办股份转让系统。2003年12月，科技部与北京市政府联合向国务院上报了《关于中关村科技园区非上市股份有限公司进入证券公司代办股份转让系统进行股份转让试点的请示》，并于2005年10月得到国务院批准。2006年1月，在证券公司代办股份转让系统基础上，正式启动中关村科技园区非上市股份有限公司股份报价转让系统（以下简称报价转让系统），进行股份报价转让试点。该股份报价转让系统被称为"三板"市场或"老三板"。但由于在"三板"中挂牌的股票品种少，且多数质量较低，要转到主板上市难度也很大，因此很难吸引投资者，多年被冷落。

2012年5月，在中关村科技园区非上市股份有限公司股份转让试点基础上，证监会按照"总体规划、稳步推进、稳妥实施"的原则，正式开始筹备全国性场外市场。2012年7月，经国务院批准，决定扩大非上市股份公司股份转让试点，首批扩大试点，除中关村科技园区外，新增天津滨海、上海张江和武汉东湖3家高新技术园区。2012年9月，扩大非上市股份公司股份转让试点合作备忘录签署暨首批企业挂牌仪式在北京举行，首批8家企业挂牌进入全国股份转让系统进行股份报价转让。2013年1月，全国中小企业股份转让系统正式揭牌运营。至此新三板正式设立。

新三板与证券交易所的主要区别在于：一是服务对象不同。《国务院关于全国中小企业股份转让系统有关问题的决定》（以下简称《国务院决定》）明确了全国股份转让系统的定位主要是为创新型、创业型、成长型中小微企业发展服务。这类企业普遍规模较小，尚未形成稳定的盈利模式。在准入条件上，不设财务门槛，申请挂牌的公司可以尚未盈利，只要股权结构清晰、经营合法规范、公司治理健全、业务明确并履行信息披露义务的股份公司均可以经主办券商推荐申请在全国股份转让系统挂牌。二是投资者群体不同。我国证券交易所的投资者结构以中小投资者为主，而全国股份转让系统实行了较为严格的投资者适当性制度，未来的发展方向将是一个以机构投资者为主的市场，这类投资者普遍具有较强的风险识别与承受能力。三是全国股份转让系统是中小微企业与产业资本的服务媒介，主要是为企业发展、资本投入与退出服务，不以交易为主要目的。

2013年6月，国务院常务会议决定，加快发展多层次资本市场，将新三板试点扩大至全国，鼓励创新、创业型中小企业融资发展。2013年12月，国务院发布《关于全国中小企业股份转让系统有关问题的决定》，明确了全国股转系统全国性公开证券市场的市场性质，主要为创新型、创业型、成长型中小企业发展服务的市场定位，符合条件的股份公司均可通过主办券商申请挂牌，公开转让股份，进行股权融资、债权融资、资产重组等。新三板在很多地方的确实现了突破，但客观而言，新三板的现状仍难以让人满意，甚至很多股市上的投资者根本就不知道市场体系中还有新三板的存在。

为此，中国证监会于 2019 年启动全面深化新三板改革。围绕改善市场流动性、强化融资功能、优化市场生态、加强多层次资本市场有机联系四条主线，重点推出向不特定合格投资者公开发行并设立精选层、优化定向发行、实施连续竞价交易、建立差异化投资者适当性制度、引入公募基金、确立转板上市制度和深化差异化监管等改革举措。同时，2020 年 3 月 1 日正式施行的新《证券法》进一步明确了新三板作为"国务院批准的其他全国性证券交易场所"的法律地位，夯实了新三板场内、集中、公开市场的性质。2020 年 7 月 27 日，新三板精选层正式设立并开市交易。随着改革举措陆续落地，新三板市场定位进一步明晰、市场结构进一步完善、市场功能进一步提升、市场生态进一步优化、市场韧性活力进一步显现。截至 2020 年年末，新三板存量挂牌公司为 8187 家，中小企业占比为 94%，总市值为 2.65 万亿元。2020 年，新三板全市场融资额同比上升27.91%，其中，公开发行融资 105.62 亿元；股票交易成交额 1294.64 亿元，日均成交额同比上升 57.44%；市场 10 只指数全部实现上涨。①

7.1.2　新三板理论研究背景

在新三板相关理论研究层面，自新三板正式设立以来，越来越多的学者开始关注与之相关的学术问题。考虑到本章重点关注新三板制度设计对企业融资效率的影响，以下将重点从这两方面对有关理论研究进行梳理。

（1）新三板挂牌企业融资效率相关研究。新三板市场的发展速度越来越快、体制机制越来越健全，吸引了全国各个省、区、市的中小企业前来挂牌，虽说不少企业的挂牌原因并不是为了融资，但是融资成功对于企业的资金运营是有益处的。挂牌新三板的规模、行业各异的已融资企业中，新三板融资后的企业整体的效率如何，前期融资是否对企业的发展起到了显著的推动作用，企业自身什么要素影响了当年的融资效率？诸多学者对此问题进行了探索性研究，有关文献研究主要体现在如下几个方面。一是融资效率的界定、衡量指标和测度。法雷尔（M. J. Farrell，1957）用边际生产函数的概念衡量决策单位的生产效率，将最有效率的生产点连接为生产边界，用任意生产点与生产边界的距离衡量无效率的程

---

① 2020 年末新三板合格投资者数量达 165.82 万户［EB/OL］. 中国政府网，2021 年 1 月 19 日。ht-tp：//www. gov. cn/xinwen/2021 – 01/19/content_5581159. htm

度，从投入角度对技术效率下了定义："所谓技术效率，就是在生产技术不变、市场价格不变的条件下，按照既定的要素投入比例生产一定量产品所需的最小成本占实际生产成本的百分比"；王重润（2016）认为，融资效率是指企业能否以尽可能低的成本（包括时间成本）筹集所需要的资金以及资金是否得到充分利用，使用 DEA 模型选取输入指标为资产总额、资产负债率和融资成本率，产出指标为净资产收益率、总资产周转率、主营业务收入增长率和每股收益；杨国佐（2017）认为，融资效率指的是资金融通的周转力和增值力，以及促进和保持经济结构平衡的能力，运用 DEA 方法选取资产总额、主营业务成本、财务费用、资产负债率作为投入指标，总资产周转比率、净资产收益比率、主营业务收入增长速率作为产出指标。

二是融资效率的对比分析。杰恩和基尼（Jain and kini，1994）选取经营现金流与总资产、经营收入与总资产的比值描述企业经营业绩，分析这些公司上市前一年和上市后四年内的经营业绩变化并进行显著性检验；方先明（2015）使用 DEA 模型，对我国中小企业在新三板市场融资前后的技术效率进行纵向比较，对在新三板市场进行过融资行为和没有进行过融资的中小企业的技术效率进行横向比较；廖艳（2017）运用 DEA 方法，对新三板企业 2014 年挂牌前后及挂牌当年的融资效率进行评价。

三是影响因素的分析。俞晨越（2015）通过多元线性回归法分析 2014 年的企业财务数据认为，新三板企业的资本结构与绩效呈"U"型关系，新三板企业的流动负债率与绩效呈负相关关系，长期负债率与绩效呈正相关关系；崔杰（2014）基于构建的融资效率计算模型用全国 425 家制造类非上市中小企业 2003 ~ 2009 年财务数据进行动态因子面板数据模型分析，提出影响融资效率的六个组合因素，研究发现，企业自身素质和主营业务情况影响较大，企业盈利能力、短期外源债务资金来源及其规模与流动性、企业偿债能力影响一般。

根据以往的文献可以发现，对于融资效率的界定并不统一，而指标的选取也是根据各自对于融资效率的界定而各不相同。对融资效率的分析，以往新三板企业融资效率相关文献中大多为直接分析样本企业的融资效率，采用对比分析方法的较少。对融资效率影响因素的分析以往的文献大多为定性分析，定量分析的较少，而且影响因素的选择因不同的角度也各不相同。

（2）新三板对企业融资效率的影响机制研究。学者普遍认为，新三板作为我国资本市场的重大制度创新，自 2013 年将挂牌企业范围扩大至全国以来，在我国多层次资本市场体系中发挥着日益重要的作用（齐杏发，2017）。一方面，新三板可以通过为企业提供定向增发等服务，发挥直接融资功能；另一方面，新三板也可以凭借其挂牌条件和后续监管制度，传递挂牌企业具有较好质量的信号，进而改善银企信息不对称，发挥间接融资功能。然而现有文献大多围绕新三板的直接融资功能展开研究（如李政等，2017；郑建明等，2018；陈洪天和沈维涛，2018），却较少探讨其间接资功能的发挥。实际上，自新三板扩容以来，各大商业银行均对新三板挂牌企业给予了高度关注，如工、农、中、建等7家商业银行在2013年12月即与新三板签署合作协议，2014年又有浦发、招商等15家商业银行相继签署协议，开发了"三板贷"等创新型金融产品，为新三板挂牌企业提供信贷支持。而从数据来看，企业在新三板挂牌后的信贷融资额也确实出现了明显增加。以2014年挂牌的中小企业为例，平均每家企业的信贷融资额由挂牌前一年的1835.7万元上升到2024.3万元，增长10.3%。特别是小型企业的信贷融资额上升幅度更大，由挂牌前一年的191.5万元上升到242.3万元，增长了26.5%。那么，新三板挂牌到底能否通过上述信号作用促进中小企业信贷融资？进一步地，由于不同类型企业面临的银企信息不对称程度不同，新三板挂牌对不同类型企业的上述信号发送作用是否存在差异？在融资难、融资贵，特别是信贷融资难长期困扰中小企业发展的背景下（Poncet et al.，2010；吕劲松，2015），对上述问题的探讨与回答无疑对进一步完善新三板管理制度，更好地发挥其对中小企业的融资支持作用，破解中小企业融资难题具有重要意义。[①]

现有研究表明，银企信息不对称导致的逆向选择与道德风险，是制约中小企业信贷融资的关键因素（stiglitz et al.，1981；Stuart et al.，1999；Hsuand Ziedonis，2013）。为此，企业通常会选择各种方式发送自己的真实信息，以降低信息不对称对其信贷融资的影响（Chan et al.，1986；Besanko & Thakor，1987）。其中，披露财务信息是减少信息不对称的有效途径，但是由于中小企业财务管理通常缺乏规范性，加之财务信息只能揭示企业历史信息，其在中小企业信贷融资中的信号作用受到很大限制（申香华，2014）。更多的企业通过使用抵押担保的形式，向银行传递自身信用信息。然而尹志超和甘犁（2011）及甘（Gan et al.，2011）的研究却发现，由于市场参与者的异质性，同样的抵押担保行为对不同的企业可能显示的是不同的信息。由此可见，即使借款企业试图主动发送关于自身

---

① 全国中小企业股份转让系统官网数据栏目，http://www.neeq.com.cn/market_data/market_data_overview.html

信息的信号，银行仍会面临高昂的信息甄别成本。

在上述背景下，其他低成本易辨识的变量开始进入银行的决策模型。如黄珺和魏莎（2016）的实证研究发现，独立董事的政治关联关系能够增强企业资源获取能力，从而向资金提供者传递良性信号，帮助其筛选高质量企业。王庆金和周雪（2018）研究发现，企业的高技术属性及其与银行的关联程度，均能通过为银行提供额外信息进而减少银企间信息不对称。此外，理论与实证研究还表明，财政补贴等政府支持行为（Feldman and Kelley，2006；Meuleman and Maeseneire，2012；李莉等，2015）、企业专利信息（Conti et al.，2013；Hottenrott et al.，2016）、股权中的 FDI 份额（Chen and Luo，2014）、贸易信用（Agostino and Trivieri，2014）、正式的商业计划书（Hopp，2015）、第三方认证（Minard，2016）、创业者性别（Eddleston et al.，2016）等因素同样具有信号作用，会通过影响银行对企业质量的认知程度，进而对企业信贷融资产生影响。

但总体而言，现有研究很少涉及证券交易市场对企业信贷融资的信号作用研究，这可能有两方面的原因：一是能够进入证券交易市场的企业通常为中大型企业，经营质量相对较好，与银行之间的信息不对称问题相对而言并不严重；二是证券交易市场更主要的融资功能体现在直接融资方面，其间接融资功能较少受到关注。新三板作为继上交所和深交所之后的第三个全国性证券交易场所，其直接融资服务功能也一直被寄予厚望，相应的理论研究方面也应多着眼于探讨其直接融资功能。

为此，本章尝试运用双重差分（DID）方法，采用 2014~2016 年在新三板挂牌的总计 5522 家中小企业样本数据，实证分析新三板挂牌对中小企业信贷融资的影响，并进一步探讨了对不同规模和研发强度的企业的影响差异以及动态影响。结果表明，新三板挂牌能够通过信号发送渠道显著提升中小企业信贷融资额。而且上述提升作用随着企业规模的扩大而减弱，随着企业研发强度的提高而增强，但是当研发强度超过一定临界值后便不再显著。基于倾向匹配得分与双重差分组合（PSM - DID）方法的结果以及安慰剂检验进一步证实了新三板挂牌的上述信号作用。

7.2　新三板挂牌企业融资效率实证分析

7.2.1　研究假设

根据 MM 理论，权益资本融资是不影响企业市场价值的，对于目前在新三板融资的企业来说，权益资本融资是主要的方式，是否在新三板融资不影响企业的价值，企业的融资效率应该保持不变，在新三板融资的时长为一年还是三年对于企业的融资效率理应没有显著的影响。因此提出以下假设：

假设1：新三板融资前后挂牌企业的融资效率无显著变化。

假设2：新三板融资的时长对融资效率无显著影响。

杨国佐（2017）认为，从企业自身方面寻根溯源是解决大多数新三板挂牌公司融资效率低下的关键。因此本书对于影响因素指标的选择主要侧重于企业自身方面，以重要的会计要素资产、负债、权益、收入、费用和利润指标为自变量分析其对于融资效率的影响。从资产负债表中选取流动资产、非流动资产、流动负债、非流动负债以及股东权益这五项指标，这五项指标是资产负债表的组成成分，全面反映了企业的经营状况。从利润表中选取营业收入、营业成本、管理费用、财务费用以及净利润这五项指标，其中营业收入、营业成本以及净利润是利润表中最重要的指标，直接反映了企业的主营业务情况以及经营成果，而从营业成本中将企业的管理费用和财务费用单列出来，考察其对于融资效率的影响，是基于企业在新三板融资相较于企业未在新三板挂牌前，采用其他融资渠道进行融资对企业成本的主要影响，在于企业的内部规范管理和相关人员费用的增加，引起的管理费用以及支付给股权交易平台以及券商的相关财务费用。选择货币资金指标来反映企业的资金流动性状况。根据对新三板融资企业公开年报的情况统计，以及各个要素对于产出结果的影响，提出以下假设：

假设3：货币资金、流动资产以及非流动资产和融资效率正相关；流动负债和长期负债与融资效率负相关；股东权益和融资效率正相关；收入与融资效率正相关；营业成本、管理费用和财务费用与融资效率负相关；利润和融资效率正相关。

7.2.2 研究设计

（1）研究方法。数据包络分析（data envelopment analysis，DEA）方法是库珀等（Cooper et al.）以法雷尔对生产效率的概念为基础并扩展其理论而建立的可衡量固定规模报酬的，在多投入多产出情况下决策单元（DMU）相对有效性和规模收益等方面应用最为广泛的一般化数学线性规划模型。DEA方法应用的对象是同类型的DMU单元，每个DMU单元都代表一定的经济意义，在将投入转化为产出的过程中实现自身的目标。生产效率分为基于投入和基于产出的效率，基于投入的生产效率TE反映在给定产出水平下，DMU单元使用最少投入的能力。由于 DEA 前沿面可以模拟生产函数，因此各类固定规模报酬 CCR 模型（基于生产可能集规模收益不变假定的 DEA 模型）的最优解可以用来衡量特定约束下的综合生产效率 PE 或技术效率 TE，各类可变规模报酬 BCC 模型（基于生产可能集规模收益可变假定的 DEA 模型）的最优解可用于衡量特定约束下的纯技术效率 PTE。结合 CCR 和 BCC 模型就能综合分析决策单元的技术效率、纯技术效率和规模效益。TE 可分为纯技术效率 PTE 和规模效率 SE，PTE 指的是纯粹由于技术原因引起的效率变化，SE 指的是纯粹由于规模原因引起的效率变化，融资效率 TE 和 PTE、SE 之间的关系是 TE = PTE × SE。

基于 0 期和 t 期数据的 DMUj 的 Malmquist 指数的定义为：

$$M_j(0,t) = (D_{jt}^t / D_{jt}^0)(D_{j0}^0 / D_{jt}^t) = TC_j(0,t) \times EC_j(0,t) \qquad (7-1)$$

根据模型（7-1）Malmquist 生产率指数（TFP）可以分解成技术进步变化（TC）和相对技术效率变化（EC），Malmquist 全要素生产效率方法可以研究融资效率在样本期内的动态变动情况。技术效率变化指数又可以分解为纯技术效率变化指数（PEC）和规模效率变化指数（SEC）来具体分析融资效率变动的原因。

在影响因素分析方面，主要采用的是线性回归分析方法。回归分析方法是一种应用极为广泛的数量分析方法，用来研究事物之间的统计关系。多元线性回归模型是含有多个解释变量的线性回归模型，用于揭示被解释变量与其他多个解释变量之间的线性关系。通过建立的线性回归模型和样本数据来估计出模型中的各个参数，根据参数估计值的正负可以判断该解释变量对于被解释变量的影响是正向影响或负向影响。通过对建立的回归方程进行拟合优度检验以及显著性检验可以评价出回归方程对样本数据的代表程度以及被解释变量与所有的解释变量之间的线性关系是否显著。

（2）指标与模型。结合使用 DEA 模型的 CCR 和 BCC 模型对新三板企业的融资效率进行测算。对每个决策单元的投入和产出指标选择如下：

投入指标（I）根据企业的融资投入情况（融资总额和融资成本）进行选择，其中：总资产（I_1）指标可以表示企业全部的股权、债权融资产生的资源投入，并且能够反映出企业总体的融资规模；股东权益（I_2）指标可以表示新三板股东对企业股权融资的投入数量，通过单列出股权融资的数量也可反映出企业的融资结构；营业成本（I_3）、管理费用（I_4）以及财务费用（I_5）指标表示企业整体用于生产经营的成本投入、企业的规范管理开支和挂牌新三板后融资产生的相关费用。

产出指标（O）根据企业投资人的关注点，分别在偿债能力、盈利能力、营运能力和发展能力四个方面选取 9 项指标：在企业偿债能力方面的分析中，选取代表长期偿债能力的产权比率（O_1）和代表短期偿债能力的流动比率（O_2）作为衡量标准；在盈利能力方面的分析中，选择净资产收益率（O_3）和企业总资产报酬率（O_4）两个指标；在企业营运能力方面的分析中，选取总资产周转率（O_5）；在企业发展能力方面的分析中，选取营业收入增长率（O_6）、净利润增长率（O_7）、总资产增长率（O_8）和资本保值增值率（O_9）衡量企业的发展能力。

使用多元线性回归分析法对影响企业融资效率的因素进行测算。以企业融资效率 TE 为因变量（Y），货币资金（X_1）、流动资产（X_2）、非流动资产（X_3）流动负债（X_4）、长期负债（X_5）、股东权益（X_6）、营业收入（X_7）、营业成本（X_8）、管理费用（X_9）、财务费用（X_{10}）、净利润（X_{11}）为自变量，构建多元线性回归模型：

$$Y = a_i X_i + b + \xi, i = 1, \cdots, 11 \qquad (7-2)$$

模型（7-2）中的 a_i 代表各自变量的回归系数，b 代表常数项，ξ 代表回归方程的随机误差，表示除了线性关系之外的随机因素对因变量 Y 的影响。

（3）样本与数据。本书所用数据来自企业公开的 2009~2016 年度的财务报表。有的企业只在新三板市场挂牌转让股份，并未有融资行为，本书只选择在新三板市场有融资行为的企业作为样本，选取标准如下：（1）选取融资时长一年以上的企业作为研究样本，即基于最新的 2016 年企业公开年报数据，选择在 2015 年以及之前有过融资行为的新三板挂牌企业作为样本企业；（2）剔除本书选择的财务指标数据信息缺失或有异常值的企业；（3）根据选取的指标数据和描述性统计 Z 分数的值，剔除极端值（Z 分数绝对值大于 3）所在的企业进行融资效率分析。

最终得到融资时长为一年的样本企业 1353 家，融资时长为两年的样本企业 193 家，融资时长为三年的样本企业 28 家，融资时长为四年的样本企业 19 家，融资时长为五年的样本企业 8 家，融资时长为六年的样本企业 5 家。由于 DEA 模型要求决策单元即样本数量至少是投入和产出指标之和的两倍，因此，对于融资时长为四~六年的样本企业不适用 DEA 模型的分析，并且这部分企业数量少，是 2013 年扩容前挂牌的企业，本书的融资效率分析不涉及这部分企业。

DEA 方法是企业融资效率研究中采用最为普遍的一种方法，对于其输入和输出的指标要求数值必须为正数，对不同输入和输出的单位不要求一致，但是从效率比的原则上考虑，输入的数值应该越小越好，输出的数值应该越大越好。

对于指标中表示长期偿债能力的产权比率指标，根据要求应该判定作为逆指标。因此，对其进行了取倒数的处理方法。

由于要求所有的输入和输出指标都应该为正数，因此，对所有的投入和产出指标值进行无量纲化处理，方法为：

$$c_{ij} = \frac{\overline{c_{ij}} - \min(\overline{c_j})}{\max(\overline{c_j}) - \min(\overline{c_j})} \times 0.9 + 0.1 \qquad (7-3)$$

模型（7-3）中，$c_{ij} \in [0.1, 1]$，i 表示企业，j 表示指标。

7.2.3　结果及分析

对于选取的不同融资时长的企业数据分别进行融资效率的测算。使用 DEAP2.1 软件，通过 DEA 的 CCR 和 BCC 模型分别测算样本企业在融资前以及融资后几年的技术效率、纯技术效率和规模效率，通过 Malmquist 指数研究融资效率在样本期内的动态变动情况。对于 DEA 模型得出的融资效率值使用 SPSS19 软件进行比较均值，通过方差分析检验在不同年份间融资效率的变化差异是否显著。

（1）DEA 模型融资效率测算。对于 DEAP2.1 软件计算出的融资效率值，本书将其在取值范围 [0，1] 划分为四个等级：等于 1 认为融资是有效率的；在 0.8 到 1 之间认为融资较有效；在 0.5 到 0.8 之间认为较无效；小于 0.5 认为则融资是无效率的。

由表 7-1 可以看出，融资时长为一年的企业融资前后样本企业的总体技术效率是提高的，融资有效的企业数量从 63 家增加到 89 家，但融资有效的企业占比仅为 4.66% 和 6.58%，说明企业总体融资效率并不高。较有效的企业数量从 477 家增加到 620 家，总技术效率有效和较有效的企业占比由 39.91% 增加至 52.40%。企业融资后较融资前纯技术效率也是提高的，有效企业数量从 95 家增加至 125 家，较有效的企业数量从 850 家增加至 939 家，纯技术效率有效和较有效的企业总数量占比由 69.84% 增至 78.64%，表明企业的内部技术水平有提高。企业融资后的规模效率值略有增加，规模效率有效的企业数量由 36 家增加至 39 家，企业的规模效率有提高，但是较有效的企业数量由 832 家减少为 752 家，使得总体有效和较有效的企业总数量占比由 64.15% 下降至 58.46%。由结果可得，样本企业的规模报酬情况，大部分企业都是处于规模报酬递增的阶段，融资前规模报酬递增的企业占比为 91.87%，融资后为 89.28%，总体变化不大。

表7-1 融资效率指数测度结果

融资效率		融资时长一年				融资时长两年						融资时长三年							
		融资前数量	占比	融资后数量	占比	融资前数量	占比	融资后一年数量	占比	融资后两年数量	占比	融资前数量	占比	融资后一年数量	占比	融资后两年数量	占比	融资后三年数量	占比
TE	有效	63	4.66%	89	6.58%	32	16.58%	38	19.69%	44	22.80%	10	35.71%	16	57.14%	14	50.00%	15	53.57%
	较有效	477	35.25%	620	45.82%	46	23.83%	58	30.05%	70	36.27%	3	10.71%	4	14.29%	5	17.86%	5	17.86%
	较无效	725	53.58%	614	45.38%	63	32.64%	79	40.93%	71	36.79%	6	21.43%	4	14.29%	4	14.29%	6	21.43%
	无效	88	6.50%	30	2.22%	52	26.94%	18	9.33%	8	4.15%	9	32.14%	4	14.29%	5	17.86%	2	7.14%
	均值	0.752		0.797		0.698		0.779		0.818		0.712		0.848		0.827		0.868	
PTE	有效	95	7.02%	125	9.24%	46	23.83%	51	26.42%	57	29.53%	15	53.57%	19	67.86%	16	57.14%	19	67.86%
	较有效	850	62.82%	939	69.40%	65	33.68%	67	34.72%	68	35.23%	4	14.29%	3	10.71%	4	14.29%	2	7.14%
	较无效	367	27.12%	275	20.33%	64	33.16%	63	32.64%	62	32.12%	5	17.86%	2	7.14%	5	17.86%	5	17.86%
	无效	41	3.03%	14	1.03%	18	9.33%	12	6.22%	6	3.11%	4	14.29%	4	14.29%	3	10.71%	2	7.14%
	均值	0.841		0.874		0.794		0.816		0.842		0.821		0.88		0.86		0.901	
SE	有效	36	2.66%	39	2.88%	32	16.58%	38	19.69%	44	22.80%	10	35.71%	16	57.14%	14	50.00%	15	53.57%
	较有效	832	61.49%	752	55.58%	100	51.81%	146	75.65%	144	74.61%	10	35.71%	10	35.71%	13	46.43%	11	39.29%
	较无效	254	18.77%	271	20.03%	61	31.61%	8	4.15%	5	2.59%	6	21.43%	2	7.14%	1	3.57%	2	7.14%
	无效	29	2.14%	11	0.81%	0	0.00%	1	0.52%	0	0.00%	2	7.14%	0	0.00%	0	0.00%	0	0.00%
	均值	0.891		0.91		0.864		0.951		0.972		0.86		0.965		0.953		0.958	
规模报酬情况	递增	1243	91.87%	1208	89.28%	141	73.06%	108	55.96%	90	46.63%	11	39.29%	7	25.00%	8	28.57%	4	14.29%
	递减	32	2.37%	39	2.88%	19	9.84%	36	18.65%	47	24.35%	7	25.00%	4	14.29%	6	21.43%	9	32.14%
	不变	78	5.76%	106	7.83%	33	17.10%	49	25.39%	56	29.02%	10	35.71%	17	60.71%	14	50.00%	15	53.57%

　　对于融资时长为两年的样本企业而言，其融资后的总融资技术效率是逐年增加的，融资有效的企业数量由融资前的 32 家增长为融资后第二年的 44 家，但企业数量占比仅由同期的 16.58% 增加到 22.8%，说明企业总体融资效率不高。融资较有效的企业数量由融资前的 46 家增加为融资后第二年的 70 家。融资有效和较有效的企业总数占比由融资前的 40.41% 增长到融资后第一年的 49.74%，再进一步增长到融资后第二年的 59.07%。从纯技术效率角度看，融资有效的企业数量由融资前的 46 家上升为融资后第二年的 57 家，同期融资较有效的企业数量由 65 家上升为 68 家，二者总数占比由融资前的 57.51% 增长为融资后第一年的 61.14%，再进一步增长到融资后第二年的 64.77%，表明企业的内部技术水平逐年提高。规模效率有效的企业数量由融资前的 32 家增加至融资后第二年的 44 家，较有效的企业数量由融资前的 100 家增加至融资后第二年的 144 家，二者占比由融资前的 68.39% 增长至融资后第一年的 95.34%，并进一步增长到融资后第二年的 97.41%，表明企业规模效率逐年提高。但是在规模报酬方面，总体来看有所下降，规模报酬递增的企业数量由融资前的 141 家下降为融资后第二年的 90 家，规模报酬递减的企业数量占比尽管有所上升，但仍然处于相对较低水平，融资后第二年超过 50% 的企业处于规模报酬递增或规模报酬不变状态。

　　对于融资时长为三年的样本企业而言，其融资后总技术效率表现为波动增长，整体看来融资前的技术效率最低，融资后第三年的技术效率最高，但融资有效的企业数量占比仅从融资前的 35.71% 增加到融资后第三年的 53.57%，说明企业总体融资效率不高。融资有效和较有效的企业总数占比从融资前的 46.43% 增长到融资后第一年的 71.43%、再到融资后第二年的 67.86%，并进一步增长到融资后第三年的 71.43%，表明了融资技术效率逐年提高。融资后企业的纯技术效率和规模效率也表现波动增长态势，纯技术有效和规模效率有效的企业数量在融资前最少，融资后第一年和第二年有所增加，融资后第三年相对较多；纯技术有效和较有效的企业总数占比从融资前的 67.86% 增加到融资后第一年的 78.57%，再到融资后第二年的 71.43%，并进一步增加到融资后第三年的 75%，表明企业内部技术水平不断提到。规模效率有效和较有效的企业总数占比从融资前的 71.43% 增加到融资后第一年的 92.86%，再到融资后第二年的 96.43%，并进一步增加到融资后第三年的 92.86%，说明企业规模效率也在逐年提高。与融资后两年的规模报酬变化态势类似，随着融资时长的增长，规模报酬递增的企业数量总体是下降的，但是其仍占企业总数的超过 50%。

（2）融资效率的显著性分析。通过直接观察表 7-1 得出的效率值可以看出，总体的融资效率是提高的，但是融资前后的效率提高的是否显著，则需要通过方差分析得出统计量来进一步分析。通过将效率值序列分年份进行对比，可以进行显著性的分析。使用 SPSS19 软件的描述性统计方法，对融资时长在 1~3 年的样本企业融资前后几年的融资效率进行对比分析，结果如表 7-2 所示。

表 7-2　　　　　　　　融资效率比较分析结果（F 统计量）

融资效率	融资时长一年	融资时长两年			融资时长三年				
	1~2 年	1~2 年	1~3 年	2~3 年	1~2 年	1~3 年	1~4 年	2~3 年	3~4 年
TE	68.37***	14.01***	34.23***	4.56**	3.72*	2.59	5.34**	0.12	0.49
PTE	46.59***	1.31	6.70***	2.08	0.89	0.412	1.91	0.11	0.58
SE	3.76*	71.04***	118.39***	11.59***	6.25**	4.99**	5.59**	0.22	0.04

注：* 表示 10% 水平上显著；** 表示 5% 水平上显著；*** 表示 1% 水平上显著。

根据表 7-2 可以看出，融资时长为一年的样本企业两年间的总技术效率 TE 变化是显著的，说明融资后企业的总技术效率显著增加。纯技术效率 PTE 的变化也是显著的，融资后企业的纯技术效率也是显著增加的。而规模效率在两年间变化不太显著，可见规模效率的增加是不显著的。总体来看，融资后企业的融资效率有显著提高。

融资时长为两年的样本企业融资后第一年样本企业总技术效率和规模效率较融资前有显著变化，表明融资后一年企业技术效率和规模效率的提高是显著的，纯技术效率的变化并不显著。融资后第二年企业的总技术效率以及纯技术效率和规模效率较融资前都有显著变化，说明融资后第二年企业技术效率、纯技术效率和规模效率都有显著的提高。总体来看，融资后企业的融资效率较融资前有显著提高。融资后第二年较第一年的总技术效率与规模效率有显著的变化，纯技术效率的变化并不显著，说明融资后第二年较第一年的融资效率有显著的提高。

融资时长三年的样本企业融资后第一年和第二年企业的总技术效率以及纯技术效率的变化并不显著，规模效率的变化表现为显著，说明企业融资后第一年和第二年规模效率的增长是显著的。融资后第三年的企业总技术效率以及规模效率的变化是显著的，说明融资后第三年的企业总技术效率以及规模效率有显著的提高，纯技术效率的变化较基期并不是很显著。总体来看，融资后企业的融资效率有显著提高。融资后第二年较第一年的总技术效率、纯技术效率以及规模效率的变化并不显著，融资后第三年较第二年的总技术效率、纯技术效率以及规模效率的变化也并不显著。说明融资后第二年较第一年的融资效率的提高是不显著的，融资后第三年较第二年的融资效率的提高也是不显著的。

根据总体融资效率的显著性分析结果可知应该拒绝假设 1，认为企业在新三板融资后效率有显著提高。应该接受假设 2，认为企业融资效率随着融资时长的增长效率的提高并不显著。

（3）DEA 模型 Malmquist 指数分析。通过 DEA 模型的 Malmquist 指数可以研究融资效率在样本期内的动态变动情况。Malmquist 生产率指数（TFP）可以分解成技术进步变化（TC）和相对技术效率变化（EC），技术效率变化指数又可以分解为纯技术效率变化指数（PEC）和规模效率变化指数（SEC）。

表 7 - 3　　　　　　　　　　　　　融资效率指数分解结果

融资时长	年份	EC	TC	PEC	SEC	TFP
一年	2015 ~ 2016 年	1.118	1.481	1.121	0.997	1.655
	均值	1.118	1.481	1.121	0.997	1.655
两年	2014 ~ 2015 年	0.973	1.328	1.002	0.972	1.293
	2015 ~ 2016 年	1.045	0.937	1.043	1.002	0.979
	均值	1.009	1.116	1.022	0.986	1.125
三年	2013 ~ 2014 年	1.032	1.321	1.009	1.023	1.362
	2014 ~ 2015 年	0.915	1.067	0.946	0.968	0.976
	2015 ~ 2016 年	0.881	1.249	1.05	0.839	1.1
	均值	0.94	1.207	1	0.94	1.135

从表 7 - 3 可以看出，融资时长为一年的样本企业 2015 ~ 2016 年企业的全要素生产率指数为 1.655，大于 1 说明两年间企业的整体融资效率有所改善，增长了 65.5%。其中，技术效率变化指数为 1.118，说明整体的技术效率增加了 11.8%；技术进步指数为 1.481，说明整体技术进步了 48.1%。由此可见，企业内部管理水平有明显的提高。而纯技术效率变化指数与规模效率变化指数分别有增有减，纯技术效率增加了 12.1%，规模效率减少了 0.3%。

融资时长为两年的样本企业在三年间样本企业的全要素生产率变化指数的均值是 1.125，表明整体融资后企业的融资效率有改善，增长幅度为 12.5%。其中，2015 年融资效率增长幅度较大，较基期增长 29.3%，但 2016 年有所下降，下降了 2.1%。技术进步指数 2015 年为 1.328，表明当年技术进步了 32.8%，2016 年技术进步指数下降了 6.3%，总体技术进步了 11.6%。从技术效率变化指数来看，2015 年有所下降，下降幅度为 2.7%，但 2016 年增长了 4.5%，总体技术效率变化为增长 0.9%，表明企业的内部管理水平有提高。纯技术效率在融资后两年的变化情况均表现为增加，分别增长了 0.2% 和 4.3%，总体纯技术效率变化为增长 2.2%。规模效率变化指数小于 1，是均值上唯一表现为效率增长下降的指数，2015 年规模效率下降了 2.8%，2016 年增长幅度为 0.2%，总体规模效率下降了 1.4%。表明技术效率的增长主要是由纯技术效率的增长引起的。

融资时长三年的样本企业在四年间的平均全要素生产率指数为 1.135，总体融资效率有改善，增长幅度为 13.5%，分年看可知，在 2014 年总融资效率增长了 36.2%，2015 年略为下降 2.4%，2016 年增长了 10%。技术进步指数表明企业在四年间技术进步平均增长 20.7%，并在期间内保持持续增长，2014 年技术进步增长了 32.1%，2015 年技术进步增长了 6.7%，2016 年技术进步增长了 24.9%，说明企业的技术进步情况较好。技术效率变化指数平均值为 0.94，说明技术效率增长下降了 6%，由于 2014 年技术效率增长了 3.2%，2015 年下降了 9.5%，2016 年下降了 11.9%，可以看出，技术效率的变化为先增后减。纯技术效率变化指数均值为 1，说明总体来看，纯技术效率无变化，分年看可知，2014 年纯技术效率增长了 0.9%，2015 年下降了 5.4%，2016 年增长了 5%，纯技术效率的变化是波形的。规模效率的变化为下降了 6%：2014 年增长了 2.3%、2015 年下降了 3.2%、2016 年下降了 16.1%，与技术效率的变化情况大致相似，为先增后减，说明了规模效率的下降是技术效率下降的主要原因。

（4）融资效率变化的影响因素分析。根据建立的线性回归模型，以及新三板融资时长为 1~3 年共 1573 家样本企业公开的 2016 年各指标数据以及 DEA 方法得出的样本企业当年对应的融资效率 TE 值，使用 SPSS19 软件对模型进行参数估计并检验。得出估计的回归方程的拟合优度系数 R 为 0.807，R^2 为 0.652，调整的 R^2 为 0.649，表明拟合优度较好。显著性检验方差分析得出 F 分数的 p 值为 0，小于显著性水平 0.05，说明回归方程的因变量 Y 和自变量 X 的线性关系显著。

由给出的系数表 7-4 可以看出 t 检验对各自变量的回归系数的显著性检验结果，自变量 X_1 货币资金、X_9 管理费用、X_{10} 财务费用以及 X_{11} 净利润都对因变量

Y 有显著的影响，而自变量 X_2 流动资产、X_3 非流动资产、X_4 流动负债、X_5 长期负债、X_6 股东权益、X_7 营业收入和 X_8 营业成本对因变量 Y 即 TE 的变化并不显著。

表 7 – 4 影响因素回归分析结果

解释变量	系数	t 值
X_1 货币资金	0.125 ***	5.70
X_2 流动资产	– 0.202	– 0.59
X_3 非流动资产	– 0.182	– 0.85
X_4 流动负债	– 0.211	– 0.98
X_5 长期负债	0.064	1.10
X_6 股东权益	0.061	0.21
X_7 营业收入	0.098	0.27
X_8 营业成本	– 0.120	– 0.35
X_9 管理费用	– 0.218 ***	– 10.59
X_{10} 财务费用	– 0.407 ***	– 19.39
X_{11} 净利润	0.136 **	2.47

注：* 表示 10% 水平上显著；** 表示 5% 水平上显著；*** 表示 1% 水平上显著。

自变量 X_1 的标准系数值为 0.125，表明货币资金对于融资效率有正向影响，即货币资金的数量增加，融资效率的值也增加。自变量 X_9 和 X_{10} 的标准系数值分别为 – 0.218 和 – 0.407，表明管理费用和财务费用负向影响企业的融资效率，企业的管理费用和财务费用增加相应的融资效率值会减小。自变量 X_{11} 净利润对应的标准系数值为 0.136，表明了其对于因变量融资效率有正向影响，净利润的增长相应地会使融资效率值增加。

7.3 新三板挂牌对企业信贷融资的影响机制分析

以下将从信贷融资效率角度进一步考察新三板挂牌的影响及其影响机制。首先从理论角度分析新三板挂牌如何通过信号作用影响中小企业信贷融资；其次是研究设计，包括样本与数据，变量设计以及研究模型；最后是实证研究结果及分析。

7.3.1 研究假设

（1）新三板挂牌通过信号发送渠道影响中小企业信贷融资。中小企业在新三板挂牌能够向银行发送其质量较好的信号，并且该信号由于符合可信性与可观察两个有效性标准（Spence，1973，Pornpitakpan，2004），将受到银行机构的认可，进而改善银行与企业之间的信息不对称，促进中小企业信贷融资（李四海，陈琪；2013）。主要理由如下：

第一，在新三板挂牌的中小企业经营管理质量相对较好。按照新三板管理规定，企业在新三板挂牌需要满足具有可持续经营能力、公司治理机制健全、合法合规经营、股权明晰、主办券商推荐等基本条件。为满足上述挂牌条件，中小企业通常需要对公司历史沿革、治理结构，股权关系等进行完善，并承担合法合规缴纳各种税费、重新分配公司股权等所带来的隐性成本。经营管理质量较差的企业通常难以承受由此带来的高额成本，而质量较好的企业所承担的上述成本则相对较低，从而更容易在新三板挂牌，因而新三板挂牌能够相对有效地将质量较好的企业分离出来（Connelly et al.，2011）。

第二，在新三板挂牌的中小企业的质量信息具有较高可信性。一方面，挂牌企业所披露的信息需接受主办券商的督导和会计师事务所的审计，并受到有关法律法规的约束，因而具有较高可信性；另一方面，企业在挂牌后仍需接受主办券商持续督导，并按持续披露经营管理信息，接受主办券商、新三板平台、投资者以及其他社会公众的公开监督，加之新三板平台和主办券商为了自身声誉通常不会容忍挂牌公司的信息造假行为，挂牌公司面临极高的信息造假代价，进而使上述信息的质量得到极大改善，并具有较高的可信性。

第三，新三板挂牌企业的相关信息可以被观察到。一方面，企业的挂牌信息及挂牌标准均属于公开信息，利益相关者均可无条件获知企业的挂牌信息；另一方面，按照新三板管理规定，挂牌企业需要按照监管规则定期披露企业的经营管理信息，因此，银行机构能够低成本地获取企业挂牌信息以及经营管理信息。据此，本书提出以下研究假说：

假说1：新三板挂牌能够通过信号发送渠道显著提升中小企业信贷融资额。

（2）新三板挂牌对中小企业信贷融资的影响受到企业规模的调节。企业规模的大小与银企间信息不对称的严重程度紧密相关，一般而言，企业规模越小，银企间信息不对称问题越严重（Agostino and Trivieri，2014），因而新三板挂牌对中小企业信贷融资的影响将受到企业规模的调节。具体而言，企业规模的上述调节作用可划分为三个阶段。

首先，当企业处于规模较小的初创期时，由于其经营管理规范性通常较差，提供企业内部信息的成本相对较高，难以向银行有效传递其真实经营管理信息，进而导致比较严重的银企信息不对称问题（Hottenrott et al.，2016），致使企业很难获得银行信贷，甚至被排除在信贷市场之外（Myers and Majluf，1984；Hsu and Ziedonis，2013）。在此背景下，新三板挂牌通过信号发送作用无疑有助于显著改善银企间信息不对称问题，相应地，对企业融资也将发挥较大的提升作用。

其次，随着企业经营规模的不断扩大，其经营管理规范性通常也将得到逐步改善，从而能够向银行有效传递更多的企业质量信息（Minard，2016），银企信息不对称问题及由此引致的融资约束问题的严重性也将逐步下降，相应地，新三板挂牌对中小企业信贷融资的提升作用也将相对下降。

最后，随着企业规模的进一步扩大，以及银企长期合作关系的建立，银行将通过与企业的经常性业务往来，掌握之前难以获取的企业真实信息（Petersen and Rajan，1994；Cole，1998），从而使银企信息不对称问题基本得到解决，在此背景下，新三板挂牌无法传递更多的企业信息，相应地，将无法显著提升企业信贷融资。据此提出以下研究假说：

假说 2：新三板挂牌对企业信贷融资额的提升作用随着企业规模的扩大而减弱，并且当企业规模达到一定临界值之后不再显著。

（3）新三板挂牌对中小企业信贷融资的影响受到企业研发强度的调节。企业研发强度的提升会影响银企间信息不对称程度，同时也会影响企业自身的经营风险，后两者均与企业信贷融资相关，因而新三板挂牌对中小企业信贷融资的影响，会受到企业研发强度的调节，具体而言主要体现在如下两个方面。

一方面，随着企业研发强度的提升，新三板挂牌对中小企业信贷融资的提升作用将不断增强。这主要是因为当前知识产权保护制度仍相对薄弱（姚利民，饶艳；2009），科技型企业通常会将研发等核心信息隐藏于企业内部（张建华，王鹏；2012），有价值的信息也被排除在传统会计系统之外（向显湖，刘丁；2014）。随着企业研发强度的提升，企业隐藏的该类信息也将越多，银企信息不对称问题趋于严重（Himmelberg and Petersen，1994），相应地，新三板挂牌将有助于传递更多的企业质量信息，从而更大程度地促进中小企业信贷融资。

另一方面，当企业研发强度提升到一定程度之后，可能导致银行不再向企业继续发放贷款。这主要是因为研发强度本身也会传递出关于企业创新风险的负面信息，研发强度越高，意味着该企业属于技术密集型企业，并面临着越高的收益不确定性（Chan et al.，2001；Kothari et al.，2002；Heeley et al.，2007），信贷违约风险也将随之提升，当违约风险提升到一定程度之后，银行将因风险过高而最终放弃向该类企业继续发放贷款。本书据此提出以下研究假说：

假说3：随着中小企业研发强度的增强，新三板挂牌对企业信贷融资额的提升作用趋于增强，但是当研发强度超过一定临界值之后，上述提升作用将不再显著。

（4）新三板挂牌对中小企业信贷融资的影响具有动态性。本书认为，新三板挂牌对中小企业信贷融资无预期影响。这主要是因为新三板挂牌是通过向银行传递企业具有良好质量的信号，进而促进中小企业信贷融资的，而该信号有效的前提则是新三板挂牌事件本身所具备的可观察和可信性特征，因而即使银行预期到拟挂牌企业的经营质量良较好，但是由于挂牌事件尚未真实发生，因而不具有可信性，从而无法有效发挥信号发送作用。

另外，新三板挂牌对小型企业的信贷融资可能具有滞后影响。总体而言，在中小企业挂牌后的第二年，由于挂牌的信号作用已在第一年得到释放，银行已经掌握了挂牌前未掌握的企业信息，并提高了对企业的授信额度，因而企业挂牌的信息将不再对中小企业信贷融资产生显著影响。但是就其中的小型企业而言，由于其面临着较之大中型企业更严重的银企信息不对称问题（薛菁，2018），银行可能无法完全根据新三板挂牌信号判断小型企业的质量信息，因而只能部分地相信并利用该信号作用，而在第二年随着银企关系的建立，银行会进一步挖掘新三板挂牌信号价值，提升企业信贷融资额（张彩江、周宇亮；2017）。据此本书提出以下研究假说：

假说4：新三板挂牌对中小企业信贷融资无预期影响，但是对于小型企业可能具有滞后影响。

7.3.2 研究设计

（1）样本选取与数据来源。本书将使用双重差分法考察新三板挂牌与企业信贷融资之间的关系，该方法的重要前提是能够找到合适的处理组与对照组样本，其中处理组样本在分析的时间区间内实现新三板挂牌，对照组与处理组样本特征相近，但在分析时间区间内尚未挂牌。按照新三板有关规定，挂牌企业在挂牌时需披露前三年的企业信息，因而本书选取2016年的挂牌企业作为对照组样本，并将该组企业尚未挂牌的2013～2015年作为分析的时间区间，同时选取2014～2015年挂牌的企业作为处理组样本。

此外，按照以下规则对样本进行筛选：第一，考虑到金融类企业的信贷融资受到有关金融管理政策严格约束，以及房地产类企业的信贷融资容易受宏观调控政策影响，因此剔除了上述两类企业；第二，剔除了样本中的大型企业；第三，剔除了 2016 年挂牌企业中未完整披露前三年信息的企业。最终得到样本企业总计 5522 家，其中处理组样本企业 3569 家，对照组样本企业 1953 家，样本观测值总计 16566 个。样本企业的有关数据均来源于万得数据库。

（2）模型设计与变量说明。为检验上述研究假说，本书首先构建了如下回归模型：

$$loan_{i,t} = \beta_0 + \beta_1 treat\_list_{i,t} + \beta_2 size_{i,t} + \beta_3 netprofit_{i,t} + \beta_4 netasset_{i,t} + \beta_5 nagrowth_{i,t}$$
$$+ \beta_6 roa_{i,t} + \beta_7 rdintensity_{i,t} + v_i + \gamma_t + \varepsilon_{i,t} \qquad (7-4)$$

模型（7-4）中，$loan_{i,t}$ 为被解释变量，表示 i 企业在 t 年的信贷融资总额，采用企业短期借款与长期借款之和衡量（黄珺、魏莎，2016；王丹，2018）。$treat\_list_{i,t}$ 是衡量处理组企业是否挂牌的虚拟变量，表示双重差分方法中的处理效应，取值为 1 表示该企业在该年份已在新三板挂牌，取值为 0 表示该企业该年份尚未挂牌。$size_{i,t}$、$netprofit_{i,t}$、$netasset_{i,t}$、$nagrowth_{i,t}$、$roa_{i,t}$ 和 $reintensity_{i,t}$ 均为控制变量，是影响企业信贷融资额的个体特征变量（黄珺、魏莎，2016；王庆金、周雪，2018；张彩江、周宇亮，2017），分别表示企业规模（用营业收入衡量）、内源融资能力（用净利润衡量）、偿债能力（用净资产衡量）、成长能力（用净资产增长率衡量）、盈利能力（用资产收益率衡量）和发展前景（用研发强度衡量）。v_i 和 γ_t 分别表示个体固定效应和时间固定效应，$\varepsilon_{i,t}$ 表示随机扰动项。β_k（$k=0$，$1\cdots7$）表示待估参数。

模型（7-4）中的 β_1 衡量了新三板挂牌对企业信贷融资额的影响，但是尚无法确定该影响主要源于新三板挂牌的信号渠道作用。因为新三板挂牌不仅可能通过信号发送渠道影响企业信贷融资额，还可能通过帮助企业获得更多资源的资源渠道，提升企业盈利能力或风险控制能力，进而影响企业信贷融资额（黄珺、魏莎，2016）。尽管模型借助控制变量对后者进行了控制，但仍有可能存在遗漏变量的问题。为此，本书构建了如下表示企业挂牌前未知信息的变量：

$$unknown_{i,t} = information_i - lagloan_{i,t} \qquad (7-5)$$

模型（7-5）中，$information$ 表示特定企业的信息总量，$lagloan$ 用滞后一期的企业信贷融资额表示银行已知的企业信息量（Minard，2016），因此可以用二者之差衡量银行尚未掌握的企业信息。将表示企业未知信息的变量加入模型（7-4）之后，得到如下模型：

$$loan_{i,t} = \beta_0 + \beta_1 treat\_list_{i,t} + \beta_2 unknown_{it} + \beta_3 size_{i,t} + \beta_4 netprofit_{i,t} + \beta_5 netasset_{i,t}$$
$$+ \beta_6 nagrowth_{i,t} + \beta_7 roa_{i,t} + \beta_8 rdintensity_{i,t} + v_i + \gamma_t + \varepsilon_{i,t} \qquad (7-6)$$

如果模型（7-6）中β_1的估计值因为加入了企业未知信息变量而不再显著，则说明新三板挂牌确实主要是通过信号发送渠道，传递了企业未知信息进而影响企业信贷融资额，由此即可证实假说1。

为了验证假说2和假说3，分别构建了如下两个模型：

$$loan_{i,t} = \beta_0 + \beta_1 treat\_list_{i,t} + \beta_2 treat\_list_{i,t} \times size_{i,t} + \beta_3 size_{i,t} + \beta_4 netprofit_{i,t} +$$
$$\beta_5 netasset_{i,t} + \beta_6 nagrowth_{i,t} + \beta_7 roa_{i,t} + \beta_8 rdintensity_{i,t} + v_i + \gamma_t + \varepsilon_{i,t}$$
$$(7-7)$$

$$loan_{i,t} = \beta_0 + \beta_1 treat\_list_{i,t} + \beta_2 treat\_list_{i,t} \times rdintensity_{i,t} + \beta_3 size_{i,t} +$$
$$\beta_4 netprofit_{i,t} + \beta_5 netasset_{i,t} + \beta_6 nagrowth_{i,t} + \beta_7 roa_{i,t} + \beta_8 rdintensity_{i,t}$$
$$+ v_i + \gamma_t + \varepsilon_{i,t} \qquad (7-8)$$

模型（7-7）和模型（7-8）是在模型（7-4）的基础上，分别加入了企业规模、研发强度与处理组挂牌虚拟变量的交互项，以检验企业规模和研发强度对新三板挂牌信号作用的调节效应，模型中其他变量及参数的定义均与模型（7-4）相同。

为检验假说4，本书进一步构建了如下两个模型：

$$loan_{i,t} = \beta_0 + \beta_1 before1_{i,t} + \beta_2 before2_{i,t} + \beta_3 treat\_list_{i,t} + \beta_4 size_{i,t} + \beta_5 netprofit_{i,t}$$
$$+ \beta_6 netasset_{i,t} + \beta_7 nagrowth_{i,t} + \beta_8 roa_{i,t} + \beta_9 rdintensity_{i,t} + v_i + \gamma_t + \varepsilon_{i,t}$$
$$(7-9)$$

$$loan_{i,t} = \beta_0 + \beta_1 after1_{i,t} + \beta_2 after2_{i,t} + \beta_3 size_{i,t} + \beta_4 netprofit_{i,t} + \beta_5 netasset_{i,t} +$$
$$\beta_6 nagrowth_{i,t} + \beta_7 roa_{i,t} + \beta_8 rdintensity_{i,t} + v_i + \gamma_t + \varepsilon_{i,t} \qquad (7-10)$$

其中，模型（7-9）中的 $before1$ 和 $before2$ 分别表示处理组企业处于挂牌前1年和挂牌前2年的虚拟变量，用来衡量新三板挂牌对企业信贷融资的预期影响。模型（7-10）中的 $after1$ 表示处理组企业处于挂牌第1年的虚拟变量，$after2$ 表示处理组企业处于挂牌第2年的虚拟变量，其中 $after2$ 即可用来衡量新三板挂牌对企业信贷融资的滞后影响。

（3）主要变量的描述性统计。表7-5报告了本书主要变量的描述性统计结果。企业信贷融资额的均值为1733.32万元，看似较高，但是中位数仅为400万元，而且标准差高达3844.30元，说明企业的信贷融资额差异较大。营业收入均值为7434.24万元，企业平均规模相对较大，但是中位数仅为4904.36万元，说明新三板挂牌企业中半数以上均为小微企业。研发强度的中位数为0.04，并且均值高达0.4，反映了新三板挂牌企业的科技含量普遍较高。而净利润、净资产以及净资产增长率均存在标准差大于均值的特征，说明企业财务指标差异较大，体现了新三板挂牌企业普遍处于高速成长期的典型特征。因此，很难简单地根据企业信贷统计特征判断新三板挂牌与企业信贷融资额之间的关系，而需要进一步的实证分析检验。

表7-5　　　　　　　　　　　主要变量的描述性统计

变量符号	变量名称（单位）	观测数	均值	标准差	Q2	Q3	最小值	最大值
loan	信贷融资额（万元）	16566	1733.32	3844.30	400	2200	0	143300
treat_list	新三板挂牌	16566	0.28	0.45	0	1	0	1
size	营业收入（万元）	16566	7434.24	8222.77	4904.36	11209.8	0	87084.10
netprofit	净利润（万元）	16566	503.43	1551.74	253.66	877.21	-95324.70	22646.00
netasset	净资产（万元）	16566	5327.72	7740.85	3001.52	7189.6	-95410.90	174536.30
nagrowth	净资产增长率	16566	1.65	36.20	0.13	0.52	-255.10	3789.10
roa	资产收益率	16566	0.06	0.23	0.07	0.12	-8.52	1.69
rdintensity	研发强度	16566	0.40	10.76	0.04	0.08	0	975.87

7.3.3　结果及分析

（1）新三板挂牌对中小企业信贷融资的影响。表7-6是基于模型（7-4）和模型（7-6）的时间个体双向固定效应面板模型，并使用了稳健标准误之后的估计结果。

表7-6　　　　　新三板挂牌对中小企业信贷融资的影响估计

	(1)	(2)	(3)	(4)
treat_list	89.1906**	87.8312**	80.9315	148.8146**
	(2.02)	(2.00)	(1.49)	(2.14)

续表

	（1）	（2）	（3）	（4）
size		0. 0661 ***	0. 0594 ***	0. 0660 ***
		（5. 43）	（4. 19）	（5. 43）
netprofit		− 0. 1103 *	− 0. 0111	− 0. 1105 *
		（− 1. 86）	（− 0. 12）	（− 1. 87）
netasset		0. 0056	− 0. 0142	0. 0055
		（0. 53）	（− 1. 22）	（0. 52）
nagrowth		0. 0014	0. 0002	0. 0015
		（0. 97）	（0. 15）	（1. 03）
roa		− 0. 5561	− 1. 5913	− 0. 5419
		（− 0. 96）	（− 1. 27）	（− 0. 94）
rdintensity		− 0. 4033	− 0. 2596	− 0. 3953
		（− 0. 36）	（− 0. 61）	（− 0. 36）
*common*1				69. 9683
				（1. 51）
*common*2				omitted
unknown			0. 1901 *	
			（1. 72）	
constant	1655. 07	1257. 39 ***	1738. 73 ***	1245. 72 ***
	（100. 81）	（15. 26）	（10. 29）	（15. 07）
FirmFE	Y	Y	Y	Y
YearFE	Y	Y	Y	Y
N	16566	16566	11044	16566
Adj. R^2	0. 0026	0. 0188	0. 0395	0. 0189

注：***、** 和 * 分别表示至少在1%、5%和10%水平上显著；括号中为对应的 t 统计量数值。

在对模型（7 - 4）进行估计时，先在无控制变量的情况下进行了估计，结果如表7 - 6 第1 列所示。控制了个体固定效应和时间固定效应之后，处理效应 treat_list 的系数估计值为89. 1906，并且至少在5%水平上显著，说明中小企业在新三板挂牌显著提升了企业信贷融资额，提升的幅度平均大约为89万元。第2列加入控制变量之后，treat_list 的估计结果为87. 8312，仍然至少在5%水平上显著，说明新三板挂牌短期内对企业个体特征影响不大，因而并非通过资源渠道促进了企业信贷融资额提升。第3 列是对加入了企业未知信息变量之后的模型（7-6）的估计结果，treat_list 的估计结果不再显著，说明新三板挂牌主要是通过向银行传递企业未知信息，进而促进中小企业信贷融资额提升，由此证实了假说1，即新三板挂牌是通过信号发送渠道影响企业信贷融资额的。

使用双重差分模型进行估计的一个重要假设是，处理组样本和对照组样本在被处理前具有共同趋势，即如果没有处理效应，处理组样本与对照组样本具有相似的波动趋势。本书根据罗伯茨和怀特德（Roberts and Whited，2012）的建议，设计如下虚拟变量对共同趋势假设进行检验：具体而言，用 common1 表示处理组企业处于挂牌前1年的虚拟变量，用 common2 表示处理组企业处于挂牌前2年的虚拟变量，将上述虚拟变量加入模型（7-4）再次进行估计，结果表明上述虚拟变量的估计系数并不显著（表7-6第4列，其中 common2 由于与 common1 存在多重共线性实际未进入模型），说明处理组企业在挂牌前与对照组企业具有相似的波动趋势，因而上述双重差分法估计结果是合适的。

（2）企业规模、研发强度对新三板挂牌信号发送作用的调节效应。为考察企业规模对新三板挂牌信号发送作用的调节效应，本书首先按照规模大小将样本企业划分为小型企业和中型企业两个子样本，并基于模型（7-4）进行了估计，结果如表7-7的第1列和第2列所示。可以看出，无论是对小型企业还是中型企业，新三板挂牌均有助于显著提升企业信贷融资额。但是从信贷融资额提升的相对幅度来看，小型企业信贷融资额提升了48.6758万元，平均增加了20%（2013年小型企业平均融资额245万元），中型企业信贷融资额提升了95.3048万元，平均提升了0.45%（2013年中型企业平均融资额2125万），说明新三板挂牌对小型企业信贷融资额的影响相对而言远大于中型企业。此外，表7-7的第3列是基于大型企业样本的估计结果，新三板挂牌对企业信贷融资额的影响不再显著。由此可以看出，新三板挂牌对企业信贷融资额的影响确实会随着企业规模的扩大而下降，并且对大型企业的影响不再显著。

表7-7　　企业规模、研发强度对新三板挂牌信号发送作用的调节效应

	（1）小型企业	（2）中型企业	（3）大型企业	（4）中小企业	（5）中小企业
treat_list	48.6758*	95.3048*	-1476.8	158.8981***	85.3230*
	(1.72)	(1.66)	(-0.90)	(2.93)	(1.94)

	(1) 小型企业	(2) 中型企业	(3) 大型企业	(4) 中小企业	(5) 中小企业
treat_list				− 0.0083	
× size				(− 1.27)	
Treat_list					6.5543
× rdintensity					(0.33)
size	0.0324	0.0672 ***	0.0047	0.0700 ***	0.0660 ***
	(1.29)	(5.36)	(0.22)	(5.48)	(5.43)
netprofit	− 0.0582	− 0.1075	− 0.7101 **	− 0.1107 *	− 0.1094 *
	(− 1.29)	(− 1.58)	(− 2.02)	(− 1.88)	(− 1.84)
netasset	0.0068	0.0058	0.3650 **	0.0074	0.0056
	(0.41)	(0.53)	(1.99)	(0.69)	(0.53)
nagrowth	0.0003	0.0013	7.4088	0.0015	0.0014
	(0.14)	(0.82)	(1.51)	(0.99)	(0.98)
roa	− 0.1384	− 2.5909	129.1791	− 0.5688	− 0.5592
	(− 0.79)	(− 1.20)	(0.93)	(− 0.99)	(− 0.95)
rdintensity	− 0.2717	− 3.1354	− 3158.9	− 0.4400	− 7.223
	(− 0.22)	(− 0.87)	(− 0.04)	(− 0.40)	(− 0.15)
constant	211.65 ***	1617.17 ***	8774.57	1225.77 ***	1257.82 ***
	(8.53)	(14.91)	(1.33)	(14.02)	(15.24)
FirmFE	Y	Y	Y	Y	Y
YearFE	Y	Y	Y	Y	Y
N	4143	12423	849	16566	16566
Adj. R^2	0.0087	0.0192	0.0867	0.0187	0.0187

注： *** 、 ** 和 * 分别表示至少在 1% 、5% 和 10% 水平上显著；括号中为对应的 t 统计量数值。

  尽管依据企业规模的分组回归一定程度上可以证实假说 2，但是上述分组标准较为主观，为避免由此导致的估计结果不准确，本书构建了处理组挂牌虚拟变量与企业规模的交互项，并加入模型（7 - 4），得到了前文中的模型（7 - 5），对其估计结果如表 7 - 7 第 4 列所示。可以看出 treat_list 和 size 的交互项系数估计值为 − 0.0083，表明企业规模确实对新三板信号发送作用具有负向调节效应。为了更直观地体现企业规模的上述调节效应，本书根据上述结果绘制了新三板挂牌边际效应与企业规模之间的关系图，如图 7 - 1 所示。

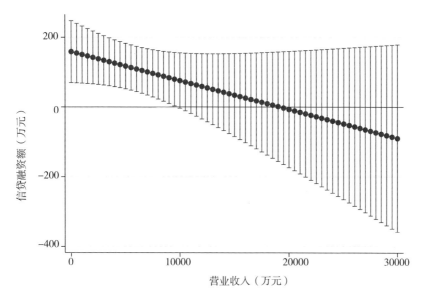

图 7 – 1　新三板挂牌对不同规模企业信贷融资的边际影响

从图 7 – 1 中可以看出，随着企业规模的不断扩大，新三板挂牌对企业信贷融资额的影响逐渐减小，而且该影响的显著性也在不断下降，当企业规模达到大约 1 亿元时，新三板挂牌的影响尽管仍然为正，但是不再显著，假说 2 得到进一步证实。此外，总样本中营业收入低于 1 亿元的企业总计有 4175 家，占样本总数的 76%，说明新三板挂牌的企业中大多数企业都可以享受到挂牌对信贷融资的促进作用。

按照相同的思路，本书在模型（7 – 4）中加入了处理组挂牌虚拟变量与企业研发强度的交互项，得到模型（7 – 8）并进行估计，结果如表 7 – 7 的第 5 列所示。可以看出，研发强度对新三板挂牌的影响具有正向调节效应。图 7 – 2 是考虑了研发强度调节效应之后，新三板挂牌对企业信贷融资额的边际影响情况。

从图 7 – 2 中可以看出，随着企业研发强度的提升，新三板挂牌对企业信贷融资的边际影响不断增强，同时显著性水平也在提升，但是当企业研发强度达到 12% 左右时，上述边际影响的显著性开始下降，至研发强度达到 35% 左右时，上述边际影响不再显著。因此假说 3 得到证实，即随着研发强度的提升，新三板挂牌对企业信贷融资的信号发送作用也不断增强，但是当研发强度超过一定临界值之后，由于随之而来的信贷风险也大幅提高，导致新三板挂牌的信号发送作用不再有效。此外，在样本企业中总计有 4062 家企业的研发强度低于 35%，占样本

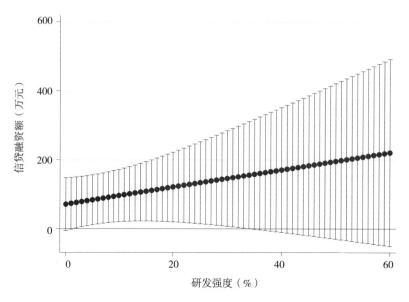

图7-2　新三板挂牌对不同研发强度企业信贷融资的边际影响

总数的74%，说明新三板挂牌的企业中大多数企业都可以享受到挂牌对信贷融资的促进作用。

（3）新三板挂牌对中小企业信贷融资的动态影响。表7-8报告了对假说4的检验。其中前3列是模型7-9按企业规模分组的估计结果，后3列是模型（7-10）按企业规模分组的估计结果。需要说明的是，由于本书所选择的对照组样本实际上在分析的时间区间后一年也全部实现了挂牌，因而在分析新三板挂牌预期效应时，也要包括对照组的预期效应，因而模型（7-9）中的 before1 和 before2 不仅是表示处理组样本处于挂牌前1年或者挂牌前2年的虚拟变量，同时是表示对照组样本处于挂牌前1年或者挂牌前2年的虚拟变量，也正因此，此处的 before1 和 before2 与分析共同趋势假定时的 common1 和 common2 并不相同。

表7-8　　　　　　　　新三板挂牌对中小企业信贷融资的动态影响

	（1）中小企业	（2）中型企业	（3）小型企业	（4）中小企业	（5）中型企业	（6）小型企业
	预期效应			滞后效应		
*before*1	61. 3561	96. 1767	-89. 1748			
	(0. 45)	(0. 56)	(-1. 35)			

续表

	（1） 中小企业	（2） 中型企业	（3） 小型企业	（4） 中小企业	（5） 中型企业	（6） 小型企业
	预期效应			滞后效应		
before2	− 14.5197	− 10.6584	− 49.2656			
	（− 0.18）	（− 0.10）	（− 1.30）			
treat_list	180.2331	239.6546	− 83.8853			
	（0.88）	（0.93）	（− 0.90）			
after1				85.7116*	91.4701	49.7492*
				（1.95）	（1.59）	（1.74）
after2				31.8751	13.2118	91.9711*
				（0.39）	（0.13）	（1.87）
size	0.0659***	0.0671***	0.0346	0.0659***	0.0670***	0.0346
	（5.44）	（5.37）	（1.38）	（5.43）	（5.36）	（1.38）
netprofit	− 0.1106*	− 0.1078	− 0.0593	− 0.1104*	− 0.1076	− 0.0593
	（− 1.87）	（− 1.58）	（− 1.31）	（− 1.86）	（− 1.58）	（− 1.31）
netasset	0.0057	0.0060	0.0062	0.0059	0.0063	0.0063
	（0.54）	（0.54）	（0.38）	（0.56）	（0.56）	（0.38）
nagrowth	0.0015	0.0013	0.0002	0.0014	0.0013	0.0001
	（1.00）	（0.80）	（0.11）	（0.96）	（0.79）	（0.06）
roa	− 0.5506	− 2.6793	− 0.1270	− 0.5885	− 2.7373	− 0.1309
	（− 0.95）	（− 1.23）	（− 0.72）	（− 1.01）	（− 1.25）	（− 0.75）
rdintensity	− 0.3868	− 2.9565	− 0.2663	− 0.3985	− 2.9432	− 0.2676
	（− 0.35）	（− 0.82）	（− 0.22）	（− 0.36）	（− 0.82）	（− 0.22）
constant	1253.58***	1604.34***	244.84***	1257.38***	1617.91***	210.49***
	（11.12）	（10.83）	（6.39）	（15.26）	（14.94）	（8.52）
FirmFE	Y	Y	Y	Y	Y	Y
YearFE	Y	Y	Y	Y	Y	Y
N	16566	12423	4143	16566	12423	4143
Adj. R^2	0.0189	0.0194	0.0086	0.0188	0.0192	0.0088

注：***和*分别表示至少在1%和10%水平上显著；括号中为对应的t统计量数值。

表7−8前3列的估计结果表明，无论是就中小企业整体而言，还是分别针对中型企业或者小型企业，新三板挂牌对企业信贷融资均无预期影响，即银行不会根据企业拟挂牌信息提前提升对企业的授信额度。后3列的结果表明，就中小

企业整体或者中型企业而言，新三板挂牌对企业信贷融资无滞后影响，但是对小型企业却有显著的滞后影响，除了在挂牌当年促使企业信贷融资额提升49.75万元，在挂牌后一年仍会促使信贷融资额提升91.97万元，因而假说4得到证实。上述结果同时说明，一方面，预期的新三板挂牌信息确实会因为无法满足可观测标准，无法发挥信号发送作用以缓解银企信息不对称问题；另一方面，小型企业面临更严重的银企信息不对称问题，以至于银行不会依据新三板挂牌信号对企业质量做出一次性最终判定，而是逐步利用新三板挂牌信号判定企业质量信息。

（4）结果的稳健性讨论。本部分将分别基于PSM - DID方法和安慰剂方法，对上述结果的稳健性进行检验。样本自选择偏误带来的内生性问题，可能会影响到上述实证结果的稳健性。即新三板挂牌的上述影响可能源于处理组和对照组企业的个体特征差异，质量更好的企业才会在新三板挂牌，而这类企业也更容易获得更多的银行信贷。为此以下基于PSM - DID方法对新三板挂牌的上述影响进行了再次评估。

具体而言，按照以下步骤进行处理：首先选取2013年的样本数据，以企业是否属于处理组的虚拟变量为被解释变量，以企业特征变量为解释变量进行Logit回归，并根据回归结果计算各样本的倾向得分值。其次，按照最近邻匹配原则将处理组企业与对照组企业进行1:1匹配，形成新的处理组和对照组样本。图7-3是匹配前后样本企业的倾向得分的核密度图变化，结果表明经过上述匹配，处理组与对照组的核密度图几乎完全重合，说明上述匹配是成功的。最后根据新的处理组和对照组样本对上述实证模型重新进行估计。

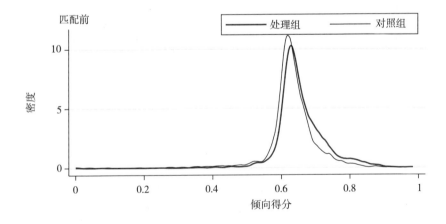

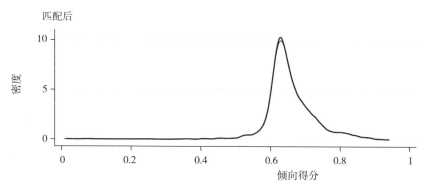

图 7 - 3　匹配前后倾向得分核密度函数

表 7 - 9 报告了基于 PSM - DID 的主要模型估计结果。无论是第 1 列就中小企业总体的估计结果，还是第 2 列和第 3 列分别针对中型企业和小型企业的估计结果，均表明新三板挂牌仍然显著地提升了企业的信贷融资额。第 4 列关于共同趋势假定的检验表明，匹配后的样本依然满足共同趋势假定。第 5 列加入了企业未知信息变量后的估计结果，同样表明新三板挂牌主要是通过信号发送渠道促进企业信贷融资的。因而，可以说，在使用 PSM 方法对样本进行匹配，控制了可能因自选择引致的内生性问题后，本书所得到的主要结论依然保持稳健。

表 7 - 9　　　　　　　　　　　　基于 PSM - DID 方法的估计结果

	(1) loan	(2) loan	(3) loan	(4) loan	(5) loan
treat_list	74.0481 *	77.3873 *	47.0980 *	128.5957 *	61.1508
	(1.74)	(1.66)	(1.67)	(1.92)	(1.19)
size	0.0634 ***	0.0644 ***	0.0313	0.0633 ***	0.0664 ***
	(5.11)	(4.98)	(1.25)	(5.10)	(4.96)
netprofit	- 0.0988	- 0.0928	- 0.0537	- 0.0993	- 0.1288
	(- 1.52)	(- 1.16)	(- 1.22)	(- 1.53)	(- 1.58)
netasset	- 0.0001	- 0.0006	0.0065	- 0.0001	- 0.0075
	(- 0.01)	(- 0.06)	(0.39)	(- 0.01)	(- 0.75)
nagrowth	0.0013	0.0012	0.0000	0.0014	0.0003
	(0.91)	(0.78)	(0.02)	(0.97)	(0.31)

续表

	（1） loan	（2） loan	（3） loan	（4） loan	（5） loan
roa	－0.5725	－2.7462	－0.1305	－0.5578	－0.0576
	（－0.93）	（－1.09）	（－0.76）	（－0.90）	（－0.06）
rdintensity	0.4385	－3.1275	0.6975	0.4371	－0.3211
	（0.49）	（－0.87）	（0.66）	（0.49）	（－0.78）
*common*1				62.6011	
				（1.38）	
*common*2				omitted	
unknown					0.1944 *
					（1.83）
constant	1273.11 ***	1641.66 ***	207.87 ***	1262.49 ***	1686.11 ***
	（16.88）	（16.37）	（8.47）	（16.83）	（10.89）
FirmFE	Y	Y	Y	Y	Y
YearFE	Y	Y	Y	Y	Y
N	16551	12414	4137	16551	11034
Adj. R^2	0.0172	0.0177	0.0083	0.0173	0.0483

注：*** 和 * 分别表示至少在 1% 和 10% 水平上显著；括号中为对应的 t 统计量数值。

接下来将使用安慰剂检验方法对上述结果的稳健性进行检验。尽管上文运用双重差分法证实了新三板挂牌对企业信贷融资有显著影响，但由于新三板挂牌是一个虚拟变量，在各级政府部门以及金融机构努力化解中小企业融资难的背景下，本书的实证发现可能与企业在新三板挂牌并无直接因果关系。换言之，处理组企业即使不在新三板挂牌，由于自身的质量较好，也会随着时间推移获得更多的信贷融资。为此，本书按如下两个思路设计了安慰剂检验以确保结果的稳健性。思路一：仅选择 2015 年挂牌的企业为处理组样本企业，同时将其挂牌年份更改为 2014 年，按照模型（1）重新进行双重差分分析，估计结果如表 7－10 第 1 列所示；思路二：从对照组样本企业中随机抽取一半企业作为处理组样本，并分别假定其挂牌年份为 2014 年和 2015 年，剩余的一半企业作为对照组样本，据此分别进行多重差分分析，检验新三板挂牌是否依然具有上述信号发送作用，结果如表 7－10 第 2 列和第 3 列所示。

表 7 - 10　　　　　　　　　　　　　安慰剂检验结果

	（1）	（2）	（3）
treat_list	100.0970	94.4174	132.4915
	(0.70)	(0.85)	(1.01)
size	0.0033	0.0515	0.0515
	(0.19)	(0.72)	(0.72)
netprofit	- 0.3914**	- 0.2596	- 0.2599
	(- 2.23)	(- 1.38)	(- 1.38)
netasset	0.2387**	0.1046*	0.1044*
	(2.31)	(1.83)	(1.83)
nagrowth	0.0147*	0.0122	0.0123
	(1.67)	(1.18)	(1.18)
roa	0.4715	0.1161	0.1029
	(0.25)	(0.24)	(0.21)
rdintensity	0.1196	- 8.8089	- 8.9161
	(0.07)	(- 1.19)	(- 1.21)
constant	1311.40***	1240.84*	1242.13*
	(2.72)	(1.70)	(1.71)
FirmFE	Y	Y	Y
YearFE	Y	Y	Y
N	14241	6063	6063
Adj. R^2	0.0748	0.0427	0.0428

注：***和*分别表示至少在 1% 和 10% 水平上显著；括号中为对应的 t 统计量数值。

结果显示，无论是按照思路一还是思路二设定挂牌虚拟变量，处理组挂牌虚拟变量的系数估计值均不再显著，说明假想的挂牌时间并不能产生与实际的挂牌时间一样的影响，意味着新三板挂牌对企业信贷融资额的影响并非恰巧源于其他难以观测的遗漏变量的影响，而确实是其发挥信号发送作用传送企业信息质量所产生的，进一步说明了上述实证结果具有稳健性。

7.4　研究结论

通过上述研究，得到如下直接研究结论。第一，新三板挂牌的企业在融资效率方面具有如下特征：（1）新三板挂牌的样本企业融资效率有效的企业数量总体较少，表明总体融资效率不高；（2）融资一至三年的样本企业，即2013年之后融资的企业融资后效率显著高于融资前；（3）样本企业的总技术效率随着融资年份的增加波动增长，表明企业的经营管理水平有所提高；（4）样本企业的纯技术效率随着年份的增加波动增长，表明企业的内部技术水平有所提高；（5）企业的规模效率随着融资时长的增加而增加，融资后规模报酬不变和递增的企业占比为大多数，但是随着融资时长的增加，规模报酬递增的企业数量逐渐减少；（6）融资时长对企业融资后效率的影响并不显著；（7）样本企业的货币资金以及净利润正向促进融资效率，样本企业的管理费用以及财务费用负向影响融资效率。

第二，新三板挂牌对中小企业除了具有直接融资功能外，还会通过信号发送渠道发挥间接融资功能，但是后者却很少受到实践与理论层面的关注。为此，本书运用双重差分方法实证分析了新三板挂牌对中小企业信贷融资的影响。结果表明，新三板挂牌确实可以显著提升挂牌中小企业的信贷融资额，而且该提升作用随着企业规模的缩小趋于增强，同时也会随着企业研发强度的提高而增强。主要的原因在于中小企业的新三板挂牌行为具有信号发送作用，能够有效传递企业质量信息，改善银企信息不对称，进而促进中小企业信贷融资额的提升，而企业的规模越小或者研发强度越高，面临的银企信息不对称问题越严重，因此该类型的企业在新三板挂牌后，信贷融资额将得到更大幅度的提升。此外，本书的实证结果还发现，新三板挂牌对中小企业信贷融资不具有预期影响，主要是因为预期的新三板挂牌行为无法满足可观察标准，从而无法产生信号发送作用；但是新三板挂牌对小型企业的信贷融资具有滞后影响，主要是因为小型企业面临的银企信息不对称问题更为严重，因而银行会选择依据新三板挂牌信号逐步判定企业质量。

上述研究结论表明，新三板的制度改革确实显著改善了中小企业融资问题，特别是科技型中小企业的融资难题，而且对于企业融资效率以及融资规模的提升均有较强的提升促进作用，凸显了科技金融体制改革的重要性和实践价值。此外，从新三板制度设计与改革发展历程来看，新三板制度改革是逐步推进并趋于完善的，一定程度上体现了科技金融体制改革道路的曲折性，但是在体制改革方向确定的基础上，只要不断努力探索，体制改革的实践价值就会日益凸显。

第8章 国内外科技金融体制机制改革创新经验启示

8.1 国外科技金融体制机制改革创新经验启示

在科技金融体制机制建设过程中，国外发达国家探索出了诸多有益的经验，科技金融的发展在近年来也呈现出一系列新的发展态势，特别是在体制机制改革创新方面，提供了诸多有价值的启示。

8.1.1 借助政策性金融机构缓解科技金融市场失灵

典型的如日本、德国和美国政府的做法。日本政府针对科技型企业风险大，商业银行信贷意愿不强，供给不足的状况，专门设立了中小企业金融公库、国民金融公库、工商组合中央金库、日本开发银行等各类政策性融资机构，为企业提供中长期优惠贷款。数据显示，该政策性金融公库发放的贷款中，有接近6成的中小企业获得了期限超过5年且利率固定的中长期贷款。政策性金融公库满足了部分没有从商业银行和民间金融机构（主要为中小企业提供短期贷款）获得融资的中小企业的融资需求，发挥了政府引导的积极作用。同时，政策性金融公库与日本民间金融机构合作，将对中小企业的贷款打包进行证券化，分散风险，这一做法使金融机构能够循环式回笼资金，为后来的中小企业继续提供长贷。[①]

德国联邦政府筹资设立了复兴银行和平衡银行，为科技项目提供优惠的长期信贷，同时设立风险补偿基金，为提供科技贷款的银行进行风险担保、贴息和风险补偿。此外，德国政府在财政和税收两方面对创业企业及其投资者提供一系列优惠，如减免征收所得税，以增强个人和机构投资者对创业企业进行投资的积极性。在推动科技信贷方面，德国政府主要通过信用担保和贷款贴算等方式为商业

---

① 彭于彪. 国内外金融支持科技成果转化的经验比较及启示 ［J］. 金融经济（理论版），2014
(3).

银行向科技型中小企业贷款提供一定程度的安全保障，提高银行业向科技型中小企业提供贷款的积极性。通过设立专业的小企业管理机构，促进科技型企业创新基金等加大对中小企业的融资支持。[①]

美国目前形成了三个层次的中小企业信用担保体系，通过政府贷款担保计划，商业银行可对科技企业提供长达 25 年的贷款。完善的信用担保体系支撑了科研金融的发展和创新。通过完善的担保体系，美国能够有效降低金融机构的贷款风险，促进金融机构对科技创新项目投资，使科技型企业获得充足的债务资金。美国的中小企业信用担保系统主要分为三个层次：一是全国性信用担保体系，主要由小企业管理局及各州的分支机构管理；二是区域性专家担保体系，具有各州的地方特色；三是社区性担保体系，用于服务基层科技创新项目。[②]

韩国政府部门在 20 世纪 90 年代后期开始设立政策性基金，将政策性基金资金以低利率贷款给指定政策性银行，再由政策性银行贷款给科技型企业，政策性银行按照银行标准进行操作，不以营利为目的，旨在鼓励韩国科技型企业进行科技创新。同时，韩国信用担保机构对科技型企业提供技术担保、科技成果评估、投资业务、业务咨询等业务支持，央行窗口指导下的商业银行也间接向科技型企业提供资金支持，促进了韩国的基础科学研究。[③]

德国政策性信贷机构——复兴信贷银行

德国是全球制造业中最具竞争力的国家之一。与美国、日本等世界上的高端装备制造业强国相比，德国的高端制造业国际市场占有率一直处于较高水平，贸易竞争力稳固上升。而支撑其全球产业竞争力的企业中，除了大众、宝马、戴姆勒、西门子等大名鼎鼎的巨型品牌企业之外，更是包括了众多在国际市场领先却声名不显的中小企业，其数量占德国企业总数的 90% 以上。虽然企业规模不大，但他们却为德国贡献了约 54% 的增加值，占据了德国全部经济输出的 52%，拉动了 62% 左右的就业，成为德国制造业和汽车行业在全球市场处于领先地位的基石，是推动德国出口贸易乃至整体经济持续发展的主要力量。而其产业与企业竞争优势的背后，则是强大的科技金融模式创新支撑。其中，借助政策性科技金

---

① 彭于彪.国内外金融支持科技成果转化的经验比较及启示［J］.金融经济（理论版），2014（3）.

② 刘国斌.日美中小企业信用担保体系比较分析［J］.现代日本经济，2006（6）.

③ 李善民，杨荣.韩国科技与金融的结合机制研究［J］.南方金融，2014（2）.

融机构，为科技企业发展提供资金支持是德国科技金融体制的主要特色之一。

德国复兴信贷银行（Kreditanstalt für Wiederaufbau，KfW）是德国最大的政策性银行，主要支持领域为产业开发、教育和科研机构振兴、发展国家重点新兴产业、参与欧洲和德国金融项目以及为欧洲和德国经济提供必要的资金支持。其与州担保银行、商业银行（储蓄银行集团、合作银行等）、工商协会等是德国科技型中小企业融资体系的主要参与主体。联邦政府出台了《德国复兴信贷银行法》来保证复兴信贷银行在中小企业融资体系中的地位和作用，为其在资本市场上的融资提供政府担保，州政府也分别出台了针对担保银行的相关政策，包括担保银行不缴纳企业所得税、对其担保进行再担保等。

欧洲复兴计划（European Recovery Program，ERP）科技创业贷款是德国复兴信贷银行为鼓励科技企业创新发展、扶持经营时间不到三年的德国科技型中小企业（年营业额低于 1000 万欧元）的发展，而提供的总额不超过 100 万欧元的中长期低利率贷款，其本质是德国复兴信贷银行为中小企业提供的贷款担保计划。

KfW 在提供贷款时，遵循主办银行制度，企业通过自己选定的商业银行向 KfW 提出申请，KfW 提供的资金经由该商业银行转贷给创业企业。对于贷款抵押物的具体要求，由贷款人和其选定的商业银行自行协商。在风险分担上，商业银行承担 20% 的贷款风险，而德国的复兴信贷银行承担剩余 80% 的风险。同时，该计划也得到了欧洲投资基金（European Investment Fund，EIF）的资金保证支持。

ERP 创新计划有两个分支，主要为企业的长期融资需要服务。ERP 创新计划 I 用于支持企业进行市场调研、新产品和服务的研发等，为经营时间超过两年的中小企业提供总额不超过 500 万欧元的贷款。ERP 创新计划 II 则主要用于支持新产品推广，为经营时间超过两年的企业提供不超过 100 万欧元（在德国东部可以提高至 250 万欧元）的优惠贷款。德国复兴信贷银行提供的融资方案由债务资本和次级债务两部分组成，其中债务资本份额占总融资额的 50%～60%，且债务资本份额需要提供相应的担保。

此外，除了为新兴产业提供优惠贷款外，德国复兴信贷银行还通过与风险投资资本合作，支持中小企业股权融资。如在 ERP 初创企业基金和高科技种子基金两项计划下，德国国内中心企业在 2012 年就获得了德国复兴信贷银行 7400 万欧元的资金支持。ERP 初创企业基金由德国复兴信贷银行负责管理，通过与风险投资资本联合为高科技初创企业投资的模式支持中小企业发展。在这种联合投资模式下，德国复兴信贷银行与至少一位私人投资者共同分担投资风险，德国复兴信贷银行提供的份额不超过50%。每个企业每年所获最高投资额为250万欧元，累计所获总投资额不超过500万欧元。以2005～2014年的十年期为例，高科技种子基金累计为240家中小企业融资。该基金通过公私合作方式，为经营不超过一年的高科技初创企业融资，德国政府出资4.6亿欧元、德国复兴信贷银行出资5500万欧元、社会资本出资5850万欧元组成资金池，而对申请基金的高科技初创企业的选择过程遵循风险投资的标准程序。

参考资料来源：亚金协产业金融合作委员会. 德国：财政金融力撑高端制造业［EB/OL］. http：//xw. sinoins. com/2021－01/18/content_379087. htm.

8.1.2 借助专营机构创新科技金融产品和服务模式

建立科技金融专营机构是金融机构体制机制创新的典型做法。科技金融专营机构是指专为科技型中小企业提供融资服务的金融机构，其主要为高科技企业技术引进、研发、新产品试验推广等与科技创新有关的业务提供服务。成立于1983年的美国硅谷银行是科技金融专营机构的典型范式。

硅谷银行具有清晰的战略定位，明确提出重点支持高科技行业，而且仅涉足其熟悉的生命科学、计算机和软件等行业。除了向科技型中小企业提供信贷服务以外，硅谷银行更多地向众多客户公司进行股权投资。为了降低风险，硅谷银行服务的客户主要是获得风险投资支持的公司，通过风险投资进行客户甄别，避免了贷款发放前的信息不对称。通过产品创新和商业模式创新，硅谷银行有效改善了科技贷款的风险收益结构，极大地促进了科技型中小企业的发展，并带动美国风险投资在20世纪80年代以来的蓬勃发展。硅谷银行虽然服务的是高风险的科技型企业，但其不良率并不高。主要原因就在于其通过与创业投资以及会计、评估等外部机构合作，提高对企业发展现状和前景的认知与鉴别能力。此外，硅谷银行自身也有一支专家团队，借助团队的专业知识和长期实践有效缓解了银行和企业间的信息不对称，为信贷决策提供智力支持，同时还能为企业提供相关咨询服务[①]。

在风险控制能力提升方面则主要通过金融创新实现。一是与创业投资机构合作，采取投贷结合模式。即重点支持创投机构投资后的企业，这些企业不仅获得

---

① 李艳. 金融支持科技创新的国际经验与政策建议［J］. 西南金融，2017（4）.

了创投的股权融资，还受到创投机构在技术、管理等方面的支持，一定程度上降低了信贷违约风险。二是推广适合科技型中小企业特点的知识产权质押贷款。这一模式不仅解决了初创企业缺乏固定资产等抵押物的问题，而且当企业不能按期还款时，硅谷银行还可以通过将企业质押的知识产权出售来弥补损失。同时，硅谷银行还通过与企业签订第一顺位还款顺序协议、对创投机构和企业的现金流进行实时监控等措施，控制风险和损失。

此外，硅谷银行的创新性金融服务还体现在为不同成长阶段的企业提供专业化和差异化的产品。对于初创期的科技型中小企业，硅谷银行提供加速器金融服务（SVB Accelerator），主要包括中长期贷款、创业指导和投资者推荐等；对扩张期企业，提供包括流动资金贷款、资金管理以及国际化发展咨询等一揽子增长金融服务（SVB Growth）；对已经进入全球化阶段的企业，提供公司理财服务（SVB Corporate Finance），涵盖全球现金和财务管理以及并购咨询等。

8.1.3　借助专门的资本市场板块提升直接融资能力

针对中小科技企业特征，全球主要发达国家均设置了专门的资本市场板块，促进中小科技企业直接融资发展。多层次资本市场的创立为高新技术企业提供了极大的融资便利。美国多层次资本市场主要可分为四个层次：一是纽约证券交易所和纳斯达克全球精选市场与全球市场；二是美国证券交易所和纳斯达克资本市场；三是场外交易市场，包括场外行情公告系统 OTCBB 平台和场外交易市场平台 OTC markets；四是地方性柜台交易市场。这四类市场形成了金字塔式的结构。其中纳斯达克资本市场板块，是专门为高成长的中小型科技企业提供融资服务的市场，上市标准较低，可以满足以高风险、高成长为特征的高科技企业，有力地推进了美国科技创新及科技成果的转化。多层次资本市场为不同企业进入和退出证券市场提供了完善的机制，在不同层次的资本市场之间转换，能够充分利用不同层次市场的优势，极大地发挥资本市场直接融资的优势，提高资源配置的有效性和信息透明度，帮助企业获取稳定的资金支持。

为了满足新兴的中小企业和高科技企业的融资需要，以及帮助欧洲高成长企业的股本融资，在欧洲委员会的支持下，从 1995 年开始，欧洲相继建立了多个服务于新兴小型企业的股票市场。1995 年夏天，伦敦证券交易所建立的英国另项投资市场（AIM），属于全国性的小盘股市场，取得了突出的成绩。欧洲还有两个地区性的欧洲市场：欧洲新市场（EURO－NM）和欧盟的小盘股市场（EASDAQ）。欧洲新市场是经法国新兴证券市场（NOUVEAU. MARCHE）与布鲁塞尔和阿姆斯特丹等城市的小盘股市场联结而形成的，其目的正是促使法国新兴证券市场成为全欧洲的市场。法国新兴证券市场是独立于巴黎交易所的，是由巴黎交易所完全控股的全资公司，于1996年3月20日正式开市交易。欧洲新市场是一个专为高成长公司设计的各股市间的网络，现有成员包括布鲁塞尔、巴黎、阿姆斯特丹、法兰克福和米兰证交所。1994年欧洲议会同意成立小盘股市场，并于1995年在比利时布鲁塞尔组建，1996年9月30日正式开始交易。小盘股市场是一个独立的小盘股市场，服务于高成长性的小型企业，业务面向全欧洲。另外，它与纳斯达克（NASDAQ）签有可以双重上市的合作协议。除以上创业板市场外，维也纳、意大利也都在建立为高成长性中小企业服务的小盘股市场。在新兴市场中，韩国科斯达克（KOSDAQ）市场的发展经验同样具有借鉴意义。1996年，为更好地解决科技创新企业的融资问题、为高科技成果产业化建立创业投资机制并为风险投资退出提供便捷渠道，科斯达克市场正式成立。目前，科斯达克市场已经成为除纳斯达克市场、英国另类投资市场（Alternative Investment Market，AIM）之外的重要二板市场。①

美国纳斯达克市场交易体系演变历程

纳斯达克（NASDAQ）是由美国全国证券交易商协会（NASD）为了规范混乱的场外交易和为小企业提供融资平台于1971年2月8日所创建。其另一个重要特点就是接受处于亏损中的成长型企业上市交易，这完全不同于纽约证券交易所要求企业具备账面盈利的要求，这也是其长期蓬勃发展的重要根基之一。纳斯达克在发展过程中，为了适应企业需求，也经历了多次演变，但是万变不离其宗的是，其平台变化都是为了更好地适应企业风险特征的变化，使得具有不同风险—收益结构的企业都可以找到相应的股权交易市场。纳斯达克市场分层与创新主要有如下几个方面。

首先是交易市场分层。纳斯达克历史上对其市场进行过两次分层改革。1982年进行了第一次分层，分为纳斯达克全国市场和纳斯达克常规市场，纳斯达克全国市场针对世界范围内规模较大、交易较为活跃的企业，不满足全国市场上市标准的企业进入纳斯达克常规市场。1992年常规市场被命名为纳斯达克小型资本市场，针对新兴的高成长中小企业。分层制度采用多指标组合的综合考察体系，

---

① 王爱云.创业板市场的国际比较研究［D］.济南：山东大学硕士学位论文，2020.

包括财务要求、流动性要求或其他要求。

2006 年，纳斯达克进行了第二次分层改革。2006 年 1 月，美国证券交易委员会（SEC）正式宣布，批准纳斯达克注册成为继纽约证券交易所和美国证券交易所之后，美国第三家全国性证券交易所。自此纳斯达克可以更直接地与纽交所展开竞争，为了提升其竞争力，在上市资源、交易量、机构客户等方面与纽交所展开全面竞争，纳斯达克将其交易市场划分为三个层次：全球精选市场（NASDAQ Global Select Market）、全球市场（NASDAQ Global Market）和资本市场（NASDAQ Capital Market）。

其中全球精选市场是最高层市场，服务于全球范围内市值较高的公司，吸引全球范围内的优质蓝筹企业与纳斯纳克全球市场转板而来的优质企业，设定了比纽交所主板略高的上市条件，包括净利润标准、市值和收入标准、总资产和股东权益标准与流动性标准，成为一个上市标准较高的蓝筹市场，旨在吸引更多大型优质上市资源，是纳斯达克挑战纽交所和争夺蓝筹公司的主阵地。全球市场是第二层市场，由之前的纳斯达克全国市场升级而来，主要服务于中等规模并具有一定成长性的企业，在财务指标的基础上开始考察流动性指标，需满足较严格的财务指标、流动性标准及公司治理标准等。资本市场是第三层市场，前身为纳斯达克小型资本市场，主要为小企业提供融资途径，考虑到此阶段小企业市值较低、经营风险较大的特征，纳斯达克资本市场设置了三套以财务指标为核心的挂牌标准：股东权益标准、市值标准以及净利润标准，上市标准相对较低。

纳斯达克自 2006 年成为交易所以来，其全球精选市场的上市公司与纽交所主板上市公司的规模日趋接近，行业重叠度也有所提高。2008 年年底，纽交所主板上市公司的平均市值为 134 亿美元，将近纳斯达克全球精选板块上市公司平均市值的两倍（75 亿美元）。到 2019 年底，纽交所的这一数字为 158 亿美元，而纳斯达克为 107 亿美元，与纽交所的差距较 2008 年底显著缩小。同期，纽交所与纳斯达克的行业重叠度达 70%，较 2008 年底提高 10%。尽管纳斯达克和纽交所的公司和行业特征趋于类似，但长期形成的科技产业聚集和科技企业聚集效应仍在发挥作用，加之机构投资者的路径依赖，两个交易所依然有相对鲜明的板块特色。例如，2009 年以来超过 90% 的生物医药新上市公司选择了纳斯达克，仍然是高科技企业直接融资的主要平台。

其次是增设私募交易市场（NASDAQ Private Market）。自 2000 年以来，各类互联网私募平台在美国发展迅猛，成为交易所优质上市资源强有力的竞争者。据不完全统计，自 2009 年以来，此类电子平台的数量增长了 4 倍，其共同特点是根据大数据和算法技术，线上配对＋线下服务相结合，定位精准专一，撮合投融资双方需求。对此，纳斯达克通过新设私募层次或与现有私募平台合作，以确保其竞争优势。

2014 年，纳斯达克与硅谷银行金融集团、花旗集团、高盛集团和摩根士丹利银行等机构发起设立了纳斯达克私募市场，其是纳斯达克为未上市的创新型企业提供流动性解决方案以及股权管理和并购管理等增值服务的。该平台用于管理和支持未上市公司的股票交易，包括要约收购、买方簿记、拍卖、投资者大宗交易、公司定向流动性窗口和直接上市前连续交易。同时还通过其现有的替代交易系统提供端到端的结算流程管理和经纪商间全球市场，为从员工到机构的所有客户访问和交易。量身定制的解决方案使未上市公司、经纪人和投资者能够提高其计划和交易标准的透明度。这些新功能将有助于实现未满足的市场需求，并为寻求获得私有资产的未上市公司及其员工和投资者提供更加透明和高效的产品。该平台将借助合资伙伴与未上市公司和投资者的牢固关系，建立一个独特的分销网络。此外，该平台还将通过对合格经纪人开放的经纪人赞助和经纪人中立设计，加强机构投资者的参与。推动了投融资领域的"去中心化"和"去中介化"，丰富了资本市场支持创新型企业发展的服务手段，一定程度上改变了交易所在创新资本形成过程中的传统角色。

参考资料来源：纳斯达克官方网站，https：//www.nasdaq.com.

此外，部分发达国家还积极创新融资工具，通过发行债券和利用高新技术知识产权抵押担保等新型金融工具扶持企业创新。如美国一些州政府通过发行工业开发债券，将所筹资金以低息贷款的形式贷给科技企业，企业盈利后用其收益偿还债券本息。部分地区政府为科技企业发行债券提供担保。德国、西班牙等欧洲国家探索出了中小企业贷款证券化（SMESec），即将商业银行中小企业贷款，以及企业的应收账款、知识产权收入等能在未来产生稳定现金流的资产进行证券化。

8.1.4 借助创投母基金撬动社会资本进入风投体系

由于科技企业具有高风险的特征，因此科技企业在融资过程中往往容易受到商业银行的"冷落"，而风险投资却热衷于科技企业的投资。因此各个国家对风险投资的发展都特别重视，普遍设立了创新创业投资母基金，借助母基金吸进社会资本大量进入风险投资领域。

国外股权投资母基金发端于美国，1958 年美国启动了 SBIC（小企业投资公司）计划，运用发放优惠贷款的方式，引导社会资本发起设立风险投资基金。英国于 1994 年制定了企业投资计划（EIS）；以色列政府以 YOZMA 创业风险投资引导资金作为母基金，设立了 10 个创业风险投资子基金；澳大利亚于 1997 年推出了创新投资基金计划（IIF）；等等。此外，新西兰（VIF 基金）、欧盟（EIF 基金）以及中国台湾地区（种子基金计划）等也先后设立了创业投资母基金，借助母基金有力地吸引社会资本进入风险投资体系，最终促进高科技产业的快速成长。①

其中以色列的运作经验特别值得借鉴，主要包括种子基金和风险投资计划两个方面：第一，种子基金是政府出资设立的专门孵化创业项目的基金，创业公司可以申请种子基金的资助，项目成功后，所获资助必须归还，并将项目所得利润的 3%～5% 付给政府。若项目失败，创业公司无须返还资助费。第二，以色列的风险投资计划则是政府针对科技型企业、用于吸引外资风投的计划。以色列政府首先设立风险投资基金，投入部分资金，成为份额持有人之一，剩下的资金由创业投资机构募集。在基金发展态势良好的情况下，风险资本还能以较为优惠的价格买下政府的资金份额，这样政府可用这笔资金设立新的投资基金，实现循环有效及可持续投资。②

以色列 YOZMA 创业投资基金运作模式

1993 年 1 月，以色列政府拨款 1 亿美元，正式设立了 YOZMA 基金。YOZMA 基金是一只投资于处于起步阶段的高新技术企业的创业投资母基金（Government Sponsored Venture Capital Fund of Funds），即基金的基金，它不直接对项目进行投资，而是参与发起创业投资基金。其设立目标是通过引导民间资本设立更多的商业性创业投资基金，杠杆放大对创业企业的资本支持，并培育创业投资专门人才。

在基金成立之后，即成立了专司管理的 YOZMA 创业投资管理公司负责基金的运用。YOZMA 基金的运作包括两部分：其一是直接投资，即以 2000 万美元直

---

① 阚景阳．科技型中小企业的融资途径拓展分析［J］．金融教学与研究，2012（6）．

② 贺亚力．从德国和以色列的实践看政府如何引导创业风险投资市场发展［J］．中国科技论坛，2006（4）．

接投资于起步阶段的创新型企业，从而引导民间资本投资于早期的创新企业；其二是成立子基金，即以8000万美元与国际知名的金融机构合作发起成立10个子基金。每只子基金的资金规模大约为2000万美元，YOZMA对子基金的出资比例最高可达40%，但投资于每只基金的总额不超过800万美元。其余60%的资金由私人投资者提供，这些私人投资者包括美国MVP、Advent、德国的Dimler‐Benz（DEG）、日本的AVX、Kyosera等。

在具体的运作模式方面，YOZMA参股组建的子基金采取有限合伙组织形式，YOZMA作为有限合伙人承担出资义务和参与基金运作。虽然YOZMA基金作为创业投资基金的出资人，可以按照以色列政府的高新技术产业发展规划确定重点投资领域，但是YOZMA基金不干预创业投资基金运作的具体事务，具体的投资决策完全由YOZMA及其合伙人选择的管理团队自主决定。YOZMA规定的重点投资领域为通信、IT、生命及生物科学、医药技术等，投资重点是基础设施和有专利技术的企业。此外，YOZMA还规定被投资企业需具有高技术含量和多元化的产品流，并主要面向以色列以外的市场销售，而被投资企业所处的阶段则应以创业早期为主。通常，子基金对企业的初始投资额度为100万~600万美元，并需为后续投资保留一定的附加资本。此外，为激励私人投资者，YOZMA基金还给予私人投资者在子基金存在的最初五年内以事先议定的优惠价格购买YOZMA出资份额的期权，并承诺向私人投资者让渡7%的未来利润。

到2000年，YOZMA基金首期所参股的10只子基金均实现了政府资金的完全退出，与此同时，国内外的大量资金也后续投入到其中，经过十年的时间，子基金管理的资金规模已由1992年的2.1亿美元增加到了40.3亿美元。

YOZMA基金具有如下四个主要特色：第一，政府以纠正市场失灵为主要目标，适时进退。YOZMA基金在进行投资时，重点致力于搭建平台、引导投资。由于政府知道对创新型企业的后续投入是持续的、巨大的，不仅无力继续投入，还影响对其他企业的支持。因此，基金采用参股形式而非大包大揽形式进入子基金，通过杠杆作用，撬动更多资金投入其中。第二，明确政府角色以避免政府失灵问题出现。YOZMA基金的成功之处不仅在于政府资金的及时进入，适时退出，还在于政府在管理上善于有所不为。在设计之初，YOZMA基金即已明确，政府仅起引导作用，对于参股的子基金，均以有限合伙的形式进行运作，政府作为有限合伙人，承担出资义务，放弃管理职能，由专业的管理团队全权负责运营管理，保证了基金的市场化运作。第三，基金投资方向体现政策导向。设立之初，

YOZMA 基金就对所投资项目的行业领域与产业阶段制定了针对性的投资原则。要求资金投资于创业早期（如种子期和起步期）的创新企业，在目标企业的选择上，强调选择市场潜力大、技术专用性强从而不易被竞争者复制的企业。最后，借助国际合作拓展海外上市途径。YOZMA 基金在设立之初就把合作伙伴的范围拓展到国际领域。运用政府的优惠政策，成功地吸引了国外的风险资本，使得每一只子基金都有一家国外的风险投资公司参与，其中不乏知名的国际公司。通过国际引资，以色列不仅弥补了本国私人投资的不足，还在合作的同时，学到了海外机构的先进经验，培训了本土人才。更重要的是，借助海外资本的活动平台，以色列企业得到了国际社会的认可，找到了海外上市的途径，为政府资金及本土资金的退出增加了渠道。

参考资料来源：徐文舸. 政府性创业投资引导基金的国际镜鉴——基于对以色列、澳大利亚的比较分析 [J]. 国际金融，2017（5）：51–59.

8.2　国内科技金融体制机制改革创新经验启示

在我国，国家级高新区一直是科技金融体制机制改革创新的主要阵地，因此侧重于以国内主要国家级高新区为例，系统梳理其主要的科技金融体制机制改革创新经验。

8.2.1　重视机构组织体制改革，积极推动科技金融服务主体变革

目前各高科技园区主要在科技金融机构集聚、科技金融机构创新及直接融资政策等方面出台了一系列政策，大力支持各类新兴科技金融机构加快发展，同时加快发挥资本市场的积极作用。如中关村、张江、东湖、天津滨海为吸引金融机构入区发展，均对购房、租房、税费补贴、风险补偿等方面给予财政扶持；为促进科技金融产品创新，在担保费用补贴、贷款贴息、科技保险费用补贴、融资租赁补贴等方面采取了一系列措施。表 8–1 是主要国家级高新区出台的扶持新兴科技金融机构及其业务发展的支持政策对比情况。

同时，各主要国家级高新区还对企业上市或发债费用给予一定程度的补贴，降低了企业的直接融资成本，大力支持科技企业利用资本市场获取资本支持，如表 8–2 所示。

表8-1　主要高新区科技金融机构扶持政策对比

机构类型	北京中关村	上海张江	武汉东湖	滨海高新区	成都高新区	西安高新区
科技支行	购房补贴：每平方米1000元，3年租金补贴为50%、30%、10%，风险投备补贴为50%	无	按新引进金融机构标准，自开业年度起实行营业税、企业所得税地方财政留成部分"两免三减半"；奖励注册资本的1%；每平方米1000元的购房补贴，3年每年30%的房租补贴	按年度融资给予的补0.5%～1%贴，且当年累计支持高新区内企业不少于4家	对新引进的银行省级分支机构，给予500万元补贴	无
创业投资机构	按创投机构投资于企业投资额的10%，给予创业投资风险补贴	企业所得税、营业税、房租补贴	每平方米100元购房补贴，三年内免年20%的租房补贴，符合条件的创投机构企业所得税和营业税"两免三减半"；股权投资风险补贴为实际投资额的10%	按对区内企业投资额和投资家数给予20万～100万奖励；注册资本5000万元以上的，自盈利年度起三年内奖励其所得税高新区留成的50%	新引进的注册资本或募集资金规模达到5亿元，给予500万元补贴；5亿元以上的，每增加1亿元，给予50万元补贴，最高为2000万元	按照投资额5%给予补贴，每个项目最高20万元，每家机构每年累计不超过100万元
融资租赁机构	购租房补贴同科技银行；对园区内企业的实际融资租赁额的1%给予补贴，不超过500万元。对企业融资租赁费用补贴20%，不超过50万元	无	金融租赁比照科技银行标准	按年融资额基于0.5%～1%的补贴，且当年累计支持高新区内企业不少于4家	对新引进注册资本达到1亿元的，给予注册资本1亿元以上的，每增加1亿元，最高给予100万元补贴，年营业收入首次突破2000万元的，给予1亿元以上的，营业收入每增加5000万元，给予50万元补贴，最高为1000万元	按其当年为区内融资企业提供给予最高总额0.5%的补贴，每家机构每年最高补贴100万元

续表

机构类型	北京中关村	上海张江	武汉东湖	滨海高新区	成都高新区	西安高新区
担保机构	无	担保项目代偿的实际损失额的 60%	符合条件的担保机构其融资性担保额的 1% 给予补贴；按担保业务给予实际损失 20%~30% 的补贴	按年担保日均余额给予 0.3%~0.8% 的补贴；对区内企业提供担保，补贴与给予企业损失的 15%~30%；对重点计划企业给予的担保额补贴 0.5%	对达到省政府开展要求认定的监管评级要求的融资性担保公司，年营业收入首次突破 1 亿元的，给予 50 万元补贴；对年营业收入 1 亿元以上的融资性担保公司，营业收入每增加 5000 万元，给予 20 万元补贴，最高为 500 万元	按照担保额给予企业不超过担保额 1% 到保险额 2% 的补贴

资料来源：根据各高新区政策文件整理。

表 8—2　主要高新区直接融资激励扶持政策

	北京中关村	上海张江	武汉东湖	滨海高新区	成都高新区	西安高新区
上市融资	改制资助 20 万元；新三板挂牌资助 50 万元；上市融资申请获得受理资助 100 万元；上市成功资助 100 万元；境外上市资助 200 万元。保荐券商和主办券商各资助 20 万元	企业改制、上市备案、上市各资助 100 万元；新三板改制资助 50 万元，挂牌费用不超过 30 万元	上市奖励 450 万元；新三板上市奖励 120 万元	为上市改制设立股份有限公司给予 20 万~50 万元奖励；按融资额给予 50 万元或 100 万元奖励	对在股份转让报价系统成功挂牌的企业分阶段给予每户最高 100 万元补贴资金。此外，对小企业还可获得 70% 的融资贴息和担保费补贴，申请专项补助	对于在国内首次公开发行股票的企业，按实际发生费用，给予每家企业最高 100 万元的支持。对高新区辖区以外的上市公司的，给予最高 100 万元的一次性奖励；西安高新区经营管理团队最高 100 万元的一次性奖励
债券融资信托融资	给企业社会筹资利息、信托担保费等综合成本 20% 的费息补贴	企业进入各类科技金融试点平台发生费用，最高 80 万元的补贴	比照上市融资办法	无	与各大银行合作推出特定的信用贷款、互保小额信用贷款、股权质押贷款等创新产品	按照不超过募集资金入账日的人民银行准利率计算利息的 50% 给予补贴

资料来源：根据各高新区政策文件整理。

　　此外，为弥补传统金融机构对高风险科技创新活动的支持不足问题，同时有针对性地促进园区特色高科技产业集聚式快速成长，国内主要高科技园区均非常重视打造政府引导型园区投融资服务主体。如中关村先后推动设立了中关村发展集团、中关村科技担保公司、中关村创业投资发展公司、中关村小额贷款公司、中关村科技租赁公司等；成都高新区打造了高新投资集团作为投融资服务体系的重要载体，实现信用担保、股权投资、改制上市服务等多项投融资功能；张江高新区打造了张江科技创业投资有限公司、张江投资创业服务有限公司、张江小额贷款股份有限公司；武汉东湖高新区则出资设立湖北中金高科金融服务有限公司，引导发展互联网金融服务。在上述国资背景投融资平台的引导下，凝聚和整合创新型金融机构和科技中介机构在园区集聚和发展，形成了政府资金引导、民间资金积极参与的投融资服务格局。具体如表8-3所示。

表8-3　　　　　　　　　　主要高新区政策性科技金融主体情况

主体名称	核心业务	金融投资部门	相关子公司	科技金融产品
中关村发展集团	产业投资、园区发展、科技金融	投资部、资本运作部	中关村科技创业金融服务集团有限公司、中关村创投租赁有限公司	投贷保、政企保
武汉高科技国有控股集团	产业投资、资本运营、地产建设	产业发展部、证券工作部	武汉光谷投资担保有限公司	无
张江集团	高科技园区的开发运营商、创新服务集成商和高科技项目投资商	资产管理中心（投资管理部、资产经营管理部）	张江高科、张江科技创业投资、张江投资创业服务有限公司、张江小额贷款股份公司	"未来星""启明星""投资宝"等科技金融产品
天津海泰控股集团	房地产与基础设施建设、金融与投资、高新技术产业、服务业	无	天津海泰科技投资管理有限公司、海泰担保公司、海泰发展	无

续表

主体名称	核心业务	金融投资部门	相关子公司	科技金融产品
成都高新投资集团有限公司	电子信息产业、生物医药产业、精密机械制造产业	无	成都高投置业有限公司、成都高投建设开发有限公司、成都高投融资担保有限公司、成都高投创业投资有限公司、成都高投盈创动力投资发展有限公司、成都高投资产经营管理有限公司	无

资料来源：根据各高新区政策文件整理。

8.2.2　重视要素聚集机制建设，不断促进科技金融机构空间集聚

为发挥金融机构的聚集效应，提升融资服务的规模效率，提供一站式、多层次投融资服务，各主要高新区都非常重视打造金融资源集聚空间平台。中关村以中关村金融大厦、中关村互联网金融中心大厦、PE 大厦为主要载体，打造"中关村科技金融街"，已汇聚了中国人民银行中关村支行、深交所中关村上市基地、拉卡拉、蚂蚁云金融等各类科技金融机构近 400 家；武汉东湖高新区全力打造以光谷"资本大厦"为载体的金融资源集聚空间平台，目前已吸引 9 家要素市场、90 余家国内外知名投融资机构和配套机构入驻运营；张江陆家嘴园区作为上海国际金融城核心区，拿出了近万平方米的甲级写字楼，同时结合老旧商业楼宇二次改造，聚集了 719 家银、证、保等持牌金融机构。成都高新区以盈创动力大厦、拉德方斯大厦为载体，打造了总计超过 60000 平方米的金融资源聚集物理空间，吸引美国凯雷投资、美国 VIVO 基金、韩国 KTB 基金、德同资本、银科创投、深创投等 50 余家国内外知名投融资机构和投资管理机构入驻，注册资本超过 100 亿元，聚集投资资金市场规模超过 200 亿元。[①]

成都高新区品牌化科技金融聚集区发展之路

作为全国首批促进科技和金融结合试点地区，成都高新区始终走在发展科技

---

① 王海燕. 中关村科技金融街开街［N］. 北京日报，2015 - 03 - 08；武汉东湖高新区管委会. 武汉东湖高新区创新金融服务共建资本特区［J］. 中国高新区，2014（3）；发力互联网金融　上海陆家嘴打造"升级版"金融城［EB/OL］. http：//www. gov. cn/xinwen/2014 - 11/03/content_2774484. htm；江浪莎. 帮上千中小企业融资超 130 亿　成都融资平台未来要辐射西部［N］. 成都商报，2014 - 4 - 24.

金融产业的前列，打造了以"盈创动力"为品牌的科技金融聚集区，并根据科技金融产业发展形势不断升级，从"一楼"到"一街"，再到"一区"，成都高新区规划"科技金融大街"和"新金融街区"，布局金融核心聚集区域，承担银行、保险、证券等金融机构和资源聚集、科技金融创业企业孵化等功能，有力支撑了科技金融产业的蓬勃发展。

2011年11月，成都高投盈创动力投资发展有限公司正式成立，负责推动高新区科技金融服务业发展。2012年12月，盈创动力大厦正式投入使用，成都高新区科技金融聚集区建设也随之正式拉开帷幕。随着科技金融资源在盈创动力大厦的融汇发展，盈创动力逐渐发展成为成都高新区在科技金融领域的代表品牌。盈创动力形成了"两大平台""三大服务体系"的科技金融服务模式，针对中小金融企业的服务体系已经较为成熟，在专业楼宇运营方面也具有很强的优势。其中与大型、优质的金融机构进行深度融合，结合企业项目资源、品牌搭建合作桥梁，构建科技金融发展整体生态是盈创动力模式的突出特色。

随着成都高新区新经济、电子信息、生物医药等产业迅猛发展，金融作为各类产业发展的重要支撑，也需要一定的物理承载区域，以更好地发挥聚集效应。在此背景下，成都高新区从2017年底开始谋划，最终决定在金融城片区谋划金融核心聚集区，并选定了中海国际中心D座打造科技金融大厦。该大厦位于成都高新区交子大道283号，总建筑面积约5万平方米，是成都高新区打造的科技金融机构集聚特色楼宇，承担银行、保险、证券等金融机构和资源聚集、科技金融创业企业孵化等产业功能，是国务院全国推广的成都高新区科技金融服务品牌"盈创动力"2.0版本。

为了更好地体现科技金融大厦的专业楼宇定位，丰富大厦业态，科技金融大厦将进行分区规划运营。根据规划，大厦4~8楼拟打造成金融科技项目孵化区，招引具有国际国内领先性的大数据、云计算、区块链、人工智能等金融科技创业入驻，定位小众、精准培育，以此加速培育成都高新区金融科技产业。同时，大厦26楼还将拟打造FinTech Pod国际科技金融行政服务中心，也是一个国内顶尖的金融家与金融科技精英俱乐部，为入驻机构提供商务服务、会议、产品发布、行业交流、论坛、投后项目路演、培训、思享会、阅读、联谊等便捷高效的服务。其余楼层为科技金融机构办公楼宇，主要通过招引各类投资机构、持牌金融机构入驻，快速聚集科技金融资源。

在功能服务方面，高新科技金融大厦配有面对全球银证保、创投、基金、金融科技企业的配套服务中心，可举办行业交流、论坛、项目路演、培训等多类型增值服务，围绕产业链布局金融创新链，建立了"孵化器—加速器—产业园区"全链条金融科技企业孵化培育体系，已入驻新希望金信、索信达、国家金融IC卡检测中心、暖哇科技、保准牛、麦亚信等一大批数字金融产业细分领域领跑企业，整体入住率已超过90%，预计到2023年单栋楼宇年度产值将超过100亿元。

作为科技金融大厦的运营方，盈创动力并不仅仅是物业管理者，而是以"专业楼宇运营商"的身份，从单一的"企业金融服务"向"企业金融服务＋服务金融产业"相结合转变，力图以科技金融大厦项目的建设推动科技金融产业提档升级，将大厦打造为成都高新区创业投资机构、股权投资机构、金融科技企业等机构聚集的特色楼宇。除此之外，随着金融资源加速聚集，科技金融大厦承载能力也不足以支撑，在此背景下成都高新区进一步依托盈创动力，规划了"一街"和"一区"，打造国内具有一定影响力的科技金融产业基地，通过金融机构、基金、创业企业乃至人才的聚集，形成金融产业生态圈。

其中，"一区"指"新金融街区"，北起锦晖西二街、南至锦尚西二路、西连成汉南路、东临天府大道，面积约1平方公里，打造成为新型金融机构聚集中心、高端金融人才交流中心、金融科技项目孵化中心和智慧金融场景应用中心，聚集以大型金融总部、数字金融、绿色金融、金融科技为核心的新金融街区。预计到2023年，这里将聚集各类金融机构上千家，聚集资金规模超1万亿元。"一街"指"科技金融大街"。为交子大道核心部分，东起益州大道，西至成汉南路，主要聚集各类银行、证券、保险、基金、担保小贷等，促进科技和金融有机结合。

参考资料来源：盈创动力官方网站，https：//www.winpow.com.

8.2.3　重视产品创新机制建设，推动科技金融产品服务实现突破性创新

各主要国家级高新区充分利用国家赋予的先行先试机遇，与各类金融服务机构加强合作，积极探索科技金融产品和服务的突破性、革命性创新。如中关村率先开展首台套装备示范项目保险机制试点、启动融资租赁工作试点、企业境外并购外汇管理试点等科技金融创新服务；东湖高新区创新性地提出建立"第三方信用评级＋银行贷款＋保证保险＋政府"模式的科技贷款风险分担机制、推出"银投联贷＋集合贷款"模式、鼓励支持创业咖啡、DEMO咖啡等专注天使投资人培育及创业企业家培训的孵化＋投资的新模式。各主要高新区广泛运用各类科技金融扶持政策，建立科技金融产品创新机制，积极推动科技金融产品服务创新，如表8－4所示。

表 8－4　主要高新区科技金融产品创新支持政策

	北京中关村	上海张江	武汉东湖	滨海高新区	成都高新区	西安高新区
信用贷款	设立信用贷款风险补贴资金,补贴试点企业50%的信用贷款企业级费用;年信用贷款累计发放在0.1亿元以内,风险补贴2%,1亿元以上,补贴3%	无	补贴50%的信用评级费用;对贷款利息给予25%的补贴,不超过60万;承担最终损失贷本金的30%,单个银行不超过500万元	无	设立5000万元信贷风险专项资金池,引导金融机构开展信用贷款等,并对金融机构发生的损失给予补助	给予不超过购买信用服务费用50%的资金补贴。按照风险金额给予30%的风险代偿补偿,单户企业代偿额最高不超过300万元
贷款贴息	瞪羚企业贴息20%～40%。留学生创业企业、软件和集成电路企业贴息50%和1%担保费	一年期流动贷款金额的2%,不超过40万元	利息金额的50%,一般不超过100万元,重点企业不超过200万元	流动资金贷款利息的30%,不超过200万元	给予企业按同期人民银行贷款基准利率计算发生的利息额的30%,每户每年补助总额最高50万元的经费补助	按照不超过贷款入账日中国人民银行基准利率计算利息的50%给予补贴
科技保险	补贴参保企业的资信调查费50%;对企业保费给予50%补贴;提供最高为保费率5%的补贴	推出科技型中小企业履约保险贷款,补贴保费50%	按投保费用的40%给予补贴,不超过50万元	无	对购买市科技局确定的当年重点引导险种的企业,按实际支出保费的60%给予补贴;对首年度购买一般类险种的企业,按实际支出保费的40%给予补贴,以后年度按实际支出保费的20%给予补贴	对保费在10万元以内的企业,给予不超过实际缴纳保费60%的补贴;对保费在10万元以上的企业,给予不超过实际缴纳保费50%的补贴;对参加组合投保方案的企业,补贴再上浮10%

资料来源:根据各高新区政策文件整理。

8.2.4　重视供需匹配机制建设，积极探索建立科技金融信息和服务平台

为打破融资供求双方信息不对称，各主要高新区均积极探索建立了科技金融信息服务平台，借助互联网服务平台，整合科技金融资源，实现投融资供求高效对接。如成都高新区积极打造盈创动力科技金融服务平台，已逐步形成集天使投资、创业投资（VC）、私募股权投资（PE）、融资担保、小贷贷款、融资顾问、财务咨询、改制上市、项目对接、上市路演、论坛沙龙等多种金融服务功能于一体的服务体系。

张江高新区积极开展"张江科技金融服务平台"试点，通过批量化银企对接等方式，解决科技金融存在的规模不对称和信息不对称等问题。武汉东湖高新区成立了专门的科技投融资服务平台，该平台上的科技企业贷款采用统贷统还的形式，由武汉科技投资公司向银行统一申请授信额度，然后由武汉科技担保公司提供专项担保，再分别贷款给具体的企业项目。

科技金融服务业不同于一般的金融服务业，因此，不能从传统的金融政策、操作视角去看待科技创新对金融的需求，政府需要出台相应的科技金融政策，搭建更加专业化的科技金融平台，发挥科技资源向金融资源的引导力，形成金融机构、科技中介等多方机构参与的科技金融生态圈，向科技型企业提供专属科技金融服务，弥补市场失灵。在此背景下，苏州市基于科技金融服务平台、科技金融超市，一路创新迭代，于 2015 年提出科技金融生态圈概念，并于 2020 年正式建成科技金融生态圈平台。作为苏州市科技局科技金融工作的最新举措，该生态圈平台致力于成为科技金融政策与金融科技技术的交汇点，是政务服务平台数字化改造、智能化升级的重要探索。平台通过科学配置科技金融共生生态资源，营造覆盖科技型中小企业、高新技术企业、瞪羚企业、"独角兽"企业科技创新全梯次培育，有利于"独角兽"等标杆科技企业产出的良好生态圈。

苏州市科技金融生态圈平台发展之路

历经苏州市科技金融服务平台、科技金融超市的十年创新迭代，苏州市科技金融生态圈平台崭新上线。作为苏州市科技局科技金融工作的最新举措，生态圈平台致力于成为科技金融政策与金融科技技术的交汇点，通过科学配置科技金融共生生态资源，营造有利于激发科技创新活力的良好生态圈。

围绕科技创新的"高研值"，生态圈平台首发科技创新主体分布图、科技创新指数趋势图、科技金融对接热力图。科技创新主体分布图，以"高"为特征，

静态展示以高新技术企业、市级高成长创新型企业、科技领军人才企业、瞪羚计划企业为代表的各类高科技创新主体，绘就苏州科技创新的"地理轮廓"。并与国内先进城市和地区对标。

科技创新指数趋势图，以"研"为内涵，动态展示从科技创业、专利授权到研发团队，再到研发（R&D）投入、高新技术产品收入的成长性科技创新研发指标体系，构建监测苏州科技创新发展的"晴雨表"。并按照战略性新兴产业、区域板块分门别类，统计分析。科技金融对接热力图，以"值"为导向，实时展示科技信贷、天使投资、科技保险、科技租赁等科技投融资动态。通过排布金融机构、金融产品和业务人员服务热力，引导金融活水向科技创新沃土"精准滴灌"，发掘科技创新项目的投融资价值。

科技金融生态圈也是管理的生态圈，开展科技创新跨部门联动，与苏州市市场监督管理局协同推动知识产权金融发展，通过生态圈优化服务模式，丰富知识产权质押融资产品体系，完善业务流程，促进科技企业将知识产权从权利管理到"权利＋资产化"管理的转变。生态圈平台服务端口延伸至乡镇、街道，统筹辖区内科技创新资源，服务科技镇长团，实现科技创新的网格化管理。深化科技金融市域一体化，生态圈联通苏州工业园区"园易融"平台、相城区综合金融服务平台、昆山市科技金融服务平台等区县平台，共建科技金融平台服务联盟，密切"科技贷""相知贷"等科技信贷产品、天使投资阶段参股子基金的上下联动。

科技金融生态圈也是科技企业的生态圈，"生活有朋友圈，创新有生态圈"，为企业打造全方位展示科技创新能力的舞台，企业自主发布商业计划，分享成长历程，上架核心技术产品。以生态圈互联，企业间进行同行业数据交换和对比，延伸产业链上下游对接商机。围绕产业链部署创新链、帮助各类创新主体开展更加契合市场的定向研发和研发协作。探索科技创新指数评价体系，依托人工智能技术，细分先导产业技术前沿领域，匹配创新标签。综合多方数据来源，结合研发生命周期、技术路线等因素，科学配置评价维度，直观量化创新能力，让拥有"好项目、好技术、好团队"的优质科技企业"脱颖而出"。

在金融机构服务方面，平台宏观集聚银行、创投、保险、担保、科贷、租赁、券商等机构资源，构建基于不同风险偏好金融机构互相衔接的梯级科技金融产业链。促进金融机构开展"投贷联动""银保结合"等微观要素组合，形成业务共享、优势互补、风险共担共控的协同合作机制。在科技金融政策方面，打造科技金融创新产品首发地，依托平台大数据分析，精细化推进"科贷通—行—品牌"、科技保险创新券、天使投资阶段参股等项目。支持金融机构科技类金融产品服务"出海"生态圈平台，汇聚成更加契合科技创新研发特征的科技金融创新产品集群。

科技金融供求服务对接方面，综合研判科技企业与科技金融产品属性，为资金供需双方智能配对，通过定制化推送科技金融政策和产品，进一步激活市场竞争机制，缓解供需信息不对称性，提高投融资对接效率，降低企业融资成本。生态圈平台让科技金融主题活动形式更加生动，科技金融大讲堂、科技金融走进孵化器登录"云端"。各参与方一键发起或加入活动，获得即时在线辅导，上门对接服务，满足各方个性化、多样化的需求。

在科技金融可持续发展方面，该生态圈也是引育孵化的生态圈。平台汇集各类创业孵化载体和新型研发机构，并以 VR、短视频等方式公开推介，吸引科技创新团队和项目入驻孵化，打通科技招引的最后一公里。在生态圈。以姑苏创业天使计划"育种育苗"为起点，衔接项目成长过程中梯次需求的知识产权、财务管理、检验检测、产业用地等综合服务。涵养多方科技服务资源，让科技创新成果在生态圈中滋养萌发，发展壮大。

参考资料来源：苏州市科技金融生态圈平台，suzhou. com. cn.

第9章 陕西省科技金融体制机制改革创新路径选择与对策

9.1 陕西省科技金融体制机制改革创新面临的机遇

9.1.1 "一带一路"倡议显著提升陕西省科技金融区位优势

在应对全球形势深刻变化、统筹国内国际两个大局的背景下，党中央做出了建设"一带一路"的重大倡议，该倡议对推进我新一轮对外开放意义重大。"一带一路"将构筑新一轮对外开放的"一体两翼"，在提升向东开放水平的同时加快向西开放步伐，促进我国中西部地区和沿边地区对外开放，同时推动东部沿海地区开放型经济率先转型升级，并带动"一带一路"沿线国家的共同快速可持续发展。习近平总书记在陕西调研时指出，陕西自古以来就是我国对外开放的重要门户，现在实施"一带一路"将改变西部特别是西北地区对外开放格局，使陕西进入向西开放的前沿位置，陕西要找准定位，主动融入"一带一路"大格局，抓紧构建国际化合作新平台，同沿线国家广泛开展多领域交流合作。由此可以预见，陕西的科技资源、高科技产业优势将在向西开放的背景下进一步迸发出巨大活力，陕西省作为全国高科技资源和产业的主要聚集区，也将迎来难得发展机遇，一方面，科技资源优势将在对外合作交流中进一步凸显，另一方面，陕西省将凭借区位优势，受到全国乃至国际金融资本的密切关注，将进一步夯实科技和金融融合发展的基础。

9.1.2 国家级试点试验区域建设为科技金融创新奠定坚实基础

2013年12月，科技部正式批复支持陕西省开展创新型省份建设试点工作。为实现追赶超越和率先建成创新型省份重要目标，省委省政府先后制定了《陕西省创新型省份建设工作方案》和《关于深入推进创新型省份建设实现陕西追赶超越发展工作方案（2015—2017）》，并在"十三五"规划中明确提出，把创新强省作为推动发展的新战略，率先建成创新型省份；明确提出完善市场导向的科技投入机制；完善政府对基础性、战略性、前沿性科学研究和共性技术研究的支持机制；建立健全技术创新市场导向机制和多层次资本市场，促进金融创新和技术创新的融合，以市场主导信用资金、民间资本和政府投资的有机融合，支持企业利用资本市场加快创新发展。在 2015 年 9 月，西安市被国务院列为全面创新改革试验区之后，2016 年 8 月，《西安市系统推进全面创新改革试验方案》获得国务院批复，该方案规定，国家授权西安市开展重大创新改革试验两个方面共17 项内容，其中，试行科技金融服务模式创新正是其中的重要内容之一。而作为陕西科技金融创新的核心区，西安高新区于 2015 年 8 月 25 日获批建设国家自主创新示范区，科技金融改革创新正是其确定的八项创新示范主要内容之一。2016 年西安高新区进一步获批开展投贷联动业务试点，西安银行获批成为首批10 家可开展投贷联动试点业务的商业银行之一。在此背景下，陕西省在科技金融改革创新方面获得更高层次的试点支持，除可享受国家已出台的有关科技金融创新扶持政策之外，更有机会结合地区特色、改革方向，研究制定更具针对性的科技金融创新政策，因此上述试点试验区建设无疑为陕西省开展科技金融体制机制改革创新提供了巨大的机遇条件。

9.1.3　国家创新驱动战略进一步提升陕西省科技产业竞争力

陕西省拥有的各类科教资源在全国排名前列，而且具有坚实的工业基础，随着党的十八大明确提出坚持走中国特色自主创新道路、实施创新驱动发展战略。陕西省的科创资源潜力不断得到释放，部分领域的科技产业在全国乃至全球都具有显著的竞争优势。随着国家创新驱动战略的深入实施，以及国家产业结构的升级转型，陕西省的科技产业必将迎来跨越式发展的春天，科技产业竞争优势必将进一步显现，科技创新创业活动必将日趋活跃，科技企业的发展速度也将进一步加快。充满活力的创新创业氛围、充裕而优质的企业资源，以及富于竞争优势的科技产业，无疑都将为陕西省科技金融创新改革提供坚实的科技资源基础。

9.2　陕西省科技金融体制机制改革创新的路径选择

9.2.1　陕西省科技金融体制机制分层级改革创新路径

（1）省级层面重点加强科技金融体制改革。一方面，体制改革通常涉及现有规章制度，甚至法律法规的调整、突破，另一方面，科技金融体制改革的影响面更广更持久，因而更适合在省级层面开展，因此建议省级层面重点加强科技金融体制改革。在具体的科技金融体制方面，根据上述分析，建议首先重视机构组织体制改革，加快适合科技金融需求的机构组织主体培育发展，特别是根据我国金融业发展实际，支持鼓励银行类金融机构开设科技金融专营机构，同时加快创业投资基金发展，构建从天使投资到产业基金的全链条股权投资服务体系，切实增强科技金融市场交易厚度，强化科技金融市场金融服务的有效供给；另外，应加强业务管理体制改革，大力扫清如政银保、投贷联动等创新业务的制度障碍，切实释放科技金融市场创新活力，打破科技金融产品服务创新天花板。

（2）市、区级层面：重点加快科技金融机制创新。与科技金融体制改革相比，科技金融机制建设通常是在现有法律、法规制度框架下开展的，建设的难点主要是创新方向、创新内容的选择，由于市和区一级直接接触科技金融供需双方，因而更有利于掌握科技金融运行中面临的问题，有利于探索制定出更具针对性的科技金融运行机制。因而，建议在市区级层面，侧重于加快科技金融机制创新。在具体的六项科技金融机制方面，根据陕西省各地市科技金融机制建设现状，一方面，应着重加强要素聚集机制、产品创新机制和机构协作机制建设；另一方面，在公私协同机制、供需匹配机制和政策联动机制方面，应积极探索尝试采用更多的形式。

9.2.2　陕西省科技金融体制机制分区域改革创新路径

（1）在以西安高新区为代表的国家级开发区加快试点试验步伐。科技金融体制机制改革创新并非易事，加之金融领域的改革创新通常面临巨大风险，因而利益相关方对于科技金融体制机制改革创新一般都持谨慎态度。虽然谨慎的改革创新有助于把控风险，但是也在一定程度上阻碍了改革创新。为此通常会采取在典型地区试点试验的方式进行改革创新。西安作为陕西省科技资源富集区，其区域内以西安高新区为代表的国家级高新区聚集了全省80%以上的科技企业，因此特别适合开展科技金融体制机制改革创新探索，加之上述区域也正是创新型省份、全面深化改革、国家自主创新示范区建设试点试验的核心区域，各类科技金融规章制度、法律法规在上述区域均可以大胆创新突破，因而，建议在上述区域大胆授权探索，进一步加快科技金融体制机制改革创新步伐。

（2）及时总结成熟经验并积极向省内其他科技企业聚集区推广。近年来，上述区域在科技金融体制改革创新方面，实际上已经走在全省乃至全国的前列，积累了大量的有益改革创新经验，如西安高新区的信用体系建设、科技保险业务、科技信贷业务、科技企业投融资路演、天使基金发展、投贷联动业务，鼓励企业利用多层次资本市场等，因此，在上述区域之外的省内其他地区，则可以积极总结上述区域的成功经验，结合各地实地情况加快经验推广。对于后续的科技金融体制机制改革创新经验，也应及时总结梳理，借助各类经济智库，加强理论研究，形成可复制推广的经验，推进全省其他地区的科技金融体制机制改革创新。

9.3　加快陕西省科技金融体制改革的对策建议

9.3.1　转变科技金融机构组织体制，提升科技金融主体服务能力

（1）鼓励科技金融专营类信贷机构设立。现阶段我国仍是以银行类金融机构为主体的金融体制，银行类金融机构提供了全社会绝大部分低成本资金供给服务，因此短期内在科技金融领域仍有赖于银行类金融机构承担资金供给主体服务。为此，一是要继续鼓励支持银行类金融机构在科技企业聚集区设立科技金融专营机构，针对科技企业提供针对性金融服务和产品；二是鼓励支持各类新兴科技金融机构发展，通过政策引导、资金支持、风险补偿等措施，推动科技担保、科技小贷、融资租赁、互联网金融等新兴金融机构设立，鼓励其探索开展针对科技企业的金融业务；三是鼓励支持信用评估等各类科技金融中介服务机构加快发展，为科技金融专营机构开展业务提供支撑服务。

（2）积极推动科技类创业投资机构发展。根据科技企业融资需求特征，中长期来看仍需加快创业投资机构发展，使其尽快发挥科技金融服务供给主力军作用。为此，一是应继续鼓励支持各类创业投资机构的设立，充分发挥各级政府部门的引导基金作用，在重点发展的科技领域设立各类专项创业投资基金。二是应明确在不同时期发展创业投资机构的侧重点，种子基金、天使投资、风险投资、产业资本等不同类型的创业投资机构，其投资对象、投资金额、风险承受能力具有较大差异，对应不同发展阶段的科技企业，根据陕西省科技资源和科技企业发展实际，建议现阶段重点发展种子基金和天使投资，以适应陕西省科技资源充裕但转化能力较差、科技人员创业仍处于早期阶段、科技企业普遍规模较小的现实特征。三是应积极引导现有创业投资机构加快业务开展步伐。尽管近几年有大量创业投资机构在陕西设立，但根据前述分析可以看出，大量创业投资机构业务量较小甚至尚未开展业务，为此应进一步加强政策引导，加强引导基金管理，建立健全创业投资机构业务开展的激励约束机制。

（3）加快多层次资本市场服务体系建设。一是支持鼓励科技企业加快在主板、中小板、创业板上市，为拟上市科技企业提供高质量的上市辅导服务，提供上市中介服务机构对接服务，提升科技企业上市效率；二是鼓励支持已上市科技企业积极借助上市平台开展融资、并购等资本业务，充分发挥上市科技企业对区域科技金融发展水平的提升作用；三是支持区域性股权交易市场发展，提升区域性股权交易市场的综合服务能力，充分发挥其对小微科技企业的金融支持功能。

9.3.2　创新科技金融业务监管体制，增强科技金融产品有效供给

一方面，进一步完善已出台的各类创新型科技金融业务监管体制。近年来，陕西省各级科技金融管理部门相继出台了多项创新型科技金融业务监管规章制度，如科技支行管理办法、信用服务机构管理办法、融资性担保公司管理办法等，但是在实际执行过程中仍面临诸多问题，如科技支行有关内容激励作用并不明显，为此建议进一步根据实际情况，对已出台的科技金融规章制度进行及时修订完善，充分发挥其促进科技金融产品业务创新的作用。

另一方面，积极消除不利于科技金融业务创新的监管体制障碍。充分利用陕西省创新型省份建设、陕西自贸区建设、西安全面深化改革试验、国家自主创新示范区建设等试点试验机遇，在投贷联动、科技保险、融资性租赁公司、商业保理、科技众筹、互联网金融等领域，根据区域科技金融发展需求实际，以试点试验的方式，突破现行金融监管规章制度，进行新兴业务和模式探索，并及时总结试点试验中出现的问题和成熟经验。

9.3.3　健全科技金融政府管理体制，支持科技金融机构产品创新

一是建立省、市、区科技金融工作领导小组，并设置日常工作办公室。通过工作领导小组的形式，形成各部门间高效率的工作协调平台，有效调和部门间职责和利益关系，解决科技金融跨部门难协调的问题。目前省级层面虽然设立了科技金融工作领导小组，但是从实践工作来看，仍有诸如税收、工商、前置审批等相关问题难以得到解决，因此仍需进一步健全省级科技金融工作领导小组工作机制。

二是明确各部门科技金融工作职能分工。现阶段，在政策出口、财政扶持资金、引导基金设立、金融机构扶持、金融机构监管等职能方面，通常分散于同一级政府的不同部门，因此经常导致政策效率较低。建议统筹不同政府在科技金融领域的职能分工，科技口侧重于科技企业角度的政策支持，如贷款贴息、保费补贴、上市补助等，金融管理部门侧重于引导金融机构业务创新，提供风险补偿、

引导基金等支持，而"一行三会"分支机构则侧重于业务监管方面的规章制度创新。

9.4　加快陕西省科技金融机制创新的对策建议

9.4.1　健全要素聚集机制，加快提升科技金融机构区域集聚度

科技金融要素区位选择主要依据的还是成本收益分析，稳定的要素聚集机制有助于通过持续的市场干预，从而实现科技金融要素在特定区域的加速聚集。为此，一是要建立各级政府的金融机构入区落户扶持政策资源整合机制，集中省、市、区优势政策资源促成科技金融要素的加速聚集；二是科学合理地确定各地区科技金融聚集区的定位，在各级政府部门间特别是各开发区间形成共识，建立信息共享、利益分享和绩效考核机制，避免不必要的区域招商引资竞争；三是省、市、区三级金融、招商、工商、税务、商务等部门间建立联动机制，为科技金融机构入区落户建立绿色通道，全力支持科技金融机构优先入区落户。

9.4.2　建立机构协作机制，增强信息透明度与交易安全便利性

机构间加强协作的目的是使现有产品服务可以更好地发挥作用。为此，一是银行、保险、证券、基金、信托等金融机构之间建立协作关系和利益分享机制，实现金融产品服务信息共享，在全行业调配最优的产品服务组合，为企业提供最合适的科技金融服务；二是金融机构与股权投资、融资租赁、小额贷款、融资担保等准金融机构之间加强协作，依托准金融机构灵活的经营体制，充分发挥金融机构的资金优势，加快科技金融产品服务的应用推广；三是金融机构、准金融机构与中介机构加强协作，依托中介服务机构的综合服务平台，为企业客户提供尽可能全面真实的产品比选服务，同时中介服务机构充分发挥其专业顾问的角色，为企业选择合适的科技金融产品服务提供便利。

9.4.3　强化产品创新机制，提升服务差异化水平与产品针对性

科技金融产品创新目的是能够提供差异化和针对性的产品服务，更好地适应科技企业金融服务需求，让各类科技企业均能方便地找到合适的金融产品服务。而金融机构创新科技金融产品服务动力相对欠缺，主要原因在于风险收益不匹配、企业公共信息缺失以及产品推介成本偏高。为此，一是进一步完善有关科技金融风险补偿、贷款贴息等扶持政策，提升科技金融机构产品服务创新的风险收益匹配度；二是加快建立健全全省科技企业信用服务体系，搭建科技企业信用信

息公开共享平台，为科技金融机构创新产品服务奠定信息基础；三是依托各区县、开发区内部的专业产业园区，开展科技企业集合信贷等创新业务，降低金融机构业务运营成本。

9.4.4 完善供需匹配机制，改善科技金融交易安全性与便利性

完善供需匹配机制主要是为了确保供求双方实现安全、快捷的交易，彼此均满意将对方作为交易对手，实现稳定的供需匹配和福利最大化。为此，一方面加强科技金融供给端管理，积极开展各类科技金融机构评级评优活动，例如将目前对担保公司的信用评级工作进一步在小贷公司、融资租赁公司等机构推行，并积极探索对科技银行、科技保险机构的评级评优，并考虑借助第三方专业机构对各类科技金融产品服务进行客观评价，为企业选择金融产品服务提供参考。另一方面，加强科技金融需求端管理，依托各类产业联盟、产业协会、专业园区、科技主管部门，金融主管部门等机构，对全省科技型企业进行多渠道、多层次的甄选，推广"小巨人""瞪羚企业"等评选经验，为科技金融机构筛选客户提供便利，并提高产品服务推广针对性，降低交易成本。

9.4.5 强化政策联动机制，充分发挥各级各类扶持政策的合力

由于科技金融要素聚集机制、机构协作机制、产品创新机制以及供需匹配机制均与科技金融扶持政策紧密相关，而政策联动机制有助于充分发挥各类科技金融扶持政策的效力，因而该机制可以认为是整个科技金融机制的基础性机制，有助于夯实科技金融机制政策的基石。为此，一是加强省、市、区三级政府机构科技金融政策联动。当前科技金融日益受到重视，各级政府也均积极制定出台有关的科技金融扶持政策，但是由于体制约束，各级政府间政策存在一定程度的重叠，因而建议政府间加强政策协调，可考虑依托共同的金融机构合作开发相应的科技金融产品服务，实现不同层级科技金融扶持政策合力。二是加强各市区（开发区）之间的科技金融政策协调，明确各区域金融功能定位，支持科技金融资源的区域聚集发展，充分发挥科技金融资源聚集优势。

9.4.6 形成公私协同机制，积极引导市场化科技金融加快发展

公私协同机制主要是为了协调政商关系，既充分发挥政府部门在弥补市场失灵时的主体作用，又充分借助商业机构市场化力量繁荣科技金融市场。为此，一方面，政府机构在直接设立各类种子基金、产业基金，为科技企业提供股权和债权融资服务时，要建立科学的决策机制，无论是在基金设立、功能定位还是后续

的直投企业时，均需依据充分调研和科学决策，避免政府部门的直投业务对商业机构业务产生挤出效应；另一方面，政府机构直接提供科技金融产品服务时，建议考虑与其他各类科技金融机构建立稳定协作关系，联合开展股权投资或者信贷业务，但是在绩效方面按照保本微利经营，将盈利机会让与科技企业和合作金融机构，降低金融机构经营风险，从而带动社会资本参与科技金融业务。

第10章 结论与展望

10.1 研究结论

从科技金融市场主体角度来看，机构组织体制、业务监管体制、政府管理体制三大体制与要素聚集机制、产品创新机制、供需匹配机制、机构协作机制、公私协同机制、政策联动机制六大机制，是确保科技金融市场运转的基础保障。建立健全科技金融市场运行体制机制，有助于增强科技金融市场交易厚度，避免交易拥堵，并改善市场交易安全便捷性，进而显著提升科技金融市场运行绩效。因此，在科技金融服务体系初步建立之后，应进一步加强科技金融体制机制改革创新工作，提升科技金融服务体系效能。

陕西省科技金融服务体系经过多年建设日趋完善，在科技金融市场方面呈现出机构数量众多、产品服务创新不断涌现、扶持政策力度不断加大的良好局面，但仍面临着成交量较少、针对性产品服务较少和服务体系联动较少的发展困境。而其深层原因则在于，由于科技金融发展的有关体制机制尚不完善，影响了科技金融市场的交易厚度、交易拥堵以及安全便利性，进而导致了科技金融市场绩效较差。进一步的实证分析表明，科技金融机制的建立对科技企业融资能力有显著的正向影响，特别是其中的政策联动机制影响十分显著。此外，科技金融机制的建设有助于更好地发挥科技金融政策的作用，显著增强了科技金融政策对科技企业融资能力的正向影响。

在科技金融体制机制创新发展历史经验方面，国外主要发达国家积累了大量有益经验。一是借鉴政策性金融机构缓解科技金融市场失灵，二是借助专营机构推动科技金融产品服务创新，三是借助专门的资本市场板块提升科技企业融资能力，四是广泛借助创业投资母基金引导社会资本进入科技创新领域。在国内以国家级高新区为代表的科技创新聚集区，近年来也涌现出大量科技金融体制机制创新典型经验。一是重视机构组织体制改革，积极推动科技金融主体变革；二是重视要素聚集机制建设，不断促进科技金融机构在空间集聚发展；三是重视产品创

156

新机制建设，推动科技金融产品服务实现突破性创新；最后是重视供需匹配机制建设，积极探索建立各类科技金融信息服务平台。

"一带一路"倡议、创新型省份建设、全面综合改革试验区建设、国家自主创新示范区建设、国家创新驱动战略实施等一系列内外部环境，为陕西省科技金融体制机制改革创新提供了难得机遇。就不同政府层级而言，省级层面可考虑侧重于加强科技金融体制改革，市级和区级层面可考虑侧重于加强科技金融机制创新；就不同地区而言，一方面在以西安高新区为代表的国家级开发区加快试点试验步伐，另一方面及时总结成熟经验并积极向省内其他科技企业聚集区推广。

在科技金融体制改革方面，建议第一应加快科技金融机构组织体制改革，提升科技金融主体服务能力；第二要创新科技金融业务监管体制，增强科技金融产品服务供给的有效性；第三应进一步健全科技金融政府管理体制，支持科技金融机构产品创新。在科技金融机制创新方面，（1）健全要素聚集机制，加快提升科技金融机构区域集聚度；（2）建立机构协作机制，增强信息透明度与交易安全便利性；（3）强化产品创新机制，提升服务差异化水平与产品针对性；（4）完善供需匹配机制，改善科技金融交易安全便利性；（5）加强政策联动机制，充分发挥各级各类扶持政策的合力；（6）形成公私协同机制，积极引导市场化科技金融加快发展。

10.2　研究展望

本书尝试依据市场设计理论，从化解科技金融市场失灵的视角，探讨如何进一步完善科技金融体制机制的问题，为研究科技金融体制机制问题提供了一个较好的理论分析框架，有助于更全面深入地剖析科技金融体制机制问题，并提出相对科学的对策建议。

但是总体而言仍存在以下一些不足之处：一是未能将科技金融体制与机制有机统一起来进行分析。最优的市场运行机制通常是以特定的市场体制为前提的，随着市场体制的改革变化，最优的市场运行机制可能也会随之发生变化，因而科技金融机制与科技金融体制之间具有紧密的内在联系，在分析科技金融机制创新与科技金融体制改革时，应该统筹考虑二者之间的上述内在联系。二是实证分析部分仍显得较为薄弱。一方面，在实证分析科技金融机制的影响时，由于数据可得性原因未能采用各地市所有科技企业的融资额，使得实证结果的扩展性受到一定制约；另一方面，在实证分析科技金融体制改革的影响时，同样由于数据可得性原因，仅分析了新三板制度改革的影响。三是没有充分考虑科技金融体制机制改革创新的动态性问题。由于政策、资金等公共行政资源的有限性，很难同时对所有科技金融体制机制进行改革创新，在此背景下，具体科技金融体制机制改革创新的先后顺序，无疑将对科技金融市场效率提升产生重要影响。

为此，可考虑从上述三个方面，进一步就科技金融体制机制改革创新问题展开研究，特别是结合陕西省科技金融发展的实际情况，切实掌握科技金融市场运行的关键瓶颈问题，最终从科技金融体制机制角度进行有效化解。

附录1：陕西省科技金融政策要点

1.《陕西省科学技术贷款试行办法》

颁布年份：1981 年

政策要点：科学技术贷款（以下简称科技贷款）的资金，由省科委从科技三项费用中划拨一定金额，委托中国人民银行陕西省分行管理。在此金额范围内，经主管部门或地、市科委审查同意后转报省科委批准，由中国人民银行以信托存款及贷款方式，贷给有关科技项目承担单位使用，定期归还，并按规定的利率支付利息。贷款对象方面，凡承担省和省级各部门科学技术发展计划中科技专项合同项目的科研、企事业单位（包括集体所有制企业），均可申请科技贷款。

2.《陕西省创业投资引导基金管理暂行办法》

颁布年份：2008 年

政策要点：本办法所称创业投资引导基金（以下简称引导基金）是由省政府设立并按企业化方式运作的政策性基金，主要通过参股扶持创业投资企业发展，引导社会资金进入创业投资领域。引导基金本身不直接从事创业投资业务。引导基金的宗旨是发挥政府资金的杠杆放大作用，增加创业投资资本的供给。

引导基金总规模 10 亿元，分期到位。首期到位 2 亿元，其中省发展改革委安排 0.5 亿元、省财政厅安排 1.5 亿元。今后视运作情况逐年安排。引导基金运作主要以参股方式为主，视运作情况可采用融资担保、跟进投资等其他方式。

（一）参股投资比例不超过创业投资企业实收资本的 20%，最高金额一般不超过 2000 万元。引导基金不能成为第一大股东，参股投资期限一般不超过 7 年。

（二）根据信贷征信机构提供的信用报告，对历史信用记录良好的创业投资企业，可采取提供融资担保方式，支持其通过债权融资增强投资能力。

（三）跟进投资一般不超过创业投资企业实际投资额的 50%，单个项目投资原则上不超过 500 万元人民币。跟进投资形成的股权委托共同投资的创业投资企业管理，管理机构与共同投资的创业投资企业签订《股权托管协议》。

3. 《陕西省金融发展专项资金管理暂行办法》

颁布年份：2008 年

政策要点：专项资金的使用范围：

（一）奖励在陕新设立或新迁入的金融机构总部，根据注册资本情况，一次性给予一定的资金补助。

（二）建立金融业发展激励机制，设立陕西省金融发展贡献奖和金融创新奖，奖励对陕西省金融业发展做出突出贡献以及在金融创新方面取得显著成果的组织和个人。奖励对陕西金融业发展和创新有重要作用的研究成果。

（三）促进资本市场发展和解决资本市场发展中的重大问题的各项支出。

（四）实行上市融资激励。凡陕西省在境内外首发上市的公司，按其融资额（扣除发行费用后，下同）情况予以奖励：融资额 1 亿元以内（含 1 亿元）的，奖励 20 万元；融资额 1 亿~2 亿元（含 2 亿元）的，奖励 30 万元；融资额 2 亿元以上的，奖励 40 万元。上市公司实现再融资的，按再融资额（扣除发行费用及股东认购部分）的 0.2% 奖励，奖励最高限额为 40 万元。以上奖励的实施范围是我省在境内外首发上市的公司和实现再融资上市公司的高级管理人员。省属企业的上市奖励资金在省级上市扶持资金中列支，市属企业的上市奖励资金由省级、市级上市扶持资金各负担 50%。

（五）陕西省金融生态环境建设考核评价以及奖励等支出。

（六）省政府组织的金融业重大课题调研和研讨费用等有关支出。

（七）其他用于支持地方金融业改革和发展的支出。

4. 陕西省知识产权质押贷款管理办法（试行）

颁布时间：2010 年

政策要点：本办法所称的知识产权质押贷款系指借款人或者第三人以合法享有的且可以转让的专利权、注册商标专用权、著作权等知识产权中的财产权向贷款人出质，取得贷款人一定金额的人民币、外币贷款，并按期偿还贷款本息的一种贷款业务。

贷款额度应根据借款人生产经营需求、偿债能力、出质知识产权价值和知识产权质押率或其他担保等情况合理确定。

出质知识产权价值可以为评估机构评估价值，若对评估价值有争议，由双方当事人商定。知识产权质押率由贷款人依据出质知识产权价值，借款人的财务状况和资信状况等因素确定。作为参考标准，发明专利权、驰名商标权的质押率原则上不超过出质知识产权价值的 45%，省级著名商标权的质押率原则上不超过出质知识产权价值的 40%，其他知识产权质押率原则上不超过出质知识产权价值的 35%。

贷款人对能够提高国家核心竞争力产业的，具有国际领先地位和广阔产业化市场前景的，具有明显节能减排、环境保护、低碳经济等国家产业政策鼓励的知识产权项目，尤其是自主研发的发明专利产业化项目，优先予以贷款支持。

5. 陕西省科技型中小企业贷款风险补偿资金使用管理细则

颁布时间：2011 年

政策要点：省科技贷款风险补偿资金的适用范围是按照《陕西省科技型中小企业贷款风险补偿资金使用管理细则》的规定，对与省科技厅建立合作关系的银行业金融机构为科技型中小微企业提供信贷支持而发生的不良贷款。

银行业金融机构应针对科技型中小微企业的特点，结合自身业务方向，开发对象明确、业务清晰的科技贷款产品。按照有所侧重、突出特色的思路，由各银行业金融机构与省科技厅商定合作方式，开展试点并完善，条件成熟时推广到全省银行业金融机构。

省科技贷款风险补偿资金以科技贷款逾期最终本金损失金额的 50% 为限，给予银行业金融机构风险补偿，对每家银行业金融机构的补偿总额 5 年内不超过1000 万元。

6. 《关于进一步促进科技和金融结合的若干意见》

颁布时间：2012 年

政策要点：开展省级科技和金融结合试点。科技和金融基础较好的设区市、国家级高新区，可以根据本地科技发展和金融资源聚集特点，在科技和金融结合方面先行先试，开展不同类型和层次的试点。

省科技成果转化引导基金到 2015 年达到 5 亿元，引导社会资本形成总规模40 亿元的若干科技成果转化子基金。

创业投资企业采取股权投资方式，投资于未上市的科技型企业 2 年以上的，可以按照其投资额的 70%，在股权持有满 2 年的当年抵扣该创业投资企业的应纳税所得额；当年不足抵扣的，可以在以后纳税年度结转抵扣。

鼓励金融机构设立为科技型中小微企业提供金融服务的科技支行等新型金融服务组织。在审贷委员会中吸纳技术专家参与审贷决策；探索推广供应链融资、应收账款融资、保理、贸易融资等业务；积极开展知识产权、高新技术企业股权质押贷款。

省级科技贷款风险补助资金在"十二五"末达到5000万元。对科技型中小微企业科技转化项目贷款及自主知识产权质押贷款的本金损失，经追偿、处置后，对最终本金损失额按一定比例予以风险补助。

对以知识产权质押获得贷款并按期偿还本息的企业进行两年贴息，贴息比例为企业应支付贷款利息额的30%。

建立担保机构风险补偿机制，对融资性担保机构进行担保风险补偿。纳入全国试点范围的非营利性中小企业信用担保机构从事科技型中小微企业信用担保或者再担保业务取得的收入（不含信用评级、咨询、培训等收入）3年内免征营业税，免税时间自纳税人享受免税之日起算起。

对重点拟上市企业，给予一定的上市前期费用补助。支持符合条件的科技型中小企业，通过发行企业债、短期融资券、中期票据、集合债券、集合票据等方式融资。对整体改制并进入证监部门辅导备案阶段的拟上市科技企业，经审批，可在三年内缓缴整体改制政策要求缴纳的个人所得税。

对参加出口信用类保险的科技型中小微企业，按照年度实际保费支出的40%给予补贴，对于参加贷款信用保证类保险的科技型中小微企业，按照年度实际保费支出的50%给予补贴。对每户企业的年科技保险费补贴最高不超过20万元。

7.《陕西省科技进步条例》

颁布时间：2012年

政策要点：第四十八条［科技金融］省人民政府建立促进技术和资本相结合的对接融合机制，支持商业银行、担保机构、保险机构和小额贷款机构面向高新技术企业和科技型中小企业开展知识产权质押、信用贷款、信用保险、贸易融资、产业链融资等融资服务，支持发展科技投资机构，建立风险投资补偿机制，引导风险投资机构投资科技型企业。

鼓励符合条件的高新技术企业、科技型中小企业利用资本市场融资，支持企业上市、发行债券。

8.《关于进一步促进金融业发展改革的意见》

颁布时间：2012年

政策要点：以"关中—天水经济区（陕西）"列为国家促进科技和金融结合首批试点地区为契机，积极开展科技投融资服务模式创新。鼓励商业银行在西咸新区、西安高新区、西安经开区、杨凌示范区等区域内，设立专门为科技企业服务的科技支行。推动科技银行筹建工作。加大金融机构考核中对科技企业贷款指标的评分比重，对涉及科技型中小企业融资机制、模式、产品等方面的创新进行奖励。建立科技信贷风险补偿机制，鼓励商业银行、担保公司、创业投资公司等开展"投贷联动""投贷保联动""保贷联动"等服务创新，扩大知识产权质押、股权质押、应收账款质押等融资业务总量。建立省级科技成果转化引导基金，鼓励各区市设立和增加创业风险投资引导基金。重点引导和扶持具有高成长性的科技型中小企业在创业板或中小板上市。积极推动科技保险，建立保险补贴机制，创新科技保险产品。

9. 《陕西省科技成果转化引导基金管理暂行办法》

颁布时间：2013年

政策要点：科技成果转化基金的资金来源有省财政拨款、投资收益、社会捐赠等。转化基金将遵循引导性、间接性、非营利性和市场化的原则，支持在陕西省实施的科技成果转化，促进科技创业和科技型中小企业的发展。

转化基金还将设立创业投资子基金、科技贷款风险补偿资金、绩效奖励资金。创业投资子基金由转化基金与社会投资人共同发起设立，采取有限合伙制、公司制和其他合法形式，子基金60%以上应优先投资符合陕西省、国家的技术政策和产业政策的陕西科技型中小企业；科技贷款风险补偿资金对银行、小额贷款公司的科技贷款的本金损失、融资性担保公司的代偿贷款的本金损失给予补偿；绩效奖励资金是对于转化科技成果做出突出贡献的企业、科研院所、高等学校、创业投资企业、金融机构、中介服务机构和个人，给予一次性资金奖励，对于已进入转化成果库中的科技成果享有单位，优先享受陕西省的科技优惠政策。

10. 《科技支行监督管理办法》

颁布时间：2013年

政策要点：设立（含更名）科技支行应具备以下条件：上年度实现银监局小微型企业金融服务工作目标；小微企业授信客户数占该全部企业授信客户数的60%以上；积极创新金融科技结合模式，稳步推进科技型企业金融服务，科技企业贷款达到一定规模，风险可控；监管部门要求的其他条件。设立科技支行数量不受指标限制。

商业银行设立的科技支行应实行垂直管理。应充分考虑科技型企业信贷特点，在计划管理、资源配置、信贷审批、考核评价、激励约束等方面对科技支行实行有效的倾斜政策。要逐步增强科技支行独立性，适当扩大授权或转授权，下放业务审批权限。

商业银行要适度放宽科技支行的不良贷款容忍度，不良贷款率可控制在3%~5%范围内。商业银行对科技型中小微型企业贷款，除主观原因外，要不打折扣地执行尽职免责政策。

11.《科技保险保费补贴资金使用管理办法》

颁布时间：2014年

政策要点：一是明确了定向使用、采用后补助方式按年度核补，实行年度总额控制。二是鼓励保险公司创新科技保险产品和服务形式，为科技企业、科研项目、科研人员提供全方位保险支持。三是鼓励符合条件的保险公司设立专门服务于科技企业的科技保险专营机构，为科技企业降低风险损失、实现稳健经营提供支持。

12.《陕西省促进企业在多层次资本市场发展及直接融资奖励补助办法》

颁布时间：2017年

政策要点：评选为省级重点上市后备企业的，每户企业补助上市前期费用最高不超过100万元。其中，评选为省级重点上市后备企业给予补助50万元；在陕西证监局辅导备案再补助20万元；向中国证监会报送上市申请材料再补助30万元。

成功在上海证券交易所、深圳证券交易所、香港联合交易所上市，或在以上证券交易所借壳外省上市公司，并将注册地和纳税地迁入我省的，奖励100万元。在全国中小企业股份转让系统成功挂牌，奖励50万元。在陕西股权交易中心交易板挂牌，奖励20万元。

在除香港联合交易所以外的境外股票交易场所首次公开发行股票融资，或在上海证券交易所、深圳证券交易所、香港联合交易所及其他境外股票交易场所上市后增发或配股再融资，或在全国中小企业股份转让系统挂牌后增发融资，融资规模超过3000万元的，按实际融资额的5‰予以奖励，最高不超过100万元。

在陕西股权交易中心挂牌后定向增发，融资规模超过500万元的，按实际融资额的2%予以奖励，最高不超过20万元。

在多层次资本市场定向增发购买资产，交易价格超过5亿元的，按购买资产交易价格的2‰予以奖励，最高不超过100万元。在多层次资本市场通过发行公司债、企业债等进行债务融资，融资规模5000万元以上且期限达到或超过2

年的（含投资者回售选择权的，剔除回售选择权行使日以后年限计算），按实际融资额的 0.5‰。乘以存续年限予以奖励，最高不超过 40 万元。

13. 《陕西省科技成果转化引导基金管理暂行办法》（修订版）

颁布时间：2017 年

政策要点：引导基金主要是吸引社会资本发起设立科技成果转化类子基金、科技众创微种子类子基金；对发放科技贷款的合作银行给予风险补偿；对省委省政府确定的科技成果转化等项目采取直接股权投资方式，支持在我省实施的科技成果转化，促进科技创业和科技型中小企业发展，为创新型省份建设提供科技金融支撑。

科技成果转化类子基金是指引导基金发起或参与，由社会合格投资人募集成立，由合格专业管理机构管理，面向科技企业的私募股权投资基金。子基金应当依法完成相关审批、登记、备案等事项。鼓励子基金向国家发展改革委员会、科技部、财政部等申请出资支持。

围绕我省"一院一所"模式推广、重大科技成果转化、"四主体一联合"新型研发平台建设，引导基金可采取优先股和普通股两种形式直接投资相关项目；拟投资项目由基金管委会办公室调研论证或委托科控集团组织调研论证，提交管委会审定；科控集团负责已投资项目的日常管理。

14. 《陕西省科技型中小微企业贷款风险补偿资金使用管理细则》

颁布时间：2017 年

政策要点：风险补偿资金的基本使用方向包括：损失补偿和共建资金池。

（一）损失补偿

科技贷款逾期 90 天以上，在合作银行履行应尽的催收义务并确定逾期贷款本金的最终损失后，给予合作银行按不超过最终本金损失的 50% 进行损失补偿。

（二）共建资金池

省科技贷款风险补偿资金与设区市科学技术局、国家和省级高新区管委会、经济技术开发区管委会所设的市、区级科技贷款风险补偿资金共同出资构建联合资金池，促进当地科技贷款及其风险补偿工作的发展。

联合资金池的具体使用管理办法由各联合方共同制定并执行，明确省、市、区各级科技贷款风险补偿资金的风险补偿分担比例。

联合资金池内的省科技贷款风险补偿资金部分的使用与管理应以本细则为前提，且联合资金池内省、市、区各级科技贷款风险补偿资金给予逾期贷款的实际补偿额累计，不应超过逾期贷款最终本金损失的50%。

15. 《陕西省科技成果转化引导基金科技众创微种子类子基金实施细则》

颁布时间：2018 年

政策要点：按照《陕西省科技成果转化引导基金管理暂行办法》（以下简称"管理办法"）的规定，为明确申请要求，做好落实工作，加快推进科技众创微种子基金（以下简称"微种子基金"）的设立，更好支持省内"双创"发展，制定本实施细则。

微种子基金是由专业基金管理人管理的，专注投资于高等院校、科研院所的科技人员领办或者创办、众创空间（孵化器）孵化的天使期创新创业企业的私募股权投资基金，主要是为了培育新动能的创新主体和新兴产业。

设区市科技主管部门、高等院校、科研院所、企业及科技园区、众创空间和孵化器，可以根据管理办法的规定，选择合格的基金管理机构，组织提出微种子基金设立方案；社会合格基金管理机构也可以先提出微种子基金设立意向，再对接合格投资者，达成意向后提出完善方案。

在管委会审定微种子基金方案后，陕西科技控股集团（以下简称"科控集团"）代表引导基金行使出资人职责，与基金管理人和其他出资方进行协商对接，完善章程、合伙协议及其他手续，办理工商登记，并按照约定做好基金日常管理工作。

16. 《陕西省科技成果转化引导基金直接投资项目实施细则》

颁布时间：2018 年

政策要点：为深入贯彻落实《陕西省促进科技成果转化若干规定（试行）》，按照《陕西省科技成果转化引导基金管理暂行办法》（以下简称"管理办法"）的规定，进一步发挥陕西省科技成果转化引导基金（以下简称"引导基金"）的引导作用，加快科技成果转化和科技企业孵化培育，制定本实施细则。

围绕我省产业共性技术创新平台、产学研深度融合新型研发平台、科技型中小企业研发服务平台、小微企业孵化培育创新平台的建设，为了培育新动能的创新主体和新兴产业，高等院校、科研院所等研发机构成果完成的创办企业，可根据管理办法的规定提出直接投资项目方案，包括向已设立公司出资及共同发起设立新公司两种形式。

在管委会审定方案后，陕西科技控股集团代表引导基金行使出资人职责，与项目方和其他出资人进行协商对接，完善章程、合伙协议及其他手续，办理工商登记，并按照约定和法律法规规定享有股东权利，履行股东职责。

17. 《推进企业上市三年行动计划（2019－2021年）》

颁布时间：2019年

政策要点：总体目标为把推进企业上市作为深化金融供给侧结构性改革、推进经济高质量发展的重要抓手，着力培育上市后备资源、提升上市公司发展质量，力争首年新增境内外上市公司8家；到2021年年末新增30家，西安市至少新增15家，安康、榆林两地"清零"，上市公司布局更趋合理；力争总股本年均增长不低于15%，上市公司发展质量大幅提升，引领带动地区经济社会发展的作用显著增强。

推进企业股份制改造。组织实施"小升规、规改股、股上市"专项行动，每年"小升规"企业数量原则上不少于500家，组织"规改股"企业数量力争不少于当年升规企业数量的1/2。2019年年底前，组织现有规模以上企业集中股改。股改企业及时纳入所在地和省级有关部门上市培育体系，接受辅导和规范。

深化区域股权市场改革。2019年9月底前，设立科技创新专板。2019年年底前，完成陕西股权交易中心增资扩股；市场监管部门与陕西股权交易中心建立企业股权登记对接机制。国有及国有控股金融企业包括国有创投机构、国有投资基金等开展直接股权投资，可以通过区域性股权市场挂牌方式退出。

加大财政奖补扶持力度。2019年年底前，修订《陕西省金融发展专项资金管理暂行办法》《陕西省促进企业在多层次资本市场发展及直接融资奖励补助办法》，加大对企业上市的支持力度；整合扶持资金，建立上市奖补资金使用统筹协调机制，各地结合实际建立健全本地区上市扶持政策。

18. 《陕西省金融发展专项资金管理办法》

颁布时间：2020年

政策要点：鼓励金融机构来陕落户。对在我省设立或新迁入的金融机构总部、区域总部，按照实收资本情况给予一次性补助。实收资本在5亿元以内的（含5亿元）按实收资本的1%给予补助，最高不超过500万元；实收资本超过5亿元的部分，每增加1亿元增加100万元的补助，最高限额2000万元。

对成功在上海证券交易所、深圳证券交易所和香港交易所上市的企业，一次性奖励500万元。对借壳上海证券交易所、深圳证券交易所和香港交易所外省上市的公司，并将注册地和纳税地迁入我省后稳健经营满两年的，一次性奖励200万元。对成功在全国中小企业股份转让系统精选层挂牌的企业，一次性奖励200

万元；转板上市或摘牌后再上市的，再奖励300万元。

在陕西股权交易中心挂牌并完成股票非公开发行（包括首次及增发）的，按照不高于实际融资额的3%予以一次性融资奖励，最高不超过50万元。对在多层次资本市场通过发行公司债、企业债等进行债务融资，融资规模5000万元以上且期限达到或超过2年的（含投资者回售选择权的，剔除回售选择权行使日以后年限计算），按照不高于实际融资额的万分之五乘以存续年限予以奖励，最高不超过40万元。

鼓励银行加大信贷投放。由省财政厅会同省地方金融监督管理局及银行业监管部门根据我省年度经济发展重点，对银行业金融机构贡献度进行考核排名，报经省政府同意后，给予一定的资金奖励。

19. 《陕西省企业上市政务服务绿色通道机制工作规则》

颁布时间：2020年

政策要点：绿色通道机制服务对象原则上应为省级重点上市后备企业，其他企业应经有关成员单位推荐且上市意愿明确、上市方案具体、满足上市基本要求。服务事项为与企业上市直接相关的各类障碍和问题，包括但不限于合法合规性确认和证明材料出具、历史遗留问题化解、募投项目落地保障、瑕疵股权处置、政府拖欠账款清理、税款补缴和延缴、融资服务、中介机构督导等依法合规应予协调办理的事项。

省上市办负责接收涉及国家、省级部门管理和跨区域管理的上市政务服务申请，必要情况下可以直接接收地市及有关单位未能及时办理的上市政务服务申请和省属国有企业、驻陕央企的各类申请。各地市金融工作部门负责接收属地企业的上市政务服务申请，向省上市办上报应由上级部门办理的事项。

20. 《陕西省上市后备企业管理服务办法》

颁布时间：2020年

政策要点：后备企业享受上市政务服务绿色通道，可以按照《陕西省企业上市政务服务绿色通道机制工作规则》的有关规定，申请办理企业上市涉及的政务事项，包括但不限于合法合规性确认和证明材料出具、历史遗留问题化解、募投项目落地保障、瑕疵股权处置、政府拖欠账款清理、税款补缴和延缴、中介机构督导、恶意负面舆情处置等依法合规应予协调办理的事项。

设立陕西省上市挂牌后备企业股权投资基金为后备企业提供股权投资支持，根据情况对后备企业股权进行"接转"投资和"领投"增信。鼓励各级政府投资引导基金优先将后备企业列为投资对象。

省上市办，省资本市场服务中心，沪、深交易所和全国股转公司在陕服务基地，为后备企业提供资本市场政策咨询服务。成立专家咨询委员会及专业工作组，为后备企业提供科创属性认定、估值、评级等意见建议。省上市办可根据企业需要，视情况组建工作专班，为企业提供"一对一"指导服务。

省上市办通过陕西省企业融资项目常态化路演机制，组织后备企业在深证信息燧石星火 V – Next、全景网等全国性路演平台进行路演，在国家、省级的各类项目对接会、产品推介会中宣传展示企业及产品。

省上市办将后备企业推送给银行、基金、政策性融资担保公司等机构。鼓励银行等依托总行或集团投贷联动优势，组建工作专班为后备企业提供个性化综合服务，依规执行优惠贷款利率。推送给省级有关部门和各市政府，纳入各类评优、评奖、示范及招投标等事项的遴选范围。组织新闻媒体对后备企业及企业家开展典型宣传，指导企业家树立维护良好声誉和品牌形象。

附录 2：西安市科技金融政策要点

1.《关于进一步加强科技和金融合作共同促进科技产业发展的指导意见》

颁布年份：2009 年

政策要点：建立科技、财政与金融部门联合工作机制。市科技局、市金融办、市财政局和西安分行营管部鼓励和引导银行及其他金融机构，进一步加大对科技企业的信贷支持和金融服务力度。逐步建立健全科技部门、银行独立审贷、政府产业发展资金引导的联合工作机制，推动建立科技、财政、银行和担保机构间科学合理的风险分担体系，实现科技资源与金融资源的高效融合。西安分行营管部充分发挥窗口指导作用，不断疏通货币政策传导渠道，引导金融机构加大信贷支持，加快征信体系建设，改善辖区金融生态环境。

建立政府相关部门支持金融机构信贷业务的新机制。建设科技创新和金融创新合作平台，开展项目定期，市科技局、市金融办每季度组织一次科技项目与金融资本对接会。市科技局对获得金融机构信贷支持的科技企业，所申请的贷款贴息类科技计划项目予以优先支持，同时择优向国家和省上相关部门并争取各类科技计划立项支持；市金融办进一步完善西安市银行类金融机构支持地方经济发展评价奖励办法，将科技贷款纳入其考核指标体系，并对业务突出的金融机构进行表彰和奖励。

鼓励现有担保机构积极开展科技担保业务，通过创新科技计划资金投入方式，探索建立政策性科技企业信用担保机构代偿损失补偿机制。各银行对于专门的科技担保机构在国家规定的范围内提高其担保放大倍数以便引导其他担保机构为科技企业提供担保；各类银行业机构应积极探索和开展多种形式的担保，全面推行以存单、房地产、出口退税单、应收账款、仓单等为抵（质押）押物的贷款形式；尝试以个人财产抵押担保或由企业法人代表、大股东承担无限责任的担保，以及由担保公司全额担保的贷款融资新方式；对拥有自主知识产权并经认定的高新技术企业，积极探索开展科技保险和知识产权质押贷款等新业务的试点工作。

2. 《西安市科技金融创新合作试点的实施意见》

颁布年份：2010 年

政策要点：（未公开）

3. 《西安市科技金融合作试点业务风险补偿暂行办法》

颁布年份：2011 年

政策要点：本办法所称的风险补偿是指市科技局、市财政局对合作银行、合作担保公司为其推荐的中小企业提供贷款和融资服务进行奖励补助以及对贷款所产生的风险损失按一定比例进行补偿。

合作银行应在合作协议指导下，对推荐的科技型中小企业进行审查，降低需要企业提供的抵押担保及其他还款来源标准（原则上实物反担保资产要求不高于贷款金额的 30%），负责定期向市科技局、市财政局等部门通报贷款业务的进展情况。

合作担保公司应在合作协议指导下，对推荐的科技型中小企业进行评估审核，降低需要企业提供的反担保条件（原则上实物反担保资产要求不高于贷款金额的 30% 且不要求企业提供现金反担保），同时承诺对推荐的企业提供担保，负责定期向市科技局、市财政局等部门通报贷款担保业务的进展情况。

与银行的合作方式：需要担保公司担保的业务，给予合作银行贷款年均余额 1% 的业务奖励补助，但不享受风险补偿；不需要担保公司担保的业务，给予合作银行贷款年均余额 4% 的业务奖励补助，并提供坏账金额 50% 的风险补偿。

与担保公司的合作方式：对市科技局、市财政局以推荐函的方式向担保公司推荐需要支持的科技型中小企业，担保公司需在十个工作日内出具担保文件，向担保公司提供担保年均余额 3% 的业务奖励补助，并承担坏账金额 50% 的风险补偿。

4. 《西安市科技金融结合信贷业务资金管理办法》

颁布年份：2016 年

政策要点：市科技局推荐的科技型中小微企业，合作银行应在十五个工作日内提出受理意见。对于不需要担保公司担保，银行直接提供的贷款，在推荐企业发生贷款坏账时，对坏账金额的 50% 给予风险补偿单户贷款企业最高风险补偿不超过 250 万元。

市科技局推荐的科技型中小微企业，合作担保公司应在十个工作日内出具担保文件。合作担保公司向推荐企业提供担保的业务，在合作担保公司向合作银行代偿时，按照代偿金额的 50% 给予风险补偿，对于合作担保公司该单户贷款企业最高不超过 250 万元的风险补偿。

鼓励合作担保公司提供贷款担保业务，对于贷款推荐日上年度营业收入 1 亿元以下（含 1 亿元）的推荐企业按照年均担保余额的 1.5% 给予担保补助对于贷款推荐日上年度营业收入 1 亿元以上的推荐企业按照年均担保余额的 0.5% 给予担保补助，每家合作担保公司年度最高奖励补贴不超过 500 万元。

市科技局以推荐函的方式向合作金融机构推荐的纯知识产权质押融资贷款科技企业，在推荐企业发生贷款坏账或担保公司发生代偿时，按照坏账或代偿金额的 50% 给予合作金融机构知识产权风险补偿，单户贷款企业补偿最高不超过 500 万元。合作担保公司开展纯知识产权担保贷款业务，按照年均担保余额 2%，单户贷款企业最高不超过 20 万元，给予合作担保公司"知识产权担保补助"。

5.《西安市科技型中小企业集合信贷计划方案》

颁布年份：2017 年

政策要点：由市科技局确定试点银行和担保公司，通过西安科技金融服务中心多渠道遴选有需求的科技型中小企业，由试点担保公司为所有企业提供担保，采取"统一管理，统一授信，统一担保，分别负债"的方式，向试点银行申请贷款。

担保方式：参照目前科技信贷政策，主要以知识产权质押、股权质押等方式。

成本构成：每期科技集合信贷计划贷款企业的融资成本每年最高不超过 9%，综合融资成本每年最高不超过 10%。融资成本构成，包含（1）银行资金成本每年不高于 7.5%，（2）科技集合信贷计划管理机构管理费每年 1.5%（含西安科技金融服务中心投资顾问费每年 0.5%）。综合融资成本除包含上述第（1）（2）项外，还包括第（3）项担保费费率每年为 1%（由担保公司向贷款企业收取）。

支持措施：（1）担保公司为科技集合信贷计划贷款企业提供担保的，由财政按照年均担保余额中知识产权质押额给予最高不超过 2% 的业务奖励补贴，每家担保公司年度业务奖励补贴最高不超过 500 万元；发生代偿时给予代偿金额 50%、单户单笔业务最高不超过 500 万元的风险补偿。（2）对于科技集合信贷计划贷款企业还本付息后，由财政按照企业年均贷款余额给予最高不超过 2% 的贴息补助。

6. 《西安市创业投资风险补偿管理办法》

颁布年份：2017 年

政策要点：本办法所称创业投资风险补偿，是指对创业投资机构投资于种子期、初创期科创企业，最终回收的转让收入与退出前累计投入该企业的投资额之间的差额部分，给予一定比例的投资损失补偿。

本办法适用的科创企业系指在西安市辖区注册设立的处于种子期或初创期的科创企业，种子期科创企业是指投资发生日上年度营业收入在 2000 万元以下（含 2000 万元）的科创企业，初创期科创企业是指投资发生日上年度营业收入在 2000 万 ~ 5000 万元（含 5000 万元）的科创企业。所从事领域符合国家高新技术产业和西安市主导产业定位（节能环保、新一代信息技术、生物医药、高端装备制造、新能源、新材料、新能源汽车等）。

风险补偿标准：创业投资机构投资于本办法规定的种子期、初创期科创企业所发生的实际投资损失，分别按不超过单户企业实际投资损失额的 30%、20%，最高不超过 100 万元，单个投资机构年度累计最高不超过 300 万元给予风险补偿。

7. 《西安市科技保险补贴资金使用管理办法》

颁布年份：2017 年

政策要点：本办法所称的科技保险补贴资金（以下简称"补贴资金"）是以保险业务补助和风险补偿等方式用于支持我市科技企业参加科技保险的专项资金。

合作银行按照 20% 比例承担贷款项目损失风险，积极配合其他债权人做好贷款追偿工作。保险公司最终按照 30% 比例承担贷款项目损失风险。市科技局按照贷款项目实际损失金额的 50% 给予保险公司风险补偿，单户单笔补偿金额最高不超过 300 万元。

对参加科技保险的科技企业，涉及责任风险保障类、出口贸易保障类和董事监事高管人员责任保障类的，按其实际保费支出的 50% 给予补助；涉及财产保障类和员工保障类的，按其实际保费支出的 40% 给予补助。以上险种每个企业每年最高补贴额度不超过 20 万元。

8.《关于支持西安国家自主创新示范区聚集创投机构和创投人才的若干意见》

颁布年份：2018 年

政策要点：加快打造自创区"一带两港一中心"（科技路－唐延路－锦业路科技金融带、西咸金融港和科技创新港、西安丝路国际金融中心）金融功能聚集区，形成优质活跃的金融业态。对国内外知名创投机构在自创区落户并租用办公用房的，按每人 20 平方米的标准，前三年给予全额房租补贴，后两年给予 50% 的房租补贴；对国内外知名创投机构在自创区落户并购买办公用房的，按 1000 元/平方米的标准给予购房补贴。每家机构累计最高补贴 500 万元（对企业的办公用房补贴不超过企业实际支出）。

鼓励创投机构业务能力提升，在数量和规模上做大做强，打造丝路创业投资高地。对在自创区设立的创投机构且当年缴纳企业所得税不低于 10 万元的，按照其缴纳的企业所得税的市级及以下留成部分的 80% 给予奖励；当年缴纳增值税不低于 10 万元的，按照其缴纳的增值税的市级及以下留成部分的 80% 给予奖励。私募基金当年代缴自然人有限合伙人个人所得税合计不低于 100 万元的，按照其代缴个人所得税的市级及以下留成部分的 80% 给予奖励。

鼓励具有资本实力的个人参与创业投资活动，对于按照有限合伙形式在自创区设立的合伙制创投机构中，不执行有限合伙企业合伙事务的自然人有限合伙人，根据国家有关规定，按照"利息、股息、红利所得"应税项目，按 20% 税率计算缴纳个人所得税。吸引创投人才聚集，对在自创区内设立的创投机构高管，按个人所得税市级及以下留成部分的 80% 给予奖励。每家创投机构每年奖励不超过 4 人。

银行对创投机构投资的科创企业提供债务融资，自创区按照实际坏账金额给予银行 30% 贷款风险补偿，银行的单户企业债务风险补偿额最高 500 万元。

9.《科技金融产业发展规划（2019－2021 年）》

颁布年份：2019 年

政策要点：完善科技金融投融资机制，形成创新发展合力。主动对接国家、省科技金融部门，形成省、市、区科技金融联动机制，推动科技创新与现代金融两大要素协同发展。创新"政银保担投"多种合作形式，积极推动投贷联动、投保联动等新模式，提升银行、保险公司、融资担保公司、金融租赁公司、证券公司、投资公司等服务科技企业创新的能力。创新政府与社会资本的共赢机制，建立覆盖科技企业全生命周期的种子、天使、创投、产业引导和并购基金，支持科技企业创新和科技产业发展。

依托板块产业优势，强化科技金融区域功能。依托西安光电芯片、信息技术、生物技术、人工智能、智能制造、航空航天、新材料、新能源硬科技产业优势，着力推进西安高新区科技金融示范区引领，经开区、航空基地、航天基地、曲江新区、浐灞生态区科技金融特色产业能级提升，西咸新区、国际港务区科技金融融合发展，各区县科技金融联动的科技金融产业布局。

吸引各类风险投资机构，助力科技创新创业。通过政策吸引、创新资源供给和高效服务保障，争取更多创投机构、天使基金落户西安，鼓励合格投资者发起设立天使投资、风险投资、产业并购基金等各类股权投资基金，支持光电芯片、信息技术、人工智能、智能制造、航空航天等西安硬科技产业发展。争取三年内聚集创投机构 1000 家，参与合作设立的天使投资子基金总规模达到 100 亿元。

聚集金融服务机构，完善科技金融要素市场。鼓励西安银行、长安银行、秦农银行、西部证券、开源证券、中邮证券、长安信托等本土金融机构设立"科技支行"，积极开发符合新产业新业态发展的信贷产品、保险产品，拓宽创新企业融资渠道，引导更多金融资源配置到战略性新兴产业和高技术产业领域，满足具有"轻资产"特征的知识和技术密集型企业融资需求，促进科技与金融协同发展。

持续创新科技信贷，拓宽中小微企业融资渠道。省市共建西安小微科技企业孵化器信贷风险补偿资金池，完善科技型中小企业银行信贷风险分担机制，提高科技型中小企业信贷坏账补偿力度。对在孵企业出现的坏账项目，孵化器信贷风险补偿资金池按照坏账金额的一定比例给予银行风险补偿。实行信贷激励考核机制，提高科技型中小企业贷款不良率的容忍度，创新推广知识产权质押、产业链融资、投贷联动、股权质押融资、融资租赁等新型融资产品。

构建多层次资本市场，改善优化融资结构。加快场外交易（OTC）市场发展，推动科技企业在新三板挂牌，到 2021 年实现挂牌的科技企业 200 家。支持中早期科创企业在中国青年创新创业板挂牌，争取中国青年创新创业板全国运营主体落地。加强与陕西股权交易中心合作，力争设立陕西股权交易中心西安科技板。推动科技企业上市和再融资，助推龙门计划。实行科技企业上市培育专项行动，建立科技企业上市后备资源库，到 2021 年新增主板、中小板、科创板、创业板等境内外上市的科技企业 35 家。对科技企业通过境内外资本市场上市融资分阶段给予费用补贴或奖励。鼓励已上市的科技企业通过增发股份、并购重组等方式做大做强。

10. 《西安市科技金融融合业务补助实施办法》

颁布年份：2020 年

政策要点：对出具推荐函的担保贷款企业以及银行直贷企业，推荐日上年度营业收入在5000 万元（含）以下的，按照无形资产质押额的3% 给予贴息补助；推荐日上年度营业收入在5000 万~4 亿元（含）的，按照无形资产质押额的1% 给予贴息补助。每家企业每年贴息总额最高不超过20 万元。

对出具推荐函的保险贷款企业，企业偿还银行贷款本息后，按与银行签订的借款合同中约定贷款本金的2% 给予保险保费补助，每个企业每年最高补助额度不超过20 万元。

贷款企业推荐日上年度营业收入在5000 万元（含）以下的，按照年均担保余额的1.5% 给予担保补助；贷款企业推荐日上年度营业收入在5000 万~4 亿元（含）的，按照年均担保余额的1% 给予担保补助，单户贷款企业最高不超过20 万元。

合作担保公司仅利用无形资产质押作为反担保条件的担保贷款业务，按照年均担保余额的2% 给予担保补助，单户贷款企业最高不超过20 万元。

责任风险保障类、出口贸易保障类和董事监事高管人员责任保障类，按实际保费支出的50% 给予保费补助；财产保障类和员工保障类，按实际保费支出的40% 给予保费补助。以上险种每个企业每年最高补助额度不超过20 万元，省、市、区三级累计补助金额最高不超过实际缴纳保费的80%。

各类股权投资基金投资我市辖区内创新创业企业的投资奖励，奖励额度为实际投资额的1%，单笔单户不超过20 万元，每家创投机构每年累计补助额最高不超过300 万元。

附录 3：西安高新区科技金融政策要点

1. 《西安高新区管委会关于促进科技与金融结合的若干政策》

颁布年份：2015 年

政策要点：对保费在 10 万元以内的企业，按不超过实际缴纳保费的 60% 给予补贴；保费在 10 万元以上的企业，按不超过实际缴纳保费的 50% 给予补贴；对参加《西安高新区科技企业集合投保方案》的企业，保费补贴再上浮 10%，单户企业每年最高补贴 20 万元。

对企业出口信用保险费用给予 40% ~60% 的补贴，每家企业每年最高补贴 50 万元；对于企业银行流动资金贷款利息按照 50% 给予补贴；对于直接债务融资利息按照 50% 给予补贴。

对于在国内首次公开发行股票的企业，按实际发生费用，给予每家企业最高 100 万元支持。对高新区辖区以外的上市公司迁入西安高新区的，给予经营管理团队不超过 100 万元一次性奖励。对于在新三板成功挂牌的企业，给予每家最高 70 万元的一次性奖励；对于主办券商推荐的区内企业在新三板成功挂牌的，每挂牌一家企业，给予主办券商项目团队最高 10 万元奖励。

对符合战略性新兴产业发展方向的企业进行天使投资的创业投资机构，按照不超过实际投资额 5% 的比例给予补偿，每个投资项目最高不超过 20 万元，每家机构每年累计最高个超过 100 万元。

合作金融机构在提供债务融资、融资担保服务后，按照坏账金额给予 30% 的风险补偿，单户企业代偿额最高不超过 300 万。对合作担保机构给予 1% ~2% 的担保额补贴。鼓励融资租赁机构为区内企业提供服务，按其当年为区内企业提供的融资总额给予最高 0.5% 的补贴，每家机构每年最高补贴 100 万元。对于选择高新区认可的信用服务机构进行综合信用等级评价的企业，给予不超过购买信用服务费用 50% 的资金补贴，对连续进行信用评价并 A 级的企业给予一定的奖励。

2.《西安国家自主创新示范区关于支持金融机构开展投贷联动试点的实施办法》

颁布年份：2017 年

政策要点：试点银行开展的投贷联动业务中的贷款如发生风险，在企业贷款本金逾期超过 3 个月后，按照实际坏账金额给予 30% 的风险补偿，单户企业风险补偿额最高不超过 300 万元；试点银行通过信用贷款、知识产权质押等无实物资产抵押方式开展的投贷联动业务中的贷款如发生风险，在企业贷款本金逾期超过 3 个月后，按照实际坏账金额给予 30% 风险补偿，单户企业风险补偿额最高不超过 500 万元。

对当年投资 3 家以上（含 3 家）示范区科创企业的试点银行投资子公司，按照实际投资额 5% 给予风险补贴支持，同一投资子公司对单户企业投资的补贴额累计不超过 100 万元，对单家投资子公司每年的补贴金额不超过 300 万元；对当年投资 10 家以上（含 10 家）示范区科创企业的试点银行投资子公司，按照实际投资额 10% 给予风险补贴支持，同一投资子公司对单户企业投资的补贴额累计不超过 100 万元，对单家投资子公司每年的补贴金额不超过 500 万元。

对试点银行每年新增投贷联动信贷业务规模同比达到 10% 以上的，按增量部分的 5% 给予奖励，每家机构每年累计最高奖励 100 万元；对在投贷联动业务中发挥市场化风险分担作用的融资性担保公司或保险公司，每年新增投贷联动业务规模同比达到 10% 以上的，按增量部分的 5% 给予奖励，每家机构每年累计最高奖励 100 万元。

3.《西安国家自主创新示范区关于金融支持产业发展的若干政策》

颁布年份：2018 年

政策要点：根据企业债务融资规模，按照 40% ~60% 给予利息补贴；合作金融机构在向科技企业提供债务融资、融资担保服务后发生坏账的，按照坏账金额的 30% 给予风险补偿，单户企业补偿额不超过 300 万元，获得 A 级及以上综合信用等级评价的企业，单户企业补偿额不超过 400 万元。

在企业改制过程中，企业通过未分配利润、盈余公积金等留存收益和资本公积金转增股本，转增过程中所形成的个人收入对高新区直接地方贡献 100% 全额奖励给纳税人，最高奖励 200 万元。按股权激励计划中员工所获得股权对应净资产价值的 5% 给予企业最高 50 万元补贴。企业在上海、深圳交易所及纽交所、纳斯达克和港交所等主要境外市场首次公开发行股票，给予每家企业最高 500 万元的支持，市、区两级最高可获得 780 万元的支持；对区外上市公司迁入西安高新区的，给予经营管理团队 500 万元的一次性奖励，市、区两级最高可获得 700 万元的支持。

企业在新三板成功挂牌，给予每家企业 150 万元的一次性奖励，省、市、区三级最高可获得 250 万元的一次性奖励；新增挂牌企业，两年内（含挂牌当年）按企业收入和利润对高新区直接地方贡献的 50% 予以奖励；已挂牌企业自最近一次新增融资年度起，两年内（含融资当年）按企业收入和利润对高新区直接地方贡献的 50% 予以奖励；对于主办券商推荐的区内企业在新三板成功挂牌的，每成功挂牌一家企业，给予主办券商项目团队 10 万元奖励，市、区两级最高奖励 20 万元。

区内企业在省内区域股权交易场所成功挂牌（不含展示性挂牌），给予每家企业最高 15 万元的一次性奖励，市、区两级最高奖励 45 万元。

上市或新三板挂牌企业以配股、增发等方式完成资本市场再融资，上市企业按融资规模的 2‰ 给予融资企业最高 100 万元奖励，市、区两级最高可获得 200 万元奖励；新三板挂牌企业按融资额 2% 给予融资企业最高 100 万元奖励，市、区两级最高可获得 200 万元奖励。

对符合战略性新兴产业发展方向的种子期企业进行天使投资的创业投资机构，按照不超过实际投资额 5% 的比例给予补偿，每个投资项目最高 20 万元，每家机构每年累计最高 100 万元。

区内上市或新三板挂牌企业进行境内外非关联并购重组，完成并购重组后，按并购产生的企业利润和个人收入（含代扣代缴的被并购企业的企业利润和个人收入）对高新区直接地方贡献的 50% 予以补贴。

区内企业被境内外行业龙头企业并购，按并购产生的企业利润和个人收入对高新区直接地方贡献的 50% 予以补贴；对被并购后保留区内独立法人资格的企业，按不超过交易金额的 2% 给予最高 50 万元奖励（此部分为双创政策内容）。

试点银行开展的投贷联动业务中的贷款如发生风险，在企业贷款本金逾期超过 3 个月后，按照实际坏账金额给予 30% 风险补偿，单户企业风险补偿额最高 500 万。

对当年投资高新区科创企业的试点银行投资子公司，最高按照实际投资额的 10% 给予风险补贴支持，同一投资子公司对单户企业投资的补贴额累计不超过 100 万元，对单家投资子公司每年补贴最高 500 万元。

对试点银行每年新增投贷联动信贷业务，根据实际业务增长情况，每家机构最高奖励 100 万元；对在投贷联动业务中发挥市场化风险分担作用的融资性担保公司或保险公司，根据实际业务增长情况，每家机构最高奖励 100 万元。

对保费在 10 万元以内的企业，给予不超过实际缴纳保费 60% 的补贴；对保费在 10 万元以上的企业，给予不超过实际缴纳保费的 50% 的补贴；对参加《西安高新区科技企业集合投保方案》的企业，保费补贴再上浮 10%，每家企业每年最高补贴 20 万元。

对融资性担保机构及保险机构，按照保额 1% ~ 2% 给予担保补贴。对融资租赁机构按照为企业提供的融资总额 0.5% ~ 1% 给予补贴。对于选择经陕西省信用工作办公室认定的信用服务机构进行综合信用等级评价的企业，给予不超过购买信用服务费用 100% 的资金补贴。根据金融机构与类金融机构年度营业收入排名，每年给予排名第一的金融机构和类金融机构各 100 万元和 50 万元奖励。

对举办经高新区管委会备案的专业化、国际化、品牌化金融高端论坛、专业会议等活动的，按实际支出费用的 50% 给予活动组织方最高 100 万元一次性补贴。

4. 《西安国家自主创新示范区关于支持企业上市发展的若干政策》

颁布年份：2019 年

政策要点：企业在上海、深圳交易所首次公开发行股票，给予每家企业最高 1000 万元的支持。区内企业上市奖励分阶段拨付：（1）对签署保荐财务顾问协议并完成企业股份制改造，奖励 100 万元；（2）报送证监局进行辅导备案，奖励 300 万元；（3）对证监局辅导验收合格，完成向证监会报送申报材料，奖励 400 万元；（4）完成在上海、深圳交易所上市，奖励 200 万元。非西安市已上市企业迁入西安自创区的，给予最高 1000 万元奖励。

企业在香港联交所、纳斯达克、纽约证券交易所等主要境外证券市场成功上市的，给予每家企业最高 1000 万元奖励，区内企业上市分阶段拨付：（1）与中介服务机构签署相关上市服务合同，完成重组或报送证监会通过，奖励 200 万元；（2）在境外交易所递交上市申请，奖励 500 万元；（3）完成上市，奖励 300 万元。非西安市已上市企业迁入自创区，给予最高 1000 万元奖励。

独角兽企业在上海、深圳交易所及香港联交所、纳斯达克、纽约证券交易等主要境外证券市场首次公开发行股票，相应奖励标准上浮 100%。企业在新三板成功挂牌或非西安市已挂牌企业迁入自创区，给予最高 300 万元奖励。

上市或新三板挂牌企业以配股、增发等方式完成资本市场再融资的，上市企业按融资规模的2‰给予融资企业最高300万元奖励，新三板挂牌企业按融资额2‰给予融资企业最高150万元奖励。对上市挂牌企业通过发行公司债券、企业债等方式在境内外获得债务融资，按企业聘请中介服务机构费用的80%予以补贴，单笔发债业务最高补贴200万元。

对于主办券商推荐的区内企业在上海、深圳交易所上市成功或将非西安市上市公司引入自创区的，每完成1家，给予主办券商项目团队、律师事务所、会计师事务所等中介服务机构最高200万元奖励；主办券商推荐区内企业在香港联交所、纳斯达克、纽约证券交易等主要境外证券市场首发或实现融资1000万元美金以上非首发上市，或将非西安市上市公司引入自创区的，每完成1家，给予主办券商项目团队、律师事务所、会计师事务所等中介服务机构最高50万元奖励；对于主办券商推荐的区内企业在新三板成功挂牌或将非西安市已挂牌企业引入自创区的，每完成1家，给予主办券商项目团队、律师事务所、会计师事务所等中介服务机构最高30万元奖励。

5.《西安高新区关于进一步支持企业借助科创板等资本市场上市发展的若干政策》

颁布年份：2019年

政策要点：企业在科创板首次公开发行股票，给予每家企业最高1000万元的支持。区内企业上市奖励分阶段拨付：（1）对签署保荐、承销协议并完成企业股份制改造，奖励100万元；（2）报送证监局进行辅导备案，奖励300万元；（3）证监局辅导验收合格，完成向上海证券交易所报送申报材料，奖励400万元；（4）完成在科创板上市，奖励200万元。

鼓励上市企业分拆业务板块在高新区独立上市和区外科创板上市企业迁入高新区。对上市企业分拆业务板块在高新区独立上市参照第一款标准予以分阶段奖励；区外科创板上市企业迁入高新区奖励1000万元。

鼓励证券公司直投机构投资区内拟上市企业。证券公司单个项目直投金额2000万元（含）至5000万元，按投资金额的1%予以奖励，直投金额5000万元（含）至1亿元，按投资金额的1.2%予以奖励，直投金额1亿元（含）以上，按投资金额的1.5%予以奖励。每家机构每个项目最高奖励300万元。

加快推进上海证券交易所资本市场服务西安基地建设，对参加上交所西安基地主办或协办活动的企业给予100%培训费用补贴，每家企业每年最高补贴15万元。

6.《西安高新区关于加快推进重点拟上市"硬科技"企业上市的专项政策》

颁布年份：2020 年

政策要点：

对企业上市过程中涉及的项目备案、环评、能评、安评、土地、房产、消防等审批和服务事项，结合优化营商环境和"最多跑一次"办理的要求，简化流程，各审批服务事项 10 个工作日内完成（不含法定公示时间及企业补正资料时间）。

企业上市过程中，需要工商、税务、环保、安监、社保、国土资源等部门出具相关无重大违法违规和行政处罚证明函件的，在依法依规的前提下，各相关部门 2 个工作日内完成认定并出具证明函件。

对企业上市过程中涉及城市规划、项目审批、资源环境影响评价、税费缴纳、证照补办、土地房产变更（地籍调查完成后）、资产转让以及产权确认等历史遗留问题，相关部门一事一议，加强政策指导与服务，协助企业妥善处理。在符合法律法规和政策的前提下，自企业正式提交问题之日起，10 个工作日内予以解决（不含法定公示时间及企业补正资料时间）。

在《西安国家自主创新示范区关于支持企业上市发展的若干政策》和《西安高新区关于进一步支持企业借助科创板等资本市场上市发展的若干政策》的基础上，2020 年 12 月 31 日前完成上市的，企业于上市后额外奖励资金 200 万元；2021 年 1 月 1 日至 2021 年 12 月 31 日前完成上市的，企业于上市后额外奖励资金 100 万元。

参考文献

［1］巴曙松，沈长征．从金融结构角度探讨金融监管体制改革［J］．当代财经，2016（9）．

［2］常亮，罗剑朝．科技金融投入差异对科技创新效率的影响研究——基于陕西省237家企业的经验考察［J］．西安财经学院学报，2019（2）．

［3］陈洪天，沈维涛．风险投资是新三板市场"积极的投资者"吗［J］．财贸经济，2018（6）．

［4］陈宇峰，叶志鹏．金融体制改革的理论进展与实践经验——首届"温州金融改革与发展研讨会"综述［J］．经济研究，2014（5）．

［5］成海燕，徐治立，张辉．科技金融政策促进科技企业发展的资源配置效率研究——来自北京市的实证调查［J］．科技进步与对策，2020（4）．

［6］程翔，鲍新中．科技金融政策效率研究——以京津冀地区为例［J］．北京联合大学学报（人文社会科学版），2018（3）．

［7］程翔，鲍新中，沈新誉．京津冀地区科技金融政策文本的量化研究［J］．经济体制改革，2018（4）．

［8］戴志敏，郑万腾，杨斌斌．科技金融效率多尺度视角下的区域差异分析［J］．科学学研究，2017（9）．

［9］邓天佐，张俊芳．关于我国科技金融发展的几点思考［J］．证券市场导报，2012（12）．

［10］窦亚芹，李秀真，吴文杰．江苏科技型中小企业自主创新的金融支持研究［J］．科技管理研究，2014（2）．

［11］杜金岷，梁岭，吕寒．中国区域科技金融效率研究——基于三阶段DEA模型分析［J］．金融经济学研究，2016（6）．

［12］杜跃平，马晶晶．科技创新创业金融政策满意度研究［J］．科技进步与对策，2016（9）．

［13］冯永琦，邱晶晶．科技金融政策的产业结构升级效果及异质性分

析——基于"科技和金融结合试点"的准自然实验 [J]. 产业经济研究，2021 (2).

[14] 付慧莲. 科技金融支持科技型企业创新耦合机制研究 [J]. 中国管理信息化，2018 (14).

[15] 傅钧文. 日本金融宏观审慎监管体制建设及其启示 [J]. 世界经济研究，2013 (12).

[16] 巩世广，郭继涛. 基于区块链的科技金融模式创新研究 [J]. 科学管理研究，2016 (4).

[17] 顾焕章，汪泉，高莉莉. 科技金融创新的制度取向与实践模式 [J]. 江海学刊，2013 (3).

[18] 韩俊华，王宏昌，韩贺洋. 科技型小微企业政策性金融支持研究 [J]. 科学管理研究，2016 (6).

[19] 何剑，郑智勇，张梦婷. 科技金融发展对系统性金融风险的影响研究——基于 SV – TVP – SVAR 模型的时变分析 [J]. 软科学，2021 (6).

[20] 侯世英，宋良荣. 金融科技、科技金融与区域研发创新 [J]. 财经理论与实践，2020 (5).

[21] 胡欢欢，刘传明. 科技金融政策能否促进产业结构转型升级？ [J]. 国际金融研究，2021 (5).

[22] 胡苏迪，蒋伏心. 基于 LS 模型的科技金融中心集聚研究 [J]. 科研管理，2020 (9).

[23] 胡新丽，吴开松. 光谷与硅谷：科技金融模式创新借鉴及路径选择 [J]. 科技进步与对策，2014 (9).

[24] 胡援成，吴江涛. 科技金融的运行机制及金融创新探讨 [J]. 科技进步与对策，2012 (23).

[25] 黄灿，许金花. 日本、德国科技金融结合机制研究 [J]. 南方金融，2014 (10).

[26] 黄健青，张碧倩，陈进. 中关村科技金融服务有效层次融资模式的研究 [J]. 国际商务——对外经济贸易大学学报，2013 (5).

[27] 黄珺，魏莎. 独立董事政治关联对企业信贷融资的影响研究 [J]. 管理评论，2016 (11).

[28] 黄瑞芬，邱梦圆. 基于 Malmquist 指数和 SFA 模型的我国科技金融效

率评价 [J]. 科技管理研究, 2016 (20).

[29] 贾康, 苏京春, 孙维. 我国科技金融综合服务体系设计及政策理论研究 [J]. 经济研究参考, 2015 (7).

[30] 寇明婷, 陈凯华, 穆荣平. 科技金融若干重要问题研究评析 [J]. 科学学研究, 2018 (12).

[31] 李俊霞, 温小霓. 中国科技金融资源配置效率与影响因素关系研究 [J]. 中国软科学, 2019 (1).

[32] 李莉, 高洪利, 陈靖涵. 中国高科技企业信贷融资的信号博弈分析 [J]. 经济研究, 2015 (6).

[33] 李四海, 陈祺. 制度环境、政治关联与会计信息债务契约有用性——来自中国民营上市公司的经验证据 [J]. 管理评论, 2013 (1).

[34] 李喜梅, 邹克. 科技金融内涵探讨及政策建议 [J]. 金融理论与实践, 2018 (3).

[35] 李兴伟. 中关村科技金融创新的举措、问题及对策 [J]. 证券市场导报, 2011 (1).

[36] 李运河. 基于互联网金融框架的科技金融创新及发展机制研究 [J]. 兰州学刊, 2014 (8).

[37] 李政, 吴非, 李华民. 新三板企业融资效率、衍生风险与制度校正 [J]. 经济经纬, 2017 (5).

[38] 李志强, 徐宇明. 空间外溢视角下的科技金融与区域经济增长质量 [J]. 当代财经, 2020 (10).

[39] 廖传惠, 杨渝南, 陈永华. 互联网金融、公共科技金融与科技型小微企业融资 [J]. 科学管理研究, 2015 (2).

[40] 刘培欣, 唐五湘. 科技金融人才队伍建设机制研究 [J]. 科技管理研究, 2014 (9).

[41] 刘湘云, 吴文祥. 基于高新技术产业的科技金融政策作用路径与效果评价研究 [J]. 科技管理研究, 2017 (18).

[42] 龙小燕. 金融机构与政府合作型科技金融服务模式研究 [J]. 经济研究参考, 2015 (7).

[43] 卢亚娟, 刘骅. 江苏省科技金融发展成效、障碍因素与创新机制研究 [J]. 江苏社会科学, 2016 (1).

［44］陆燕春，朋振江．我国科技金融理论研究综述［J］．科技进步与对策，2013（16）.

［45］吕劲松．关于中小企业融资难、融资贵问题的思考［J］．金融研究，2015（11）.

［46］吕途，王学真．科技金融对区域绿色创新效率提升的人力资本门槛效应研究［J］．湖南师范大学社会科学学报，2020（5）.

［47］麦均洪，金江．自贸区建设与广东科技金融发展［J］．南方经济，2015（6）.

［48］孟艳．科技金融关键政策工具视角中的科技型中小企业技术创新基金［J］．经济研究参考，2015（7）.

［49］潘娟，张玉喜．政府、企业、金融机构科技金融投入的创新绩效［J］．科学学研究，2018（5）.

［50］潘雄锋，史晓辉，王蒙．我国科技发展的财政金融政策效应研究——基于状态空间模型的变参数分析［J］．科学学研究，2012（6）.

［51］齐杏发．新三板的发展瓶颈与对策研究［J］．管理世界，2017（10）.

［52］曲昭，丁堃，张春博．基于文献计量视角的科技金融政策研究［J］．科技进步与对策，2015（13）.

［53］饶彩霞，唐五湘，周飞跃．我国科技金融政策的分析与体系构建［J］．科技管理研究，2013（20）.

［54］邵传林，王丽萍．创新驱动视域下科技金融发展的路径研究［J］．经济纵横，2016（11）.

［55］申香华．银行风险识别、政府财政补贴与企业债务融资成本——基于沪深两市2007-2012年公司数据的实证检验［J］．财贸经济，2014（9）.

［56］沈丽，范文晓．我国科技金融效率的空间差异及分布动态演进［J］．管理评论，2021（1）.

［57］苏发金，刘彻．科技金融支持湖北创新发展的逻辑与路径［J］．科技进步与对策，2016（12）.

［58］孙维．成都市科技金融体系的实践与经验启示［J］．财政科学，2021（4）.

［59］唐五湘，刘培欣．科技金融平台运行机制研究［J］．科技与经济，2014（4）.

［60］唐五湘，饶彩霞，程桂枝．北京市科技金融政策文本量化分析［J］．科技进步与对策，2013（18）.

［61］汪淑娟，谷慎．科技金融对中国经济高质量发展的影响研究——理论分析与实证检验［J］．经济学家，2021（2）.

［62］汪秀琼，谢佩帛，吴小节等．广东省科技型小微企业金融支持政策体系建设路径——基于路线图方法［J］．科技管理研究，2016（10）.

［63］王丹．信贷政策影响民营企业信贷决策的渠道分析［J］．管理世界，2018（12）.

［64］王海芸，刘杨．基于波士顿矩阵的科技金融发展分类策略研究［J］．科学学研究，2020（6）.

［65］王庆金，周雪．高技术属性、银行关联与民营企业信贷融资［J］．财经问题研究，2018（12）.

［66］王伟，王硕．公共科技金融研究述评与展望［J］．科学管理研究，2021（2）.

［67］王秀丽，郭玉晶．科技金融与中国国际技术创新——基于省际 PCT 国际专利申请数据的研究［J］．西北大学学报（哲学社会科学版），2020（5）.

［68］王志成，徐权，赵文发．对中国金融监管体制改革的几点思考［J］．国际金融研究，2016（7）.

［69］温小霓，张哲．基于系统动力学的科技金融支持科技发展研究［J］．科学管理研究，2017（5）.

［70］文伟扬，陈斌，黄雅琪．云南省科技金融结合服务平台创新机制研究［J］．经济论坛，2014（5）.

［71］文竹，文宗川，宿北．基于 TRIZ 理论的科技金融创新模式研究［J］．科学管理研究，2012（3）.

［72］吴翌琳．北京科技金融服务体系的动态匹配机制［J］．中国科技论坛，2016（5）.

［73］吴悠．科技金融的体系构成和运作机制研究［J］．当代经济，2015（22）.

［74］向显湖，刘天．论表外无形资产：基于财务与战略相融合的视角［J］．会计研究，2014（4）.

［75］谢颖昶．科技金融对企业创新的支持作用——以上海张江示范区为例

［J］．技术经济，2014（2）．

［76］徐玉莲，王玉冬．区域科技金融资金的配置效率研究［J］．科学管理研究，2015（2）．

［77］薛菁．新兴融资方式缓解小微企业融资困难的有效性分析［J］．经济体制改革，2018（6）．

［78］薛晔，蔺琦珠，高晓艳．中国科技金融发展效率测算及影响因素分析［J］．科技进步与对策，2017（7）．

［79］寻舸．区域金融学视角下我国科技金融发展研究［J］．科技进步与对策，2015（17）．

［80］杨凯瑞，申珊．改革开放以来中国科技金融政策演变与启示——基于对中央政府政策文本的共词分析［J］．中国科技论坛，2021（6）．

［81］杨晓丽，孙凌杉．基于金融产业链的科技金融发展研究——苏州模式的借鉴与启示［J］．科学管理研究，2015（2）．

［82］姚利民，饶艳．中国知识产权保护地区差异与技术引进的实证研究［J］．科学学研究，2009（8）．

［83］尹志超，甘犁．信息不对称、企业异质性与信贷风险［J］．经济研究，2011（9）．

［84］苑泽明，郭景先，侯雪莹．我国科技金融政策评价研究：构建理论分析框架［J］．科技管理研究，2015（15）．

［85］张彩江，周宇亮．社会子网络关系强度与中小企业信贷可得性［J］．中国经济问题，2017（1）．

［86］张华．科技金融创新生态系统的规划框架与协同创新机制［J］．科学管理研究，2016（5）．

［87］张健华，王鹏．银行风险、贷款规模与法律保护水平［J］．经济研究，2012（5）．

［88］张婕，金宁，张云．科技金融投入、区域间经济联系与企业财务绩效——来自长三角 G60 科创走廊的实证分析［J］．上海财经大学学报，2021（3）．

［89］张明喜．示范区科技金融试点政策跟踪研究［J］．中央财经大学学报，2013（3）．

［90］张明喜，魏世杰，朱欣乐．科技金融：从概念到理论体系构建［J］．

中国软科学，2018（4）.

［91］张明喜．我国科技金融发展的财政配套机制研究［J］．科技进步与对策，2015（23）.

［92］张玉喜，段金龙．政策性金融支持科技创新的机制与应用研究［J］．经济纵横，2016（6）.

［93］张玉喜，张倩．区域科技金融生态系统的动态综合评价［J］．科学学研究，2018（11）.

［94］张芷若，谷国锋．科技金融发展对中国经济增长的影响研究——基于空间计量模型的实证检验［J］．财经理论与实践，2018（4）.

［95］章思诗，李姚矿．基于 DEA—Tobit 模型的科技金融效率影响因素研究［J］．科技管理研究，2017（6）.

［96］赵昌文．科技金融［M］．北京：科学出版社，2009.

［97］赵语，杜伟岸，李树娟．互联网金融促进科技金融发展机制研究［J］．西南金融，2016（12）.

［98］郑建明，李金甜，刘琳．新三板做市交易提高流动性了吗？——基于"流动性悖论"的视角［J］，金融研究，2018（4）.

［99］郑磊，张伟科．科技金融对科技创新的非线性影响——一种 U 型关系［J］．软科学，2018（7）.

［100］周小川．深化金融体制改革［J］．中国金融，2015（22）.

［101］邹建国，李明贤．科技金融对产业结构升级的影响及其空间溢出效应研究［J］．财经理论与实践，2018（5）.

［102］Agostino, M. and Trivieri, F., Does Trade Credit Play a Signalling Role? Some Evidence from SMEs Microdata［J］. *Small Bus Econ*, 2014, Vol. 42, pp. 131~151.

［103］Auken HV. A Model of Community – based Venture Capital Formation to Fund Early Stage Technology – based Firms［J］. *Journal of small business management*, 2002（4）.

［104］Chan, Y. S., S. I. And Green baum, A. V. Thakor. Information Reusability, Competition and Bank Asset Quality［J］. *Journal of Banking and Finance*, 1986, Vol. 10, pp. 255~276.

［105］Chen, L. and Luo, C. FDI Market Signal and Financing Constraints of

Firms in China [J]. *The Journal of International Trade & Economic Development*, 2014, Vol. 23, No. 5, pp. 579 ~ 599.

[106] Christian Hopp. Does the Presence of a Formal Business Plan Increase Formal Financial Support? Empirical Evidence from the PSED II on the Signaling and Mimetic Nature of Formal Business Planning [J]. *Applied Economics Letters*, 2015, Vol. 22, No. 9, pp. 673 ~ 678.

[107] Cole, R. A. The Importance of Relationships to the Availability of Credit [J]. *Journal of Banking & Finance*, 1998, Vol. 22, No. 6, pp. 959 ~ 977.

[108] Connelly, B. L., et al. Signaling Theory: A Review and Assessment [J]. *Journal of Management*, 2011, Vol. 37, No. 1, pp. 39 ~ 67.

[109] Eddleston, K. A., Ladge, J. J., Mitteness, C. and Balachandra, L. Do you See what I See? Signaling Effects of Gender and Firm Characteristics on Financing Entrepreneurial Ventures [J]. *Entrepreneurship Theory and Practice*, 2016, Vol. 40, No. 3, pp. 489 ~ 514.

[110] Florida R. L., Kenney M. Venture Capital, High Technology, and Reginal Development [J]. *Reginal studies*, 1988 (1).

[111] Gan, Li, Feng Huang and Adi Mayer. A Simple Test of Private Information in the Insurance Markets with Heterogeneous Insurance Demand [D]. NBER Working Paper, 2011, 16738.

[112] Hanna Hottenrott, Bronwyn H. Halland Dirk Czarnitzki. Patents as Quality Signals? The Implications for Financing Constraints on R&D [J]. *Economics of Innovation and New Technology*, 2016, Vol. 25, No. 3, pp. 197 ~ 217.

[113] Heeley, M. B., Matusik, S. F., Jainand N. Innovation, Appropri Ability, and the Under Pricing of Initial Public Offerings [J]. *Academy of Management Journal*, 2007, Vol. 50, pp. 209 ~ 225.

[114] Himmelberg, C. and Petersen, B. R&D and Internal Finance: A Panel Study of Small Firms in High – tech Industries [J]. *The Review of Economics and Statistics*, 1994, Vol. 76, No. 1, pp. 38 ~ 51.

[115] Hsu, D. H. and Ziedonis, R. H. Resources as Dual Sources of Advantage: Implications for Valuing Entrepreneurial – firm Patents [J]. *Strategic Management Journal*, 2013, Vol. 34, No. 7, pp. 761 ~ 781.

［116］ Kothari, S. P. , Laguerre, T. E. , and Leone, A. J. Capitalization Versus Expensing: Evidence on the Uncertainty of Future Earnings from Capital Expenditures Versus R&D Outlays ［J］. *Review of Accounting Studies*, 2002, Vol. 7, pp. 355 ~ 382.

［117］ Louis K. C. Chan, Josef Lakonishok and The odore Sougiannis. The Stock Market Valuation of Research and Development Expenditures ［J］. *Journal of Finance*, 2011, Vol. 56, No . 6. pp. 2431 ~ 2456.

［118］ Mariarosaria Agostino Francesco Trivieri. Does Trade Credit Play A Signalling Role? Some Evidence from SME Smicrodata ［J］. *Small Bus Econ*, 2014, Vol. 42. pp. 131 ~ 151.

［119］ Mary ann P. Feldman and Mary ellen R. Kelley. The Exante Assessment of Knowledge Spillovers: Government R&D Policy, Economic Incentives and Private firm Behavior ［J］. *Research Policy*, 2006, Vol. 35, pp. 1509 ~ 1521,

［120］ Minard, P. "Signalling Through the Noise: Private Certification, Information Asymmetry and Chinese SME s' Access to Finance ［J］. *Journal of Asian Public Policy*, 2016, Vol. 9, No. 3, pp. 243 ~ 256.

［121］ M. Meuleman and W. D. Maeseneire. Do R&D Subsidies Affect SME s' Access to External Financing? ［J］. *Research Policy*, 2012, Vol. 41, No. 10, pp. 580 ~ 591.

［122］ Myers, S. and Majluf N. Corporate Financing and Investment Decisions when Firms Have Information that Investors do Not Have ［J］. *Journal of Financial Economics*, 1984, Vol. 13, pp. 187 ~ 221.

［123］ Petersen, M. A. , &Rajan and R. G. The Benefits of Firm Credit or Relationships: Evidence from Small Business Data ［J］. *Journal of Finance*, 1994, Vol. 49, No. 1, pp. 3 ~ 37.

［124］ Poncet, S. , Steingress, W. , and Vandenbussche, H. Financial Constraints in China: Firm − level Evidence ［J］. China Economic Review, 2010, Vol. 21, No. 3, pp. 411 ~ 422.

［125］ Pornpitakpan, C. The Persuasiveness of Source Credibility: A Critical Review of Five Decades' Evidence ［J］. *Journal of Applied Social Psychology*, 2004, Vol. 34, pp. 243 ~ 281.

［126］ Roberts, M. and T. Whited. Endogeneity in Empirical Corporate Finance

[J]. *Hand book of the Economics of Finance*, 2012, Vol. 2, pp. 493 ~ 572.

[127] Spence, M. Job Market Signaling [J]. *The Quarterly Journal of Economics*, 1973, Vol. 87, No. 3, pp. 355 ~ 374.

[128] Stiglitz, J. and Weiss, A. Credit Rationing in Markets with Imperfect Information [J]. *The American Economic Review*, 1981, Vol. 71, No. 3, pp. 393 – 410.

[129] Stuart, T. E., Hoang, H. and Hybels, R. Inter Organizational Endorsements and the Performance of Entrepreneurial Ventures [J]. *Administrative Science Quarterly*, 1999, Vol. 44, pp. 315 ~ 349.